2015年度河北省社会科学基金项目（项目批准号：HB15YJ037）

商业银行信用风险管理

徐晓肆 著

中国财经出版传媒集团
经济科学出版社
Economic Science Press

图书在版编目（CIP）数据

商业银行信用风险管理/徐晓肆著．—北京：经济科学出版社，2017.4（2019.1 重印）
ISBN 978-7-5141-7764-0

Ⅰ．①商… Ⅱ．①徐… Ⅲ．①商业银行－银行信用－风险管理－研究－中国 Ⅳ．①F832.33

中国版本图书馆 CIP 数据核字（2017）第 028126 号

责任编辑：程晓云　赵　芳
责任校对：隗立娜
版式设计：齐　杰
责任印制：王世伟

商业银行信用风险管理
徐晓肆　著
经济科学出版社出版、发行　新华书店经销
社址：北京市海淀区阜成路甲 28 号　邮编：100142
总编部电话：010-88191217　发行部电话：010-88191522
网址：www.esp.com.cn
电子邮件：esp@esp.com.cn
天猫网店：经济科学出版社旗舰店
网址：http://jjkxcbs.tmall.com
北京季蜂印刷有限公司印装
710×1000　16 开　14.25 印张　260000 字
2017 年 4 月第 1 版　2019 年 1 月第 2 次印刷
ISBN 978-7-5141-7764-0　定价：42.00 元
（图书出现印装问题，本社负责调换。电话：010-88191510）
（版权所有　侵权必究　打击盗版　举报热线：010-88191661
QQ：2242791300　营销中心电话：010-88191537
电子邮箱：dbts@esp.com.cn）

前言 Preface

商业银行在国家经济发展中扮演着重要的角色,研究商业银行金融风险管理在一个国家甚至世界范围内对控制金融风险,促进经济稳定发展来说都十分必要。近些年,随着金融制度的创新和改革,我国商业银行金融风险管理的能力得到不断加强,但与国际先进银行相比,我国商业银行金融风险管理水平相对较低。商业银行面临的金融风险包括信用风险、市场风险、操作风险和流动性风险等多种风险,由于我国金融市场还不是很发达,银行混业经营仅仅处于初步阶段,我国商业银行所面临的金融风险主要是信用风险。因此,目前借鉴国际银行界风险管理的先进方法,研究我国商业银行的风险管理体系如何遵循《巴塞尔新资本协议》的原则和方法,研究和开发具有国际标准并适合我国商业银行经营特点以及适合我国银行经营环境的现代银行信用风险管理模型和控制体系,对提升我国银行业的风险管理水平、提高盈利能力和国际竞争能力十分迫切和必要。

本书按照风险管理的基本步骤,主要从以下几个方面展开讨论:第一,介绍了国内外信用风险管理的前沿热点及其研究现状;第二,在风险识别方面介绍了企业破产预测研究的基本理论和主要方法——统计分析法,神经网络法和支持向量机法(SVM),并对三种方法识别信用风险的效果进行了比较;第三,介绍了现金流风险对企业系统风险的反作用影响；第四，按照《巴塞尔资本协议Ⅲ》，重点介绍了信用风险度量的基本理论和方法，包括内部评级体系的建立，违约损失率的计算，信用风险相关性的度量，信用风险组合模型的介绍和信用风险定价模型的研究等；第五，按照信用风险控制的方法和技术讨论了商业银行资本金配置的基本理论，分析了资本金管理，包括防范风险的EL和风险资本，为商业银行带来收益的权益资本等，比较了各种配置资本金方法的优点和缺点，对今后进一步研究资本金管理具有重要意义。

目 录

第 1 章	**绪论** / 1
	1.1 研究的背景、目的和意义 / 1
	1.2 国内外信用风险管理的研究现状 / 2
	1.3 本书主要内容 / 11
第 2 章	**企业破产预测** / 15
	2.1 统计分析方法 / 15
	2.2 人工神经网络预测方法 / 18
	2.3 支持向量机（Support Vector Machine，SVM）/ 28
	2.4 现金流风险对企业系统风险的反作用影响 / 40
	2.5 总结 / 46
第 3 章	**违约损失率** / 47
	3.1 相关定义 / 48
	3.2 银行贷款 / 48

3.3 回收率的历史和决定因素 / 52

3.4 不可交易债务的回收率 / 60

3.5 随机回收率的重要性 / 62

3.6 回收率函数的拟合 / 63

3.7 从证券价格中提取回收率 / 65

3.8 总结 / 66

第 4 章　信用风险相关性 / 67

4.1 线性相关性 / 67

4.2 秩相关性 / 70

4.3 copula 函数的基本理论 / 72

4.4 copula 函数的构造方法 / 74

4.5 阿基米德族 copula 函数 / 80

4.6 尾部相关性的研究 / 84

4.7 总结 / 91

第 5 章　信用风险组合模型 / 92

5.1 信用风险组合模型的作用 / 92

5.2 模型的分类 / 94

5.3 商业信用风险模型 / 95

5.4 商业模型的优点与缺点 / 102

5.5 其他模型 / 103

5.6 风险调整后绩效的度量方法（RAPM） / 107

5.7 计算组合损失的压力测试法 / 115

5.8 总结 / 116

第 6 章 信用风险定价模型 / 118

6.1 结构模型 / 119

6.2 简化模型 / 142

6.3 Credit Metrics 模型的改进 / 147

6.4 总结 / 154

第 7 章 商业银行内部评级体系 / 155

7.1 信用评级在商业银行信用风险管理中的作用 / 155

7.2 建立银行内部评级体系的要求 / 158

7.3 评级模型开发研究 / 162

7.4 我国商业银行使用内部评级法的基本条件 / 173

7.5 我国实施内部评级法的分析 / 181

7.6 我国银行业实施内部评级法建议 / 186

7.7 结论 / 188

第 8 章 商业银行资本金管理 / 190

8.1 商业银行的资本金管理及其发展 / 190

8.2 资本管理在现代商业银行风险管理中的作用 / 191

8.3 现代商业银行资本管理 / 193

8.4 权益资本的配置方法 / 197

8.5 总结 / 203

参考文献 / 204

后记 / 216

第 1 章 绪 论

1.1 研究的背景、目的和意义

随着世界经济的不断发展，金融业在各国经济发展中发挥的作用越来越重要，随之而来的金融风险也越来越猛烈，特别是进入20世纪90年代以来的三大金融危机给世界经济带来了巨大的损失，更引起世界金融业对金融风险管理的高度重视，可以说"企业管理的是产品，而金融业管理的是风险"，因此对金融风险的管理和控制是整个金融业工作的中心内容。在金融业中，银行扮演着重要的角色，国际银行界的经验表明，对商业银行风险的控制，即对风险的测定、防范与管理是商业银行管理的核心内容之一。正是在这种情况下，国际清算银行也十分重视对商业银行金融风险防范，经过多年的研究与讨论，作为国际资本监管和计量的统一标准——《巴塞尔新资本协议Ⅲ》于2010年定稿，这是协调国际银行业监管和防范金融风险的一个重要里程碑。我国已是WTO的正式成员国，根据加入WTO时签订的协议，2007年我国全面开放金融市场，允许外资银行经营人民币业务，一些大的国际先进银行将进入国内市场并与国内银行竞争，这些银行经过多年发展，具有先进的经营管理水平，尤其是先进的风险管理水平，使得这些先进银行在竞争中处于主动和优势地位。在这种情况下，我国政府也积极寻求对策，以帮助我国商业银行稳步发展，其中对国有商业银行进行股份制改造就是重要措施之一。商业银行面临的风险包括信用风险、市场风险、操作风险和流动性风险等多种风险，由于我国金融市场还不是很发达，银行混业经营仅仅处于起步阶段，使得我国商业银行面临的金融风险还主要是信用风险。因此，目前研究我国商业银行的风险管理体系如何遵循《巴塞尔新资本协议》的原则和方法，借鉴国际银行界风险管理的先进方法和手段，研究和开发具有国际标准并适合我国商业银行经营特点以及适合我国银行经营环境的现代银行信用风险管理模型和控制体系，对提升我国银行业的风险管理水平、提高盈利能力十分必要，也关系到我国金融体系的稳定和国家经济的持续、快速、健康发展，具有重大的经济意义和社会意义。

1.2 国内外信用风险管理的研究现状

信用风险是指因借款人或交易对手未能或不愿意履行偿债义务所带来的风险，伴随着银行业的诞生而出现，是最古老的金融风险。最近几十年人们才开始对信用风险进行系统而科学地研究，最先的研究主要集中在对企业破产的预测上，后来逐渐发展到信用风险模型、组合管理、信用衍生品等，并进一步发展到根据金融风险配置银行经济资本等。本书对信用风险管理理论的一些主要内容，包括企业破产预测、信用评级、资产组合的相关性、信用风险定价模型和商业银行资本配置问题等进行分析和研究。下面简要评述其国内外研究现状。

1.2.1 企业破产预测

对企业贷款是银行贷款业务中重要的一部分，因此如何评估贷款企业的信用风险对商业银行控制信用风险起到至关重要的作用。一般情况下，企业发生违约前通常会破产，因此，大多数学者都通过破产预测企业信用风险的大小。企业破产预测一般是根据公司的财务状况、经营状况等通过一定的方法对公司进行预测，判断企业是否破产，这种预测的方法主要表现为使用数理方法对好或者坏的企业分类。目前，主要的分类方法有三种：统计分析方法、人工神经网络方法以及最近刚出现的支持向量机法，下面对这些方法予以综述。

1. 统计分析方法

统计分析方法是最早评估企业信用风险的数理方法。这些方法和模型都是在 Fisher 于 1936 年做出的启发性研究之后提出来的。这些模型通常利用一个随机观测值样本建立判别函数并进行分类。根据判别函数形式和样本分布的假定不同，常见的模型有：回归分析法、多元判别分析法、Logit 法、Probit 法、因子 Logistic 法和近邻法等。

在针对分类问题的多种不同的统计方法中，最常用的是多元判别分析法（Multivariate Discriminant Analysis，MDA）。MDA 是根据观察到的一些统计数字特征，对客观事物进行分类，以确定事物的类别。它的特点是已经掌握了历史上每个类别的若干样本，从中总结出分类的规律性，建立判别公式，当遇到新的事物时，只要根据总结出来的判别公式，就能判别事物所属的类别。Altman 应用判别分析法建立了著名的 Z–score 模型和在此基础上改进的 ZETA 模型，这两个模型的目的是预测企业破产的概率，为银行贷款决策提供支持。Logit 分析与判别分析法的本质差异在于前者不要求满足正态分布或等方差，其模型采用 Logistic 函数。近邻法是一种非参数方法，当已知总体表现为显著非正态分布时，特别是当属于同一类的样本在变量空间形成聚类时，近邻法十分有效。与参数类方法相比，近邻法用于对总体分布施加很少约束的情况，是一种十分灵活的方法。近邻法不仅放松了正态性假定，也避免了传统技术对模型函数形式设定的困难。任何一个样本到底划归哪一类是由其 k 个近邻划归类型所确定。20 世纪 80 年代末期，有学者提出一种利用机器学习技术发展起来的符号方法——分类树。该方法不像传统方法那样通过判别函数形成决策规则来判别样本所属的类型，而是创立了一个对原始样本进行最佳分类判别的分类树。此前，曾有学者采用了一种叫作递归分割的类似技术生成判别树。两种方法都采用了一种非返回跟踪的分割方法将样本集递归分割成不相交的子集。它们的差别只是在分割准则上，分类树方法旨在极大化分割子集的熵，而递归分割方法则旨在使期望误判损失达到最小。

2. 人工神经网络模型

近年来，由于人工神经网络技术具有较好的分类和预测能力，使得其在公司信用风险的评估中得到较广泛的应用。人工神经网络（Artificial Neural Network，ANN）是对生物神经系统的模拟，其信息处理功能由网络的输入输出特性（激活特性）、网络的拓扑结构（神经元的连接方式）决定。神经网络解决问题的方式与传统的解决方法不同，它是通过学习来解答问题。训练一个神经网络是把输入和理想输出作为训练的样本，通过一定的算法进行足够的训练，使得神经网络学会包含在"解"的基本原理，当训练完成后该模型就可以解相同的问题。反向传播（Back–Propagation，BP）神经网络的输入与输出关系是一个高度非线性映射关系，如果输入结点数为 n，输出结点数为 m，则网络是从 n 维欧氏空间到 m 维欧氏空间的映射。通过调整 BP 神经网络中的连接权重和网络的规模（包括 n，m 和隐层结点数），可以实现非线性分类和预测等问题，并且理论上可以以任意精度逼近任何非线性函数，学习算法具有较好的自学习、自联想功能。由于人工神经网络能模拟人的部分形象思维能力，能很好处理非线性问题，信息的并行分布式处理与存储，可以多输入、多输出，能进行学习以适应环境的变化等特点，使得神经网络在商业银行信用风险管理中有重要的应用。

国外较早开始研究把神经网络应用在信用风险管理中，Salchenberger 等（1992）比较了神经网络模型和传统的 Logit 模型在企业破产预测中的优缺点，表明用神经网络预测企业破产优于 Logit 模型，Tam、Kiang（1992）使用神经网络预测银行破产，Dutta 和 Shekhar（1989）用神经网络预测债券评级，Coats 和 Fant（1993）、Altman（1994）研究表明在预测公司财务困境时使用神经网络技术比使用 MDA 技术效果要好，Desai V.、Crook J.、Overstreet G.（1996）研究了神经网络在信用评分中的应用。以上研究都表明使用神经网络技术比使用多变量判别分析技术（MDA）、Logit 技术和回归分析技术等精度高、适应性强、较好的鲁棒性和预测效果。

国内近几年也开始研究神经网络在金融领域的应用，王春峰（1999）等利用运营资金/总资产、保留盈余/总资产、EBIT/总资产、市场总价值/账面总价值、销售收入/总资产五个指标利用神经网络预测企业信用风险，实证分析表明神经网络有更高的预测精度和更强的鲁棒性（robustness）。杨保安、季海（2001）和朱明（1998）利用人工神经网络建立银行贷款预警框架，表明神经网络比一般预警工作判别意义更清晰、分类效果更好。郝丽萍等（2001）采用信用分析、一般分析、外部分析和财务分析四大类 20 个小指标的信贷分析指标体系采用神经网络的 BP 算法建立商业银行信贷分析模型，认为可以克服许多不确定性因素，更加直接、客观地评价信贷风险，马兰芳等（2002）利用径向基网络（RBF）研究商业银行的监测预警，保证了预警信号的准确性和灵敏性。

3. 支持向量机模型

神经网络模型在理论上具有一定的缺陷，它通过经验风险最小化的原则（empirical risk minimization principle），试图从正确的训练数据中寻求错误分类最小化，因此它只是一个局部最优解，而且神经网络有可能出现过度拟合（overfitting）的现象。

针对神经网络的缺陷，Vapnik（1995）提出用支持向量机（Support Vector Machine，SVM）改进了以上的缺陷。其基本思想是在高维特征空间中通过一些非线性变量映射出输入向量 x，以达到使用线性模型对非线性空间进行划分，从而实现对特定样本的分类。这个线性模型所构成的新的空间能代表原始空间中的非线性的决策边界，在新的空间中，可以构建一个最优超平面来对这个新的空间进行分类。因此支持向量机是通过一个算法来找到一个特殊类型的线性模型，即最大边际超平面，这个最大超平面使样本空间中不同类别的分割距离最大，最接近最大边际超平面的学习样本即称为支持向量。所设计出来的支持向量机模型采用结构风险最小化的原则（structure risk minimization principle），具有全局最优解，不出现过度拟合的现象。

由于支持向量机具有以上的优势，使得其在语音识别、智能学习和金融时间序列预测等都有广泛的应用，最近两年国外学者才开始研究把支持向量机的理论应用到企业破产预测上。Mukherjee 等（1997）研究了 SVM 在金融时间序列预测的可行性，Tay 和 Cao（2001）比较了用 SVM 对 5 个时间序列数据预测结果，表明在平均方差误差、平均绝对误、方向的对称性及加权的方向对称性上 SVM 都要优于 BP 网络。Kim（2003）利用 SVM 对韩国股票价格指数波动情况进行了预测，表明 SVM 比 BP 网络有更高的精度。姚奕、叶中行（2004）利用 SVM 研究了银行个人信用评估，结果表明 SVM 在个人信用评估中具有可行性。以上研究都表明支持向量机在信用风险评估中比统计方法和神经网络模型具有更高的精度、更好的适用性和可解释性。

1.2.2 内部评级体系

客户的信用评级是商业银行进行信用风险度量和风险管理工作的前提和基础，《巴塞尔新资本协议》指出，各银行为更有效地管理所面临的金融风险，使用合适和有效的内部评级体系十分必要。Treacy 和 Carey（1998）指出，对美国大银行来说，借款人可能数以万计，使用内部评级体系是最为有效地管理信用风险的方法，如果不采用内部评级体系，很难有区别地考虑债务人所有的风险因子。Altman 和 Saunders（2001）指出，使用 8% 的资本充足率可能会增加而不是减少银行和金融系统的不稳定程度，尽管存在这个缺陷，但采用风险敏感性高的内部评级方法是一个正确方向，这些研究表明开展内部评级法具有重要意义。实施内部评级体系主要是建立内部评级模型，测算信用风险管理的参数，如违约概率（PD）、违约损失率（LGD）、违约风险暴露（EAD）和有效期限（M）等。其中，如何更准确和有效地测算违约概率和违约损失率无论是对贷款的贷前审查还是对贷款的贷后管理都十分重要。

《巴塞尔新资本协议》指出，银行应采用客户评级和债项评级的二维评级体系，Michel、Dan 和 Robert（2001）也建议银行采用二维评级建立一个系统的评级体系：即一维是利用债务人评级（obligor rating）与违约概率相对应，另一维是把债项评级（facility rating）与相应债项的违约损失率相对应，这样建立的评级体系才能比较全面地反映出债务人和债项的风险。陈元燮（2000）指出评级方法应该具有全面性、科学性、针对性、公正性、合法性和可操作性等原则。

在评级的方法论上，Daniel（2005）指出有两种，一种是周期法（Through the Cycle），另一种是即期法（Point to Time），标准普尔公司更多地采用周期法，穆迪公司则更多地采用即期法，无论是采用周期法还是采用即期法都是为《巴塞尔新资本协议》所允许的。《巴塞尔新资本协议》建议建立信用评级模型有三种方法：基于专家的方法，外部数据映射的方法和统计模型的方法。Carey 和 Hrycay（2001）指出，采用映射方法和评分模型的方法都能较精确地估计出信用评级。Lucas、Klaassen（2001）介绍了一种解析方法对债券和贷款组合评级。Huang、Chen 和 Hsu 等讨论了支持向量机和神经网络方法进行信用评级的可能性。Chen 和 Chiou（1999）采用模糊数学方法对台湾地区的企业进行信用评级。朱顺泉、李一智（2002）利用层次分析模糊组合评判法对商业银行信用评级。晏永胜、周晓明和蔡凌卿（2003）运用决策树方法进行信用评级。梁琪（2003）使用主成分分析的方法分析企业信用风险。王琼、潘杰义和陈金贤（2001）使用风险度的方法对企业进行信用评级。这些评级方法都具有一定的理论意义和实际应用价值。Jens、Morden 和 Weber（2005）指出，非财务指标在内部信用评级中具有重要作用。为使模型的评级结果更准确，通常应该使用定量分析和定性分析相结合的方法，并且按行业、规模和地区建立信用评级模型。

1.2.3 资产组合相关性

随着银行的资产类型和规模也不断扩大，这就要求银行更多地从资产组合层面来配置资产，组合管理的最重要问题是资产收益的相关性。在金融市场中各种产品之间愈益密切的联系导致发生关联风险的可能性越来越大，数个债务人同时相关违约可能导致严重后果，使整个组合的违约风险大大增加。尤其金融数据服从厚尾分布时，违约主要集中在尾部，相关违约问题更为突出。巴塞尔银行监管委员也认为，差的资产组合所带来的风险是银行机构风险的一个重要来源，结果是银行和其他金融机构必须度量所有风险暴露，而违约相关性是整个多重信用风险暴露的重要部分。对银行监管当局来说，企业之间相关违约的这种传染现象危及金融体系的稳定（如亚洲金融危机），突然出现的大规模违约传播，使银行信用组合产生巨大损失，甚至危及继续生存。因此，相关性问题在银行贷款的信用风险管理中尤其重要。

度量相关性的最基本指标是线性相关性，线性相关系数适用于度量无干扰的标准正态分布（椭圆分布）数据，而对有干扰的数据或厚尾分布的估计则很差。Lindskog（2000）给出适应厚尾椭圆分布和有干扰数据的更具鲁棒性的线性估计量，如基于多变量修正方法的 n 个 p 维线性相关性矩阵估计的鲁棒性方法，M 估计量方法以及最小椭球体积估计法（Minimum Volume Ellipsoid Estimator，MVE）等，确保相关性矩阵的正定。线性相关系数 ρ 对度量分布函数已知、一阶矩和二阶矩容易计算的多变量分布简便易行，但不能度量随机变量的非线性相关性。

线性相关系数的计算是一种参数估计，它通常假设总体分布已知，通过一些统计方法计算出样本的均值和方差，再计算线性相关系数，在估计中通常都假设总体服从正态分布。但研究表明金融资产的收益服从非正态的厚尾分布，因此如果使用参数估计的方法计算资产收益的相关性对结果可能产生较大的误差，并且线性相关系数 ρ 在度量相关性时还有较多的不足之处：第一，它只能度量线性相关性，不能度量一般随机变量的相关性。第二，所有的相关性都依赖于边缘分布，但区间 [-1,1] 内的所有线性相关系数并非容易获得。第三，两变量线性独立和线性相关系数等于 0 并非互为充分必要条件。第四，线性相关系数 ρ 在严格单调的函数变换中一般都会发生改变，即对两实数值随机变量 X，Y，一般有：$\rho(T(X),T(Y)) \neq \rho(X,Y)$。相对于参数估计，非参数估计具有以下优点：第一，由于非参数方法要求的假设条件比较少，因此，它的适用范围比较广泛；第二，有些非参数估计方法的运算比较简单，可以较快地取得结果；第三，非参数估计的方法在直观上比较容易理解，并不需要太多的数学和统计知识等。

因此，相对于利用参数估计计算的线性相关系数 ρ，通过非参数估计计算的相关系数如 Kendall 的 τ 和 Spearman 的 ρ_s 克服了其中一些缺陷，可以度量一般变量之间的相关性和在严格单调变换中相关系数不发生改变等特性。Frey、McNeil 和 Nyfeler（2001）研究表明来源于一些隐含变量（如公司资产等）的关联违约对分布的假设十分敏感，尤其是对一个给定的相关性矩阵，带有厚尾分布的模型，相关系数 τ 和 ρ_s 能更精确地度量相关性。因此，与线性相关系数相比，相关系数 τ 和 ρ_s 最大的优越性是单调变换时的不变性和容易处理完全相关的情况，缺陷是没有线性相关系数的方差—协方差的换算关系。相关系数 τ 和 ρ_s 不是基于矩的计算，对一些非正态分布函数，计算 τ 和 ρ_s 比计算线性相关系数要方便得多。

相关系数 τ 和 ρ_s 是度量随机变量（X，Y）一致相关程度的指标，通过 copula 函数与 τ 和 ρ_s 之间的关系，可以研究尾部相关性问题，这在金融风险管理中有重要作用。copula 函数，又称连接函数（张尧庭，2002），是一个联系单变量边缘分布和多变量联合分布的函数 Sklar（1959），是近年来兴起的一个研究相关性的工具。

对 n 个随机变量 x_1，x_2，…，x_n，$F_1(x_1)$，$F_2(x_2)$，…，$F_n(x_n)$ 分别是对应的边缘分布函数，H 是联合分布函数，则 copula 可定义为：

$$C(x_1, x_2, \cdots, x_n) = H(F_1(x_1), F_2(x_2), \cdots, F_n(x_n)) \quad (1.1)$$

任何多变量分布函数利用单变量的边缘分布都可写成 copula 形式，即 copula 的存在性。如果边缘分布函数 $F_i(x_i)$（i = 1，2，…，n）连续，则存在唯一的 copula 函数，copula 函数为研究多变量分布提供了一个统一而灵活的方法，由于 copula 函数的出现，把金融风险分析技术推向了一个新的阶段。R. B. Nelsen（1999）介绍了连接函数的基本原理。Bouy E. 等（2000）、Embrechts Lindskog 和 McNeil（2001）介绍了连接函数在金融领域的应用，包括信用评分、资产收益建模、风险管理（VaR 分析、市场风险、信用风险、操作风险和保险风险）等方面。Gatfaoui（2003）、Das 和 Geng（2003）、Li（2000）、Ferguson（1994）等介绍了常用的 copula 函数：高斯（正态）copula、t 分布 copula、阿基米德 copula 族（包括 Gumbal copula、Frankcopula 和 clayton copula 等）、极值 copula 和双变量 copula 等，Duffie 和 Singleton（1999）、Das 和 Geng（2003）、Embrechts 等通过 Monte Carlo 仿真方法对不同的 copula 函数进行比较。

copula 函数的种类较多，常用的有高斯 copula、t‐copula、极值 copula 和

阿基米德 copula 族等，并且可根据 copula 的基本原理构建所需的 copula。选择最佳 copula 的方法有 Monte Carlo 仿真方法、Akaike 信息准则法、χ^2 法、拟合优度检验的 K-S 检验法和距离法等。

copula 函数可以计算 Spearman 相关系数 ρ_s 和 Kendall 相关系数 τ。

由于很多金融数据服从厚尾分布，相关违约常发生在尾部，因此，尾部相关系数在防范和控制金融风险中有重要作用。对两连续型随机变量（X，Y），利用 copula 函数理论可以方便地定义分布函数的上尾相关系数 $U(\alpha)$ 和下尾相关系数 $L(\alpha)$（Joe，1997；Das，2003；Gatfaoui，2003）。

1.2.4 信用风险模型与定价

目前，信用风险定价模型有两种基本类型：一个是结构模型（Structural Model），另一个是简化模型（Reduced-form Model），Elizalde A.（2003a，2003b）对这两类模型进行了较为详细的介绍。

结构模型是基于 Merton（1974）模型的思想，认为违约是在公司资产市值降低到不能偿还总负债的情形下发生。其典型代表是 BSM（Black-Scholes-Merton，BSM）模型、Morgen 公司开发的 Credit Metrics 模型和 KMV 公司开发的 Credit Montior 模型等不同模型的差异表现在对公司发生违约时间所做的假设不同。Merton（1974）假设违约只发生在公司债务的到期日，Black 和 Cox（1976）以及其他学者将这一模型进行了扩展，认为在债务到期日前就可能发生违约，其特点是动态地考虑公司资产价值，当资产价值降到一个较低的违约阈值时，违约就发生，对一个连续性过程，违约是可以预测的，即违约如果不是突发事件，可以对即将发生的违约事先提出预警（Kealhofer，1998；Gupton、Finger and Bhatia，1997）。结构模型对公司相关违约事件给予了比较详细的洞察，成为实践中最为重要的工具，但模型的结果与所观察到的违约"传染"现象并不一致。Giesecke（2003）研究了在不完全信息下相关违约的结构模型，修正了与观察到"传染"现象不一致的缺点。Anderson、Aaunderesan 和 Tychon（1996）以及 Barral 和 Perraudin（1997）通过考虑债务（债务边际价值）重新议价解决短期内违约风险低估问题。Leland（1998）将代理成本当作一种摩擦纳入传统的 BSM 模型，Acharya 和 Carpenter（1999）在随机利率和内生破产的条件下建立了可在早期赎回的有可能违约的债券模型。经过近 20 年的发展，结构模型在 20 世纪 90 年代应用到信用风险管理的实践之中。

与结构模型不一样，简化模型是在最近几年刚刚兴起的一种定价模型。简化模型假设违约事件和相关违约强度是外生变量，认为违约是一个不可预测的事件，用强度过程来描述，对每个条件违约的到达率建立模型。通常假设其到达率服从指数分布（Duffie and Singleton，1998；Duffie and Garleanu，2001 以及 Jarrow、Lando and Turnbull，2000）。这种方法的不足之处是在给定强度下违约是条件独立的，只要强度平稳发生变化，违约的"传染"效应就难以产生。为产生更强烈的违约相关性和模型中违约的"传染"效应，通常假设违约强度经历一个突升（jump）或直接将强度设成违约，如 Jarrow 和 Turnbull（1995），Ericsson（2002），Davis、Mark（2001）等，来研究这种突升对公司违约产生的影响。由于模型假设违约过程由外生因素产生的，因此，结构模型只是简化模型的一个特例。将发行人状况与强度过程分开，可以使得违约模型可以包含更多有关发行人为何违约的信息。但这种模型没有用金融理论作为指导，可能会导致忽视市场信息以及得出错误结论的双重危险。

1.2.5　商业银行资本金配置

资本金是商业银行的稀缺资源，如何合理配置资本金关系到银行的盈利能力和在日益激烈的竞争中取得优势地位，因此，商业银行的资本金管理对商业银行有着重要的作用。

为更有效地管理商业银行资本，Matten（2000）指出，应从银行监管者、银行风险管理者、资本金运营者和银行股东这四者之间的关系讨论管理资本金。

20 世纪 70 年代后期，为了更好地评估各项业务的绩效以及配置银行资本，Bankers Trust 银行首先开发了 RAROC（Risk – Adjusted Return On Capital）模型。目前，国外主要的银行和金融机构都根据自身的情况相继开发某种 RAROC 模型（Sunders，1999），其公式可表示为：

$$RAROC = 风险调整后的收入/在险资本$$

其中，分子是未来一段时期或过去一段时期的经风险调整后业务收入的某种度量，对于贷款，可以表达成为：价差 + 收费 – 预期损失 – 运营成本；分母是业务风险的某种度量，在具体计算上有多种形式，可以为监管资本、VaR、在考虑各种业务的相关性和风险分散化后还可以使用增量 VaR；将计算得到的 RAROC 与要求的最低收益率（可以为权益收益率 ROE 或者加权平均资本成本

WACC）比较，则可以评估业务绩效以及对资本进行配置。James（1996）、Zaik（1996）对美国银行如何应用 RAROC 模型来进行资本配置和绩效评价，以及相关的理论问题进行了系统的研究。

国内对于银行资本金管理的研究主要集中在以下领域。

围绕《巴塞尔新资本协议》，主要研究了如何衡量、测算银行的资本金要求：沈沛龙、任若恩（2001）、陶铄等（2001）、沈沛龙和任若恩（2002）详细地研究了包括标准法和内部模型法在内的《巴塞尔新资本协议》资本金的计算方法，并结合了我国的商业银行实际情况，提出了一些政策建议；毛晓威等（2001）研究了巴塞尔资本协议演变过程，并从《巴塞尔新资本协议》的角度讨论了我国银行风险监管的发展方向；曾健、陈俊芳（2004）重点讨论了《巴塞尔新资本协议》对银行资本监管的影响和监管资本计算方法的适用性问题。

从如何满足资本充足率的角度，找出我国银行资本金补充资本金来源的可能途径和政策建议，如剥离不良资产、提高呆账准备金比率、财政增资、发行长期金融债券、股份制改造等（孙波，2000；樊庆刚、冯迪，2001），于立勇、曹凤歧（2004）对资本充足率监管的理论进行了分析，讨论了《巴塞尔新资本协议》与我国银行资本充足率水平之间的关系。章频、张勇、金静（2001）对我国商业银行的资本充足率进行了比较。这些研究从资本充足率的角度研究了商业银行资本管理。

1.3 本书主要内容

风险管理一般分为风险识别、风险度量和风险控制三个基本步骤，这三个基本步骤是相互关联的，前者是后者的基础，因此研究商业银行信用风险，首先要识别商业银行的信用风险，在识别的基础上度量这些风险的大小，从而达到防范和控制这些风险的目的。本书内容也是按照风险管理的这三个基本步骤并结合我国当前商业银行的实际，主要包括以下四大部分，即在信用风险识别上分别使用统计分析方法建立内部评级模型；使用人工神经网络和支持向量机方法来判断和识别贷款企业的信用风险；对信用风险度量，主要研究资产组合的相关性问题和信用风险定价模型；最后通过研究商业银行资本金管理等来控制商业银行信用风险，以实现商业银行利润最大化的经营目标。

1.3.1 企业破产预测

企业贷款是商业银行整个贷款业务重要的组成部分，因此，研究企业破产预测对识别商业银行信用风险具有重要意义。传统的破产预测模型主要是使用统计方法，但由于统计方法的约束条件很严格、精度不是很高，使得人们努力寻找具有更高精度的预测方法，由于人工神经网络在智能识别等方面取得较大的成功，国外一些学者也把神经网络应用于预测企业破产。本书使用中国沪深股票市场数据利用神经网络模型进行实证分析，由于神经网络理论存在一定的缺陷，使用理论上更完善的支持向量机模型来预测企业破产，并对两种模型进行比较和分析。

1.3.2 信用风险相关性

资产组合管理的一个重要难题是如何计算资产收益的相关性。CreditMetrics 模型的处理办法是利用股票市场数据来计算资产之间的线性相关系数，来代替资产的相关性。线性相关系数有其优点，具有统一的计算公式，简便可行，并且与联合正态分布具有函数关系，但它也存在一些缺陷，如不能度量非线性相关性，在函数变换时其值发生变化，只能从平均水平上度量相关性，不能度量尾部相关性等。研究表明，信用风险资产收益常服从非正态的厚尾分布，产生损失也常发生在尾部。本书利用 copula 函数和秩相关系数的关系，采用中国股票市场数据对中国行业间相关性进行实证分析，为商业银行实施组合管理、防范和控制信用风险提供指导。

1.3.3 违约损失率

信用评级和计算信用风险的主要参数除违约概率外，另一个关键性参数是回收率或违约损失率（等于1减回收率）。回收率对应于货币的数量，表示贷款或债券违约后所能收回的货币数量与票面价值的百分比。与违约概率表示一家公司的信用价值不同，在大多数情况下特指一个业务的回收率。在过去的二十几年违约概率得到极大的关注，而回收的问题在很大程度上还处于一个未开发的阶段，尤其在美国以外的国家。由于许多资产分类在二级市场上不存在，因此，即使在美国有些信息也不易得到。在《巴塞尔资本协议Ⅱ》的银行监管中也强调违约损失率（LGD）的重要性，并鼓励对回收率提供更精确的度量方法。

1.3.4　信用风险组合模型

管理资产组合信用风险的三个主要要素：使用定性或者定量方法获得的违约概率、违约损失率和相关性。把这三个要素组成一个模块以推导出管理银行风险的一些重要经济指标，如经济资本金或者组合损失的度量等。本章分析了一些主要商业模型通常所采用的结构以及这些模型使用的解析法与仿真法的区别，介绍 CreditPortfolio View、Portfolio Risk Tracker、CreditRisk + 和 Portfolio Manager 个目前最为流行的商业模型，讨论各个模型的优点和缺点，介绍用解析法来快速获得信用风险近似值的一些最新方法，如鞍点法和快速傅立叶变换法，并探讨压力实验的方法，最后给出基于风险调整后绩效的度量方法（RAPMs）。

1.3.5　信用风险定价

信用风险的度量最终表现在信用风险定价模型上，如何建立准确有效的信用风险定价模型是信用风险度量的关键所在。本书对当前两种类型的信用风险定价模型（结构模型和简化模型）进行比较和分析，概括和总结出两种模型在信用风险定价中的优缺点，并介绍一些典型的信用风险定价模型，为商业银行建立有效的信用风险定价模型奠定良好的基础。最后利用 Monte Carlo 仿真方法比较高斯 copula 函数和 t - copula 函数的异同，改进相关信用风险定价模型，以便更准确和有效地定价信用风险资产。

1.3.6　商业银行内部评级体系

《巴塞尔新资本协议》（简称协议Ⅱ）于 2004 年 6 月正式定稿，世界上大部分国家都积极响应，把新协议作为资本监管和计量的统一标准，作为协议Ⅱ的修改和完善，协议Ⅲ也于 2010 年发布并建议各成员国实施。作为"入世"后与国际银行业接轨，我国银监会也积极推动新协议在我国各商业银行实施，指出有条件的银行应创造条件积极实施新协议，以提升我国银行的风险管理水平。新协议的最大创新是对信用风险管理采用内部评级法（IRB），即银行通过建立一系列的、风险敏感性更高的内部评级模型来管理信用风险。本书也主要以两个新资本协议为指导，通过分析国外评级公司先进的内部评级方法和经验，结合我国商业银行的实际情况，探讨建立一套适合中国商业银行评级的内部评级体系。

1.3.7 商业银行资本金管理

资本金是商业银行的一种稀缺资源，如何有效配置资本金无论是防范金融风险还是实现经营战略都很重要。商业银行资本主要由风险资本和权益资本两类资本构成，风险资本又称经济资本，主要用来冲销各种损失，防范银行风险的资本；权益资本是银行用来开展贷款业务，获取利润的资本。因此，银行资本金的管理包括风险资本的管理和权益资本的管理两部分。本书分析了资本金管理及其发展的历史，分析了风险资本和资本收益之间的关系，即采用 RAROC 方法度量资本收益率的计算方法，并研究了各种配置权益资本金的方法，比较了各种方法的优点和缺点，对今后进一步研究资本金管理具有重要意义。

第 2 章　企业破产预测

企业贷款是商业银行贷款主要业务之一，因此，如何预测企业的信用风险一直是国内外学者研究的热点。预测企业信用风险通常是根据企业的一些定性和定量数据，包括管理水平、行业状况、企业的财务状况等通过定性或者定量方法判断企业的信用状况，预测企业的还款能力。显然定性方法的主观性较强，结果的准确性主要依赖于专家的素质，而定量方法通常根据一定的分类技术，如统计方法、人工神经网络或支持向量机等，对破产企业和非破产企业分类，其结果的客观性较强，不易受外界因素干扰，准确率也相对较高，因此，本书重点讨论定量方法来研究企业破产预测。

早在 20 世纪 60 年代国外一些学者就开始使用统计方法预测企业破产并应用于实际之中，经过近半个世纪的发展，其方法发展得相对较为成熟，本章先对该方法予以简要的回顾，然后重点研究人工神经网络方法和支持向量机（Support Vector Machine，SVM）方法预测企业破产的理论，并利用中国股票市场企业数据进行实证分析。

2.1　统计分析方法

国外对公司信用风险的预测，最早是采用了基于统计判别方法的预测模型。这些方法和模型都是在 Fisher 于 1936 年做出的启发性研究之后提出来的。这些模型通常都被表述为一类分类问题，利用一个随机观测值样本建立判别函数并进行分类。根据判别函数形式和样本分布的假定不同，常见的模型有：回归分析法、多元判别分析法、Logit 法、Probit 法和近邻法等。

2.1.1 多元判别分析法

在针对分类问题的多种不同的统计方法中，最常用的方法是多元判别分析法（Multivariate Discriminant Analysis，MDA）。MDA 是根据观察到的一些统计数字特征，对客观事物进行分类，以确定事物的类别。它的特点是已经掌握了历史上每个类别的若干样本，从中总结出分类的规律性，建立判别公式，当遇到新的事物时，只要根据总结出来的判别公式，就能判别事物所属的类别。

2.1.2 Logit 法和 Probit 法

Logit 分析与判别分析法的本质差异在于前者不要求满足正态分布或等方差，其模型采用 Logistic 函数：

$$Y = \frac{1}{1+e^{-\eta}} \tag{2.1}$$

其中，$\eta = c_0 + \sum_{i=1}^{n} c_i X_i$，$X_i (1 \leq i \leq n)$ 表示第 i 个指标，c_i 表示第 i 个指标的系数，Y 表示企业财务状况好坏的概率。

由于 Logistic 回归分析方法不假设样本服从何种概率分布，因此，当样本不服从正态分布的时候，其判别的正确率高于判别分析法。

Probit（LPR）分析法与 Logit 分析法的主要区别是所采用的判别函数不同，Probit 法采用正态分布函数：

$$p(1|x) = \int_{-\infty}^{\sum_i \beta_i(x_i)} \frac{1}{2\pi} e^{-\frac{x^2}{2}} dx \tag{2.2}$$

因此，Probit 方法要求随机变量服从正态分布。

2.1.3 近邻法

近邻法是一种非参数方法，当已知总体表现为显著非正态分布时，特别是当属于同一类的样本在变量空间形成聚类时，近邻法十分有效。与参数类方法相比，近邻法用于对总体分布施加很少约束的情况，是一种十分灵活的方法。近邻法不仅放松了正态性假定，也避免了传统技术对模型函数形式设定的困难。任意两个样本之间的距离可定义为：

$$d(x, y) = (x - y)^T \text{cov}^{-1}(x - y) \qquad (2.3)$$

其中，cov^{-1}是合并协方差的逆。这样，一个样本划归为它的 k 个近邻的多数（即当一个样本的 k 个近邻的大多数划归 1 类，则该样本也应划属 1 类）。任何一个样本到底划归哪一类是由其 k 个近邻划归类型所确定。

2.1.4 分类树法

20 世纪 80 年代末期，有学者提出一种利用机器学习技术发展起来的符号方法——分类树。该方法不像传统方法那样通过判别函数形成决策规则来判别样本所属的类型，而是创立了一个对原始样本进行最佳分类判别的分类树。此前，曾有学者采用了一种叫作递归分割的类似技术生成判别树。两种方法都采用了一种非返回跟踪的分割方法将样本集递归分割成不相交的子集。它们的差别只是在分割准则上，分类树方法旨在极大化分割子集的熵，而递归分割方法则旨在使期望误判损失达到最小。

在实际应用中，商业化最为成功的是 Altman 教授使用判别分析法建立的 ZETA 模型，该模型在美国、意大利等商业银行得到广泛应用，并取得了良好的经济效益，但 ZETA 模型涉及商业机密，并未向外界公布模型具体的形式。在这个模型建立之前的 1968 年，Altman 教授在研究企业财务困境时，提出定量分析财务困境的基本方法和模型，利用判别分析方法建立了著名的 Z – score 模型。该模型根据很多的数据样本，采取观察各种函数的统计显著性（包括确立各独立变量的相对贡献）、评估相关变量之间的相互关系、观察各变量预测的准确度，并由专家进行分析判断的方法，从 22 个变量中选出 5 个变量，构建一个线性函数进行打分，分值直接表明了一个客户违约的可能性，并以此作为评级的标准。

Altman 教授及其合作者给出的 Z 系列模型如下：

$$Z = 1.2X_1 + 1.4X_2 + 3.3X_3 + 0.6X_4 + 1.0X_5 \qquad (2.4)$$

$$Z' = 0.717X_1 + 0.847X_2 + 3.107X_3 + 0.420X_4 + 0.998X_5 \qquad (2.5)$$

$$Z'' = 6.625X_1 + 3.26X_2 + 6.72X_3 + 1.05X_4 \qquad (2.6)$$

其中：

X_1 =（流动资产 – 流动负债）/（固定资产 + 流动资产 + 投资）= 流动资产/总资产；

X_2 = 累积储备金/（固定资产 + 流动资产 + 投资）= 保留盈余/总资产；

X_3 =（销售收入 – 生产成本）/（固定资产 + 流动资产 + 投资）= 税利前利润/总资产；

X_4 = 权益价值/总债务账面价值，其中在模型（2.4）中权益价值为股票（优先股和普通股）市场价值，适用于上市公司；在模型（2.5）和模型（2.6）中权益价值为账面价值。

X_5 =（销售量×销售价格）/（固定资产 + 流动资产 + 投资）= 销售收入/总资产。

模型（2.4）是 Altman 采用制造业中 1946~1965 年提出破产申请的 33 家公司和规模与行业相当的 33 家非破产公司作为样本，采用 Fisher 判别分析得到的多元线性判别函数，主要用于预测公司是否处于破产状态。为了使模型可以用于非制造业，Altman 于 1993 年提出模型（2.6），模型（2.6）是去掉模型（2.4）中 X_5 指标。去掉指标 X_5，是因为该指标表示资产周转率，反映公司资产营运能力，而不同行业的资产周转率往往差异很大，因此，去掉 X_5 会尽量减少行业的潜在影响，其结果表明模型（2.6）所得到的结果与模型（2.4）所得到的分类结果一致。从单变量的统计显著性检验看，模型中也不应该出现指标 X_5，但由于该指标与其他指标有独特的关系，对模型的整体区分能力很强，因此，这个指标是作为行业区分的一个主要指标。模型（2.5）主要利用上市公司的数据得到，为了对非上市公司，尤其是私人公司进行破产预测，Altman 对模型（2.4）的参数重新进行估计，于 1995 年提出模型（2.5），经过检验，模型（2.5）对上市公司也具有比较高的预测力。沈佩龙给出三个模型准确率的比较，如表 2–1 所示。

表 2–1　Altman 破产预测模型（2.4）、模型（2.5）、模型（2.6）准确率对比

区间	模型（2.4）	准确率(%)	模型（2.5）	准确率(%)	模型（2.6）	准确率(%)
非破产	>2.99	97	>2.90	97	>2.60	97
破产	<1.81	94	<1.23	90.9	<1.10	90.0
灰色	Z_L = 1.81~2.99 = Z_U		Z_L = 1.23~2.90 = Z_U		Z_L = 1.81~2.99 = Z_U	
截断点 Z_0	2.675					

2.2　人工神经网络预测方法

使用统计方法预测企业破产通常需要一定的假设条件，在实际中有些条件

很难满足：如企业财务指标可以看作基于独立变量的分布问题、企业财务状况的好坏与企业财务指标是非线性的、许多财务指标是高度相关的、许多财务指标不成正态分布等，这些因素都影响了模型的预测精度。

而基于数据的机器学习是现代智能技术中的重要方面，研究从观测数据（样本）出发寻找规律，利用这些规律对未来数据或无法观测的数据进行预测。其主要形式包括模式识别、神经网络等，现有机器学习方法共同的重要理论基础之一是统计学。传统统计学研究的是样本数目趋于无穷大时的渐近理论，现有学习方法也多是基于此假设。但在实际问题中，样本数往往是有限的，因此，一些理论上很优秀的学习方法实际中表现却可能不尽如人意。

正是由于这些原因，一些学者提出使用人工神经网络方法建立预测企业信用风险的模型。

人工神经网络（Artificial Neural Network，ANN）具有模拟人的部分形象思维能力，具有处理非线性问题，信息的并行分布式处理与存储方式，可以多输入、多输出，能进行学习以适应环境的变化等优点，因此可以利用人工神经网络原理建立企业破产预测模型。

2.2.1 人工神经网络的基本原理

人工神经网络（ANN）或称连接机制（connectionism）是源于人脑神经系统的一类模型，是模拟人类智能的一条重要途径，具有模拟人的部分形象思维的能力。人工神经网络是由简单信息处理单元（人工神经元）互连组成的网络，能接受并处理信息，网络的信息处理由处理单元之间的相互作用来实现，通过把问题表达成处理单元之间的连接权重来处理。

决定神经网络整体性能的三大要素是：

（1）神经元（信息处理单元）的特性；

（2）神经元之间相互连接的形式——拓扑结构；

（3）为适应环境而改善性能的学习规则。

神经网络是具有高度非线性的系统，具有一般非线性系统的特征。虽然单个神经元的组成和功能非常有限，但大量神经元构成的网络系统，所能实现的功能非常巨大。神经网络的工作流程由两个阶段组成。

（1）学习期：神经元之间的连接权值，可由学习规则进行修改，以使目标（或称准则）函数达到最小。

(2) 工作期：连接权值不变，由网络的输入经过神经网络拓扑结构得到相应的输出结果。

一般来说，神经网络可以分成四种大的类型：前馈、反馈、自组织和随机型。

在实际中应用较多的是 BP 算法。BP 算法是在 20 世纪 80 年代中期，以 Rnmelhart 和 McClelland 为首提出的多层前馈网络（Multilayer Feedforward Neural Networks，MFNN）的反向传播（Back Propagation，BP）学习算法。

多层前馈网络的结构如图 2-1 所示，网络由输入层、隐层和输出层构成，其中隐层可以是一层，也可以是多层，前后层节点通过权连接。由于用 BP 算法，所以常称 BP 神经网络。

输入层　　　　　隐层　　　　　输出层

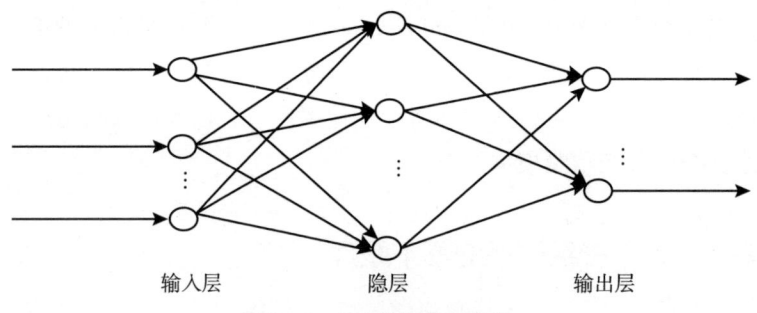

图 2-1　BP 神经网络结构

1989 年，Robert Hecht - Nielson 证明了对于闭区间内的任一个连续函数都可以用一个隐层的 BP 网络来逼近，因而一个三层的 BP 网可以完成任意的 n 维到 m 维的映射。这实际上已经给了一个设计 BP 网络的基本原则。增加层数主要可以进一步降低误差，提高精度，但同时使网络复杂化，从而增加了网络权值的训练时间。误差精度的提高实际上也可以通过增加隐层中的神经元数目来获得，其训练效果也比增加层数更容易观察和调整，所以一般情况下，应先考虑增加隐层的神经元数目。隐层单元数的选择在神经网络的应用中一直是一个复杂的问题，事实上，人工神经网络的应用往往转化为如何确定网络的结构参数和求取各个连接权值。隐层单元数过少可能训练不出网络或者网络不够"强壮"，不能识别以前没有见过的样本，容错性差；但隐层单元数过多，又会使学习时间过长，误差也不一定最佳，因此，存在一个如何确定合适的隐层单元数的问题。在具体设计时，比较实际的做法是通过对不同神经元数进行训练对比，选择一个最佳的结果。

2.2.2 BP 学习算法

基于 BP 算法的神经网络模型其算法由正向传播和反向传播两部分组成。

正向传播是输入信号从输入层经隐层传向输出层，若输出层得到了期望的输出结果，则学习算法结束；否则，转至反向传播。

反向传播就是将误差信号（样本输出与网络输出之差）按原连接通路反向计算，按梯度下降法调整各层神经元的权值和阈值，使误差信号最小。

算法的基本步骤如下。

（1）设置初始权系数 W(0) 为较小的随机非零值。

（2）给定输入/输出样本对，计算网络的输出。

设第 p 组样本输入、输出分别为：

$$u_p = (u_{1p}, u_{2p}, \cdots, u_{np}) \tag{2.7}$$

$$d_p = (d_{1p}, d_{2p}, \cdots, d_{kp}), p = 1, 2, \cdots, L \tag{2.8}$$

节点 i 在第 p 组样本输入时，输出为：

$$y_{ip}(t) = f[x_{ip}(t)] = f[\sum_j w_{ij}(t) I_{jp}] \tag{2.9}$$

式中，I_{jp} 为在第 p 组样本输入时，节点 i 的第 j 个输入。

f(·) 是激活函数，一般取可微分的 S 型函数，如：

$$f(x) = \frac{1}{1 + e^{-x}} \tag{2.10}$$

可由输入层经隐层至输出层，求得网络输出层接点得输出。

（3）计算网络的目标函数 J。

设 E_p 是在第 p 组样本输入时网络的目标函数，取 L_2 范数，则：

$$E_p(t) = \frac{1}{2} \| d_p - y_p(t) \|_2^2 = \frac{1}{2} \sum_k [d_{kp} - y_{kp}(t)]^2 = \frac{1}{2} \sum_k e_{kp}^2(t) \tag{2.11}$$

式中，$y_{kp}(t)$ 为在第 p 组样本输入时经 t 次权值调整，网络的输出，k 是输出层第 k 个节点。

网络的总目标函数为：

$$J(t) = \sum_p E_p(t) \tag{2.12}$$

作为对网络学习效果的评价。

（4）判别。

若

$$J(t) \leq \varepsilon \tag{2.13}$$

式中，ε是网络的容许误差，由事先确定。则算法结束，否则，将继续到第5步。

（5）反向传播计算。

由输出层，依据J，按梯度下降法反向计算，逐层调整权值。

取步长为常值，可得到神经元j到神经元i的连接权的t+1次调整算式：

$$w_{ij}(t+1) = w_{ij}(t) - \eta \frac{\partial J(t)}{\partial w_{ij}(t)} = w_{ij}(t) - \eta \sum_p \frac{\partial E_p(t)}{\partial w_{ij}(t)} = w_{ij}(t) + \Delta w_{ij}(t) \quad (2.14)$$

式中，η是步长，又称学习算子。

具体算法如下：

$$\frac{\partial E_p}{\partial w_{ij}} = \frac{\partial E_p}{\partial x_{ip}} \frac{\partial x_{ip}}{\partial w_{ij}} \quad (2.15)$$

设

$$\delta_{ip} = \frac{\partial E_p}{\partial x_{ip}} \quad (2.16)$$

式中，δ_{ip}是第i个节点的状态x_{ip}对E_p的灵敏度（第p组样本输入）。即：

$$\frac{\partial E_p}{\partial w_{ij}} = \delta_{ip} I_{jp} \quad (2.17)$$

可以用以下两种情况计算δ_{ip}。

一是若i是输出节点，即i=k，由式（2.11）和式（2.16）可得：

$$\delta_{ip} = \delta_{kp} = \frac{\partial E_p}{\partial x_{kp}} = \frac{\partial E_p}{\partial y_{kp}} \frac{\partial y_{kp}}{\partial x_{kp}} = -e_{kp} f'(x_{kp}) \quad (2.18)$$

将式（2.18）代入式（2.15），则：

$$\frac{\partial E_p}{\partial w_{ij}} = -e_{kp} f'(x_{kp}) I_{jp} \quad (2.19)$$

二是若i不是输出节点，即i≠k，此时式（2.16）为：

$$\delta_{ip} = \frac{\partial E_p}{\partial x_{ip}} = \frac{\partial E_p}{\partial y_{ip}} \frac{\partial y_{ip}}{\partial x_{ip}} = \frac{\partial E_p}{\partial y_{ip}} f'(x_{ip}) \quad (2.20)$$

其中：

$$\frac{\partial E_p}{\partial y_{ip}} = \sum_m \frac{\partial E_p}{\partial x_{mp}} \frac{\partial x_{mp}}{\partial y_{ip}} = \sum_m \frac{\partial E_p}{\partial x_{mp}} \frac{\partial}{\partial y_{ip}} \sum_j w_{mj} I_{jp}^* = \sum_m \frac{\partial E_p}{\partial x_{mp}} w_{mi} = \sum_m \delta_{mp} w_{mi} \quad (2.21)$$

式中，m是节点i后边一层得第m个节点；

I_{jp}^*是节点m的第j个输入（第p组样本），当i=j时有$y_{ip} = I_{jp}^*$。

将式（2.20）和式（2.21）代入式（2.15）中，得到：

$$\frac{\partial E_p}{\partial w_{ij}} = f'(x_{ip}) I_{jp} \sum_m \frac{\partial E_p}{\partial x_{mp}} w_{mi} = f'(x_{ip}) I_{ip} \sum_m \delta_{mp} w_{mi} \quad (2.22)$$

根据两种情况的不同，分别可以利用（2.19）和（2.22）对（2.14）的权重进行调整和计算。

2.2.3 模型设计及结果分析

公司贷款的信用风险分析一般包括定性分析和定量分析两部分，定性分析主要对公司管理层的经营管理能力、行业特征信用历史等分析；定量分析主要是利用公司财务比率通过一定的技术和方法分析公司的信用状况，通常情况下，定量分析由于其客观性较强，在信用分析中占主导地位，但定性分析是定量分析必要和有意的补充。本书主要侧重于定量分析。

1. 样本的选取

由于目前国内外一些企业的会计操纵现象十分严重，如美国前能源巨头安然公司由于会计丑闻而导致其破产，国内企业更是如此。会计操纵导致一些企业的财务信息失真，难以准确地反映出企业的经营状况，所以用这些数据预测出的结果会导致偏差。考虑到上市公司的财务数据都经过审计事务所审计，可以减少会计操纵的现象，同时数据的可获性也强，所以选用在沪深股市上市公司的财务数据。

沪深股市对上市公司中企业经营出现问题的企业予以特别标记，称为ST企业，因此，把截至2004年9月30日公布季报的所有沪深股市的ST公司作为研究的第一类样本（即坏样本），样本中不包括以前曾是ST的公司现在已经不是，或者以前是ST公司但现在已不属于上市公司截至2004年9月30日，沪深股市共有ST公司132家，其中，在1998年受到ST处理的公司3家，1999年1家，2000年3家，2001年11家，2002年26家，2003年37家，2004年51家。同样，从截至2004年9月30日在沪深股市上市的正常公司（非ST公司）采用简单随机抽样的方法随机抽取132家作为第二类样本（好样本）。

2. 模型输入指标的确定

合理的模型输入指标对模型的预测结果十分重要，许多学者对这方面也进行过很多研究。Delton Chesser采用（现金＋市场化证券）/总资产、销售净额/（现金＋市场化证券）、资产报酬率、资产负债率、固定资产/股东权益、营运资本/净销售收入 6 个变量进行了 Logit 分析。Altman、Haldeman 和 Narayanan 在研究公司破产时提出 Zeta 分析模型，采用资产报酬率、收入的稳定性（用 10 年资产报酬率标准差的倒数来度量）、利息保障倍数、赢利积累（用留存收益/总资产来度量）、流动比率、资本变化率（用 5 年的股票平均市场值/总长期资本来度量）和规模（用公司总资产来度量）这 7 个指标作为揭示公司失败或成功的变量，这 7 个指标分别代表了公司的赢利性、收益的保障、长期赢利性、流动性和规模等特征。而 Altman 教授在后来的 Z – Score 模型中又提出以下五个指标来预测企业破产，即：

X_1 = 营运资本/总资产

X_2 = 留存收益/总资产

X_3 = EBIT/总资产

X_4 = 市场价值/总债务的账面值

X_5 = 销售收入/总资产

他认为用这五个指标就基本能预测公司破产的可能性。

国内一些学者，也采用了企业财务指标预测企业信用风险，如王春峰等利用运营资金/总资产、保留盈余/总资产、EBIT/总资产、市场总价值/账面总价值、销售收入/总资产五个指标利用神经网络预测企业信用风险。郝丽萍等采用信用分析、一般分析、外部分析和财务分析 4 大类 20 个小指标的信贷分析指标体系采用神经网络的 BP 算法建立商业银行信贷分析模型，认为可以克服许多不确定性因素，更加直接、客观地评价信贷风险。

在选用财务指标时参考上面一些学者等的研究成果，但需要注意：由于都是采用财务比率指标，对部分财务指标，可能分子分母都是负值，表明企业的经营状况不很理想，但比值的结果可能反映出这个比值结果却很好，如一个公司有很大的负净收入和小的负权益，则收益/权益的就是一个很大的正值，预测结果很可能导致违约概率很小，从而导致犯第一类错误的概率大大增加。如表 2 - 2 所示可以对第一类错误和第二类错误进行分析。

表 2 – 2　　　　　　　　　　实际结果与预测结果比较

		预测结果	
		ST 企业	正常企业
实际结果	ST 企业	正确	第一类错误
	正常企业	第二类错误	正确

表 2-2 的两个主对角线是预测结果与实际结果相符，而把 ST 企业预测成正常企业是发生了第一类错误，而把正常企业预测成 ST 企业是发生了第二类错误。如果发生第二类错误，则银行会拒绝对一个好客户贷款，从而损失一部分利息收入，如果发生第一类错误，则银行可能对一个坏客户发放贷款，有可能损失部分或全部的本金和利息收入，这样对银行造成的损失明显要大于第二类错误所造成的损失，因此，建立模型应尽可能减少发生第一类错误的概率。

如果分子分母都是负值，表明企业经营状况不是很好，而比率是一正值，可能使模型预测结果表明企业经营状况良好，从而增加模型发生第一类错误的可能性。为消除这个问题，把所有分母为负值的比率指标都排除在外。对剩余的财务比率利用 spss 软件的主成分分析，得出以下 5 个比率指标：保留盈余/资产总额、净资产收益率、运营资本/资产总额、主营业务利润率和销售收入/资产总额。两类样本的这 5 个比率指标的基本统计性质如表 2-3 和表 2-4 所示。

表 2-3　　　　　　　　正常企业数据统计性质

	N	Min	Max	Mea	Std.	Var
保留盈余/资产总额	132	-1.55	1.05	-0.06	0.23	0.054
净资产收益率	132	-128.17	40.73	-4.49	18.95	359.20
运营资本/资产总额	132	-49.46	2.66	-0.95	5.59	31.28
主营业务利润率	132	-5.00	0.96	0.13	0.51	0.26
销售收入/资产总额	132	-2.26	1.43	0.006	0.36	0.13
Valid N	132					

表 2-4　　　　　　　　正常企业数据统计性质

	N	Min	Max	Mea	Std.	Var
保留盈余/资产总额	132	-0.86	0.97	0.15	0.21	0.04
净资产收益率	132	-46.37	21.01	4.05	7.63	58.15
运营资本/资产总额	132	0.06	0.96	0.50	0.19	0.04
主营业务利润率	132	0.00	0.77	0.24	0.15	0.02
销售收入/资产总额	132	-1.52	1.88	0.13	0.46	0.22
Valid N	132					

模型中采用人工神经网络是使用现在研究比较完善的、在实际应用中较多的 BP 算法的神经网络。模拟中设计的网络模型属有导师型神经网络模型。模型输出采用一个神经元即可满足模型的需要，即用输出 0 表示违约，1 表示不违约，但为观察模型输出的精度，采用输出结果为两个神经元的输出模型，两个输出分别是 0 和 1，定义输出是 (0，1) 表示公司违约风险小，能及时归还银行贷款，(1，0) 表示公司违约风险大，应引起足够关注。模型的隐节点层数在前面已经阐述，一般情况下用一层隐节点即可满足模型要求，因此，模型也采用一层隐节点，节点数由网络参数确定。在训练时，对相邻的隐层节点数进行比较，最后确定出最合理的网络结构。模型中先选择 5 个隐层神经元，然后对相邻隐神经元数进行比较。

根据以上分析，最初始神经网络是 5 个输入神经元、5 个隐层神经元和 2 个输出神经元，即 5 - 5 - 2 型 BP 结构。同时比较 5 - 4 - 2 型和 5 - 6 - 2 型 BP 网络的预测结果。

BP 神经网络中激活函数，取可微分的对称性 sigmoid 函数，其形式如下：

$$f(x) = \frac{1 - e^{-x}}{1 + e^{-x}} \tag{2.23}$$

把 264 个样本分成两组，一组是学习样本（训练样本），由 82 个 ST 企业和 82 个正常企业组成，另一组是测试样本，由剩下的 50 个 ST 企业和 50 个正常企业组成。先利用 164 个学习样本对这个 BP 神经网络进行训练，设定网络的学习误差为 0.01，为防止可能出现学习不收敛的情况，设置最大学习次数为 10 万次。模型输出结果如表 2 - 5 所示。

表 2 - 5　　　　　　　　　　模型学习结果

模型	学习次数	误差
5 - 4 - 2	73589	0.008937
5 - 5 - 2	59917	0.004013
5 - 6 - 2	68054	0.006975

从表 2 - 5 可以看出，设置的模型参数比较合理，学习次数小于 10 万次，同时误差小于 0.01，没有出现学习次数达到 10 万次而停止学习的情况。因为当这种情况出现时很可能网络的误差没达到要求（大于 0.01）。5 - 5 - 2 模型的学习误差是三个模型中最小，而且其学习次数也最少，因此，5 - 5 - 2 模型

是最佳模型，把这个模型作为下一步的预测模型。

再利用 5 - 5 - 2 网络模型对测试样本进行预测，预测结果如表 2 - 6 所示。

表 2 - 6　　　　　　　　　　模型预测结果

模型	ST 企业		正常企业		正确率（%）
	正确	错误	正确	错误	
5 - 5 - 2	39	11	36	14	75

把表 2 - 6 的结果写成表 2 - 7 的形式如下。

表 2 - 7　　　　　　　　　神经网络模型的预测误差

		正常企业	
		ST 企业	正常企业
ST 企业	ST 企业	正确（39/50）	第一类错误（11/50）
	正常企业	第二类错误（14/50）	正确（36/50）

从上面可以看出，神经网络模型对 ST 企业预测的正确率是 78%，把 ST 企业预测成正常企业的错误率是 22%，即模型第一类错误的错误率是 22%。模型对正常企业预测的正确率是 72%，把正常企业预测成 ST 企业的错误率是 28%，即第二类错误的错误率是 28%。理论上，希望犯两类错误的概率都尽可能的小，但实际上这两个错误是此消彼长的。犯第二类错误可能只会使银行把一个好客户认为是坏客户，从而拒绝提供贷款，损失一部分利润，但犯第一类错误可能使银行把一个坏客户看作好客户，为其提供贷款，可能给银行带来很大的损失。因此，建立模型时在考虑第一类错误尽可能小的情况下减小第二类错误。

2.2.4　人工神经网络预测方法的优点与缺点

通过以上建立人工神经网络模型和实证分析表明，与统计分析方法相比，人工神经网络方法具有以下一些优点。

（1）它主要根据所提供的数据，通过一定数量样本的学习和训练，找出输入与输出之间的内在联系，从而求取问题的解，而不是完全依据对问题的经验知识和规则，因而具有自适应功能，这对于弱化权重确定的人为因素十分有益。

（2）商业银行贷款风险评价比较复杂，各个指标之间相互影响，相互联系，呈现出复杂的非线性关系，神经网络是处理这类非线性问题的强有力工具。因此，与其他贷款风险评价方法相比，基于神经网络的评价方法越来越显示出它的优越性。

（3）传统统计模型要求一些财务指标服从特定的分布（如正态分布），而神经网络对财务指标的分布没有特别要求，加大了使用的便利性。

在实际使用神经网络评价模型中，也有一些值得注意的地方，选择财务指标作为神经网络输入参数是模型预测准确与否的关键性因素之一。所选择的财务指标必须能客观、准确地反映出公司的经营状况，这些指标能对公司经营状况做出良好的预测。同时，神经网络分类功能十分强大，但不能对贷款公司经营业绩的好坏进行排序、比较，这是神经网络在风险管理中的一个缺陷，需要其他方法进行补充。另外，人工神经网络模型结构本身也存在一定的缺陷：神经网络是仿生学的一门工具，它仿照人大脑的工作原理设计的，因此，它的理论基础不强，而且在实际应用中有可能陷入局部最优解，从而导致对部分数据的预测或分类产生较大的误差。

针对人工神经网络模型的缺陷，介绍一种新的预测技术：支持向量机。

2.3 支持向量机（Support Vector Machine, SVM）

与传统统计学相比，统计学习理论（Statistical Learning Theory, SLT）是一种专门研究小样本情况下机器学习规律的理论。V. Vapnik 等从二十世纪六七十年代开始致力于此方面研究，到九十年代中期，随着其理论的不断发展和成熟，同时也由于神经网络等学习方法在理论上缺乏实质性进展，使得统计学习理论越来越受到重视。

统计学习理论是建立在一套较坚实的理论基础之上的，为解决有限样本学习问题提供了一个统一的框架，它能将很多现有方法纳入其中，有望帮助解决许多原来难以解决的问题（如神经网络结构选择问题、局部极小点问题等）。同时，在这一理论基础上发展了一种新的通用学习方法——支持向量机（Support Vector Machine, SVM），它已初步表现出很多优于已有方法的性能。一些学者认为，SLT 和 SVM 正在成为继神经网络研究之后新的研究热点，并将有力地推动机器学习理论和技术的发展。

2.3.1 机器学习的基本问题

机器学习的目的是根据给定的训练样本求对某系统输入输出之间依赖关系的估计,它能够对未知输出做出尽可能准确的预测。可以一般地表示为:变量 y 与 x 存在一定的未知依赖关系,即遵循某一未知的联合概率 $F(x, y)$,(x 和 y 之间的确定性关系可以看作是其特例),机器学习问题就是根据 n 个独立同分布观测样本

$$(x_1, y_1), (x_2, y_2), \cdots, (x_n, y_n) \quad (2.24)$$

在一组函数 $\{f(x, w)\}$ 中求一个最优的函数 $f(x, w)$ 对依赖关系进行估计,使期望风险最小。

$$R(w) = \int L(y, f(x, w)) dF(x, y) \quad (2.25)$$

其中,$\{f(x, w)\}$ 称作预测函数集,w 为函数的广义参数,$\{f(x, w)\}$ 可以表示任何函数集;$L(y, f(x, w))$ 为由于用 $f(x, w)$ 对 y 进行预测而造成的损失,不同类型的学习问题有不同形式的损失函数。预测函数也称作学习函数、学习模型或学习机器。

有三类基本的机器学习问题,即模式识别、函数逼近和概率密度估计。对模式识别问题,输出 y 是类别标号,$y = \{0, 1\}$ 或 $\{1, -1\}$,预测函数称作指示函数,损失函数可以定义为:

$$L(y, f(x, w)) = \begin{cases} 0 & \text{如果 } y = f(x, w) \\ 1 & \text{如果 } y \neq f(x, w) \end{cases} \quad (2.26)$$

使风险最小就是 Bayes 决策中使错误率最小。在函数逼近问题中,y 是连续变量(这里假设为单值函数),损失函数可定义为:

$$L(y, f(x, w)) = (y - f(x, w))^2 \quad (2.27)$$

即采用最小平方误差准则。而对概率密度估计问题,学习的目的是根据训练样本确定 x 的概率密度。记估计的密度函数为 $p(x, w)$,则损失函数可以定义为:

$$L(p, (x, w)) = -\log p(x, w) \quad (2.28)$$

在上面的问题表述中,学习的目标在于使期望风险最小化,由于可以利用的信息只有样本式 (2.24)、式 (2.25) 的期望风险无法计算,因此,传统的学习方法中采用了所谓经验风险最小化(ERM)准则,即用样本定义经验风险:

$$R_{emp}(w) = \frac{1}{n}\sum_{i=1}^{n} L(y_i, f(x_i, w)) \qquad (2.29)$$

作为对式（2.25）的估计，设计学习算法使其最小化；对损失函数式（2.26），经验风险就是训练样本错误率；对式（2.27）的损失函数，经验风险就是平方训练误差；而采用式（2.28）损失函数的 ERM 准则就等价于极大似然方法。

事实上，用 ERM 准则代替期望风险最小化并没有经过充分的理论论证，只是直观上合理的想当然做法，但这种思想却在多年的机器学习方法研究中占据了主要地位。人们多年来将大部分注意力集中到如何更好地最小化经验风险上，而实际上，即使可以假定当 n 趋向于无穷大时式（2.29）趋近于式（2.25），在很多问题中的样本数目也离无穷大相去甚远。那么在有限样本下 ERM 准则得到的结果能使真实风险也较小吗？

ERM 准则不成功的一个例子是神经网络的过度学习问题。开始很多注意力都集中在如何使 Remp（w）更小，但很快就发现，训练误差小并不总是有好的预测效果。某些情况下，训练误差过小反而会导致推广能力的下降，即真实风险的增加，这就是过学习问题。

之所以出现过学习现象，一是因为样本不充分，二是学习机器设计不合理，这两个问题是互相关联的。设想一个简单的例子，假设有一组实数样本 {x, y}，y 取值在 [0, 1] 之间，那么不论样本是依据什么模型产生的，只要用函数 $f(x, \alpha) = \sin(\alpha x)$ 去拟合它们（α 是待定参数），总能够找到一个 α 使训练误差为零，但显然得到的"最优"函数并不能正确代表真实的函数模型。原因是试图用一个十分复杂的模型去拟合有限的样本，导致丧失了推广能力。在神经网络中，若对有限的样本来说网络学习能力过强，足以记住每个样本，此时经验风险很快就可以收敛到很小甚至零，但却根本无法保证它对未来样本能给出好的预测。学习机器的复杂性与推广性之间的这种矛盾同样可以在其他学习方法中看到。

由此可以看出，有限样本情况下，经验风险最小并不一定意味着期望风险最小；学习机器的复杂性不但应与所研究的系统有关，而且要和有限数目的样本相适应。下面介绍统计学习理论。

2.3.2 统计学习理论的核心内容

统计学习理论就是研究小样本统计估计和预测的理论，主要内容包括四个方面：

(1) 经验风险最小化准则下统计学习一致性的条件；
(2) 在这些条件下关于统计学习方法推广性的界的结论；
(3) 在这些界的基础上建立的小样本归纳推理准则；
(4) 实现新的准则的实际方法（算法）。

其中，最有指导性的理论结果是推广性的界，与此相关的一个核心概念是 VC 维，下面简单地介绍这些内容。

1. VC 维

为了研究学习过程一致收敛的速度和推广性，统计学习理论定义了一系列有关函数集学习性能的指标，其中最重要的是 VC 维（vapnik-chervonenkis dimension）。模式识别方法中 VC 维的直观定义是：对一个指示函数集，如果存在 h 个样本能够被函数集中的函数按所有可能的 2^h 种形式分开，则称函数集能够把 h 个样本打散；函数集的 VC 维就是它能打散的最大样本数目 h。若对任意数目的样本都有函数能将它们打散，则函数集的 VC 维是无穷大。有界实函数的 VC 维可以通过用一定的阈值将它转化成指示函数来定义。

VC 维反映了函数集的学习能力，VC 维越大则学习机器越复杂（容量越大）。遗憾的是，目前尚没有通用的关于任意函数集 VC 维计算的理论，只对一些特殊的函数集知道其 VC 维。比如在 n 维实数空间中线性分类器和线性实函数的 VC 维是 n+1，而上一节例子中 $f(x, \alpha) = \sin(\alpha x)$ 的 VC 维则为无穷大。对于一些比较复杂的学习机器（如神经网络），其 VC 维除了与函数集（神经网络结构）有关外，还受学习算法等的影响，其确定更加困难。对于给定的学习函数集，如何（用理论或实验的方法）计算其 VC 维是当前统计学习理论中有待研究的一个问题。

2. 推广性的界

统计学习理论系统地研究了对于各种类型的函数集，经验风险和实际风险之间的关系，即推广性的界。关于两类分类问题，结论是：对指示函数集中的所有函数（包括使经验风险最小的函数），经验风险 $R_{emp}(w)$ 和实际风险 $R(w)$ 之间以至少 $1-\eta$ 的概率满足以下关系：

$$R(w) \leq R_{emp}(w) + \sqrt{\frac{h(\ln(2n/h+1) - \ln(\eta/4))}{n}} \qquad (2.30)$$

其中，h 是函数集的 VC 维，n 是样本数。

这一结论从理论上说明了学习机器的实际风险是由两部分组成的：一部分是经验风险（训练误差），另一部分称作置信范围，它和学习机器的 VC 维及训练样本数有关。可以简单地表示为：

$$R(w) \leq R_{emp}(w) + \Phi(h/n) \tag{2.31}$$

它表明，在有限训练样本下，学习机器的 VC 维越高（复杂性越高）则置信范围越大，导致真实风险与经验风险之间可能的差距越大。这就是为什么会出现过学习现象的原因。机器学习过程不但要使经验风险最小，还要使 VC 维尽量小以缩小置信范围，才能取得较小的实际风险，即对未来样本有较好的推广性。

需要指出的是，推广性的界是对于最坏情况的结论，在很多情况下是较松的，尤其当 VC 维较高时更是如此（当 $h/n > 0.37$ 时，这个界肯定是松弛的，当 VC 维无穷大时，这个界就不再成立）。而且，这种界只在对同一类学习函数进行比较时有效，可以指导从函数集中选择最优的函数，在不同函数集之间比较却不一定成立。

3. 结构风险最小化

从上面的结论看到，ERM 原则在样本有限时是不合理的，需要同时最小化经验风险和置信范围。其实，在传统方法中，选择学习模型和算法的过程就是调整置信范围的过程，如果模型比较适合现有的训练样本（相当于 h/n 值适当），则可以取得比较好的效果。但因为缺乏理论指导，这种选择只能依赖先验知识和经验，造成了如神经网络等方法对使用者"技巧"的过分依赖。统计学习理论提出了一种新的策略，即把函数集构造为一个函数子集序列，使各个子集按照 VC 维的大小（也即 Φ 的大小）排列；在每个子集中寻找最小经验风险，在子集间折中考虑经验风险和置信范围，取得实际风险的最小。这种思想称作结构风险最小化（Structural Risk Minimization 或有序风险最小化），即 SRM 准则。统计学习理论还给出了合理的函数子集结构应满足的条件及在 SRM 准则下实际风险收敛的性质。

实现 SRM 原则可以有两种思路，一是在每个子集中求最小经验风险，然后选择使最小经验风险和置信范围之和最小的子集。显然这种方法比较费时，当子集数目很大甚至是无穷时不可行。因此有了第二种思路，即设计函数集的某种结构使每个子集中都能取得最小的经验风险（如理想情况下训练误差为

0），然后只需选择适当的子集使置信范围最小，则这个子集中使经验风险最小的函数就是最优函数。支持向量机方法实际上就是这种思想的具体实现。当前有部分学者讨论了一些函数子集结构的例子和如何根据 SRM 准则对某些传统方法进行改进的问题。

2.3.3 支持向量机的基本原理

由于传统的神经网络模型具有较多的缺陷，使得一些学者寻找其他的分类方法，支持向量机就是最近提出的一种统计学习分类方法。

支持向量机简称 SVM（Support Vector Machine），是统计学习理论中最年轻的内容，也是最实用的部分，其核心内容是在 1992～1995 年提出的，目前仍处于不断发展阶段。SVM 可以克服传统神经网络的一些缺陷，它采用结构风险最小化的原则，能给出全局最优解和不会产生过度拟合（overfit）的现象等优点，使得其在人脸智能识别、生物工程的分类等方面都有广泛的应用，但现阶段支持向量机用于金融方面的研究文章相对较少。Mukherjee 等研究了 SVM 在金融时间序列预测的可行性，Tay 和 Cao 比较了用 SVM 对 5 个时间序列数据预测结果，表明在平均方差误差、平均绝对误、方向的对称性及加权的方向对称性上 SVM 都要优于 BP 网络，Kim 利用 SVM 对韩国股票价格指数波动情况进行了预测表明，SVM 比 BP 网络有更高的精度，姚奕、叶中行探讨了利用 SVM 研究银行个人信用评估问题。以上研究表明支持向量机在信用风险评估中比统计方法和神经网络模型具有更高的精度、更好的适用性和更强的可解释性。

SVM 是从线性可分情况下的最优分类面发展而来的，可用图 2-2 来描述两维线性可分的 SVM 的基本思想。图 2-2 两类样本分别用 × 和 ○，中间实线为分类线，两边的虚线分别为过两类中离分类线最近的样本且平行于分类线的直线，它们之间的距离叫作分类间隔（margin）。所谓最优分类线即为要求的分类线，这条线不但能将两类正确分开（训练错误率为 0），而且使分类间隔最大（即分类效果最好）。

对线性，分类线的方程为 x·w + b = 0，可以对它进行归一化，使得对线性可分的样本集 (x_i, y_i)，$i = 1, 2, \cdots, n$，$x \in R_d$，$y \in \{-1, +1\}$，满足：

$$y_i[(w \cdot x_i) + b] - 1 \geq 0 \quad i = 1, 2, \cdots, n \tag{2.32}$$

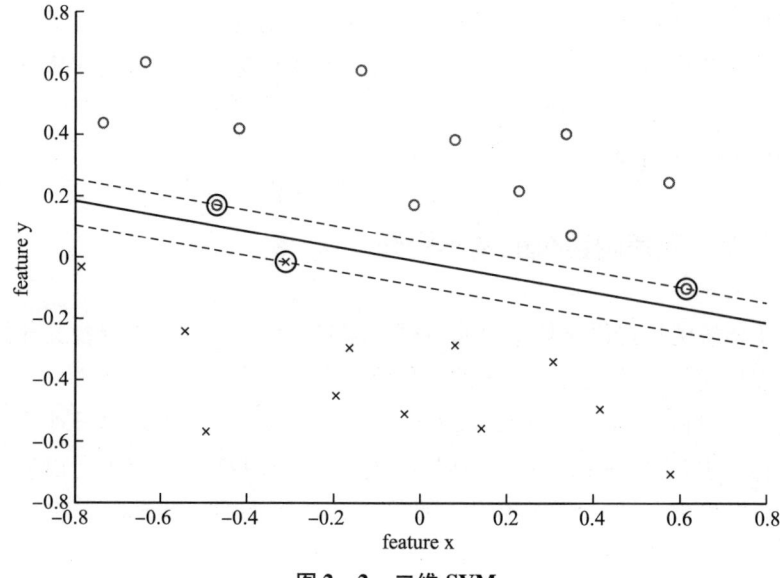

图 2-2 二维 SVM

此时分类间隔等于 $2/\|w\|$，使分类间隔最大等价于使 $\|w\|^2$ 最小化。因此，满足式（2.32）条件且使 $\|w\|^2$ 最小化的分类面就叫最优分类面，虚线上的训练样本点就称为支持向量。

利用 Lagrange 优化方法可以把上述最优分类面问题转化为其对偶问题，即在约束条件

$$\sum_{i=1}^{n} y_i \alpha_i = 0 \tag{2.33}$$

和

$$\alpha_i \geqslant 0 \tag{2.34}$$

下对 α_i 求解下列函数的最大值：

$$Q(\alpha) = \sum_{i=1}^{n} \alpha_i - \frac{1}{2} \sum_{i,j=1}^{n} \alpha_i \alpha_j y_i y_j (x_i \cdot x_j) \tag{2.35}$$

α_i 为每个样本对应的 Lagrange 乘子，这是一个不等式约束下二次函数寻优的问题，存在唯一解。容易证明，解中将只有一部分（通常是少部分），α_i 不为零，对应的样本就是支持向量。解上述问题后得到的最优分类函数是：

$$f(x) = \mathrm{sgn}\{(w \cdot x) + b\} = \mathrm{sgn}\{\sum_{i=1}^{n} \alpha_i y_i (x_i \cdot x) + b\} \tag{2.36}$$

在线性不可分的情况下，可以在条件式（2.32）中增加一个松弛项 $\xi_i \geqslant 0$，成为：

$$y_i[(w \cdot x_i) + b] - 1 + \xi_i \geq 0 \quad i = 1, 2, \cdots, n \tag{2.37}$$

将目标改为求 $(w, \xi) = \frac{1}{2}\|w\|^2 + C(\sum_{i=1}^{n} \xi_i)$ 最小,即折中考虑最少错分样本和最大分类间隔,就得到广义最优分类面。其中,$C > 0$ 是一个常数,它控制对错分样本惩罚的程度。广义最优分类面的对偶问题与线性可分情况下几乎完全相同,只是条件(2.34)变为:

$$0 \leq \alpha_i \leq C \quad i = 1, 2, \cdots, n \tag{2.38}$$

如上所述,SVM 采用结构风险最小化的原则来处理分类问题,其模型的标准形式为:

$$\min_{w,b} <w, w>$$
$$\text{s. t.} \begin{cases} y_i(<w, \phi(x_i)> + b) \geq 1 \\ i = 1, 2, \cdots, l \end{cases} \tag{2.39}$$

一般来说,分类问题都可严格限制为两类问题,在这种情况下可用一个超平面对数据进行分类,即超平面为 $w^T x + b = 0$。

对一个给定数据集,如果数据是线性或几乎是线性可分的,则一个好的分类器可以在这个输入空间中构建一个最佳超平面来对这个数据集进行分类。但在实际中分类问题很复杂,难以用一个简单的超平面进行分割。因此,需要一些非线性支持向量机来解复杂的分类问题。在这个过程中,可以使用一个非线性对应 $\phi: R^d \to H$ 来把输入向量空间对应到另一个更容易处理的特征空间,通常对应后的特征空间的维数 H 都高于原始问题的维数。原始数据集 $\{(x_i, y_i), i=1, 2, \cdots, l\}$ 通过 ϕ 转换成一个新的数据集 $\{(\varphi(x_i), y_i), i=1, 2, \cdots, l\}$,这样就可以使用一个超平面 $w^T \phi(x) + b = 0$ 对这个新空间进行分割,其中 $w = \sum_{i=1}^{l} \alpha_i y_i \phi(x_i)$,$\alpha_i$ 是拉格朗日乘子,上述最优化问题可变成下面的形式:

$$\max \sum_{i=1}^{l} \alpha_i - \frac{1}{2} \sum_{i=1}^{l} \sum_{j=1}^{l} \alpha_i \alpha_j y_i y_j \phi(x_i)^T \phi(x_j)$$
$$\text{s. t.} \begin{cases} 0 \leq \alpha_i \leq C \\ \sum_{i=1}^{l} \alpha_i y_i = 0 \end{cases} \quad i = 1, 2, \cdots, l \tag{2.40}$$

其中,C 表示噪音水平,一般由经验误差和分类的复杂程度之间的权衡来确定。

这时的分类判别函数为:

$$f(x) = w^T \phi(x) + b = \sum_{i=1}^{l} \alpha_i y_i \phi(x_i)^T \phi(x_i) + b \tag{2.41}$$

在上面优化问题中 $\alpha \neq 0$ 的数据点就是支持向量。在上面对应过程中可以看到,将原问题对应到一个更高维的特征空间,可能会增加问题的复杂性,但在实际应用中可以使用核函数 $K(x, y) = \phi(x)^T\phi(y)$ 代替 $\phi(x_i)^T\phi(x_i)$ 就可以大大简化问题的难度。

任何满足 Mercer 理论的函数都可以作为核函数使用,核函数有多种,在 SVM 中常用的核函数有线性函数、多项式函数、径向基函数和 sigmoid 函数等,在 SVM 的分类中核函数的选择起着至关重要的作用。

上面式(2.39)和式(2.40)都是考虑了可分离的情况,其经验误差为 0。对一些有噪音的数据,经验误差不一定为 0,同样可使用松弛变量 ξ 来放松约束以允许分类时存在一定的误差,即:

$$\min_{w,b,\xi} <w, w> + C \sum_{i=1}^{n} \xi_i$$

$$\begin{cases} y_i(<w, \phi(x_i)> + b) \geq 1 - \xi_i \\ \xi_i \geq 0 \end{cases} \quad i = 1, 2, \cdots, l \qquad (2.42)$$

对式(2.41),可以扩展到一个二元优化问题,如下:

$$\max w(\alpha) = \sum_{i=1}^{l} \alpha_i - \frac{1}{2} \sum_{i,j=1}^{l} y_i y_j \alpha_i \alpha_j <\phi(x_i), \phi(x_j)>$$

$$= \sum_{i=1}^{l} \alpha_i - \frac{1}{2} \sum_{i,j=1}^{l} y_i y_j \alpha_i \alpha_j K(x, y)$$

$$\text{s.t.} \begin{cases} \sum_{i=1}^{l} y_i \alpha_i = 0 \\ \alpha_i C \geq 0 \end{cases} \quad i = 1, 2, \cdots, l \qquad (2.43)$$

其中,$<\phi(x_i), \phi(x_j)>$ 表示 $\phi(x_i)$ 和 $\phi(x_j)$ 的内积,$K(x, y)$ 是核函数。

标准的 SVM 公式只能解双变量分类问题,这符合对公司财务困境预测的要求,因此可以使用式(2.43)进行分类。但对多变量分类(如对信用评级的分类),可以用多个双变量分类器组成一个多变量分类器。

在实际应用中,利用一些计算语言,如 C 语言和 Matlab 等,根据相应的算法(如序列最小最优化、二次规划和核感知机等算法)来求解分类问题。

2.3.4 支持向量机预测实证研究

使用 SVM 进行预测的基本步骤一般是:第一步,对数据集进行缩放处理,缩放处理的作用一是可以避免一些较大的数值可能在处理过程中对属性值起支配作用，二是经过处理后的数据避免了计算过程产生较大的误差和可能引起计算困难，这在使用线性核函数和多项式核函数时尤其重要；第二步是选择核函数对数据集构造 SVM；第三步，使用最佳参数对训练数据集进行训练；第四步，预测。对小样本问题，可以使用交叉对比（cross‐validation）找到 SVM 的最佳参数。

为了便于和神经网络模型比较，仍使用前面所使用的学习样本和预测样本，模型的输入指标也与前面一样。按照上面给出的基本步骤，对数据集进行缩放处理，把这些数据缩放到 [-1, 1] 的区间中，分别选用线性核函数，多项式核函数和径向基核函数对样本进行预测分析。各从两类样本中取 25 家，共 50 家样本，每类样本各取 5 个等分成 5 组进行 5 重交叉对比（5‐fold‐cross‐validation），以确定参数 C。根据交叉对比和一些经验研究的结果，模型的参数 C 取 100。把样本分成学习样本和预测样本两部分，为了增加学习效果，学习样本中包括 82 家第一类公司和 82 家第二类公司，其余的 100 家公司为预测样本。

为了观察分类效果，先用运营资本/资产总额和净资产收益率这两个指标进行学习。该数据的经验误差不等于 0，因此，使用 MATLAB 语言编写程序，算法采用 SMO，精度设为 0.001，图 2‐3 ~ 图 2‐5 分别是使用线性核函数、多项式核函数和径向基核函数在 PⅣ266 计算机上运行的结果。

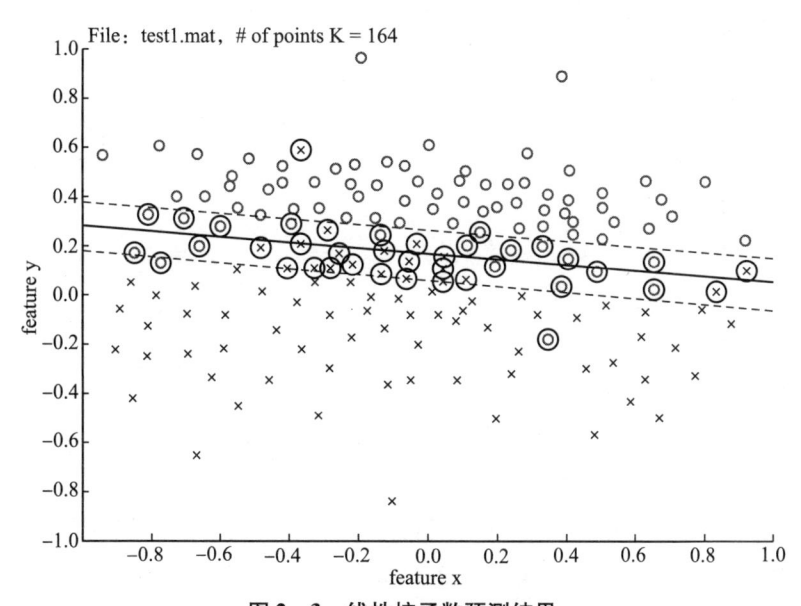

图 2‐3　线性核函数预测结果

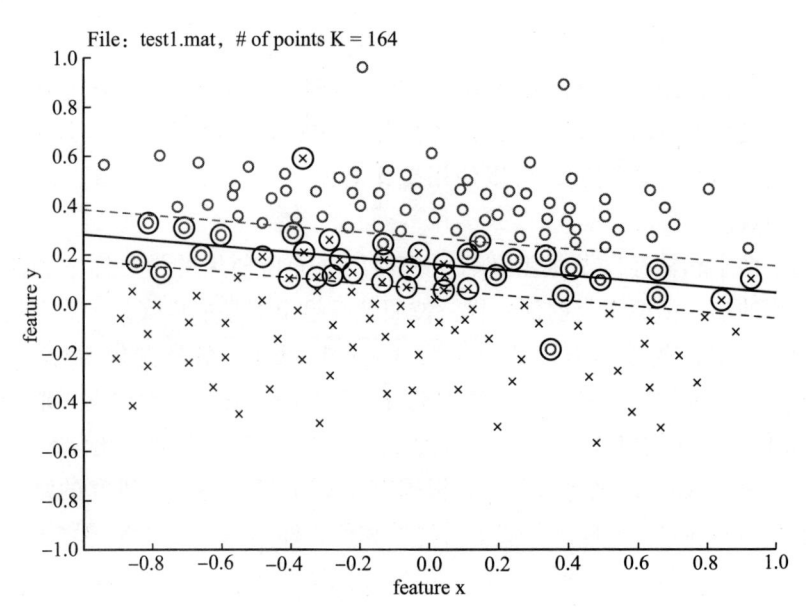

图 2-4 多项式核函数学习结果

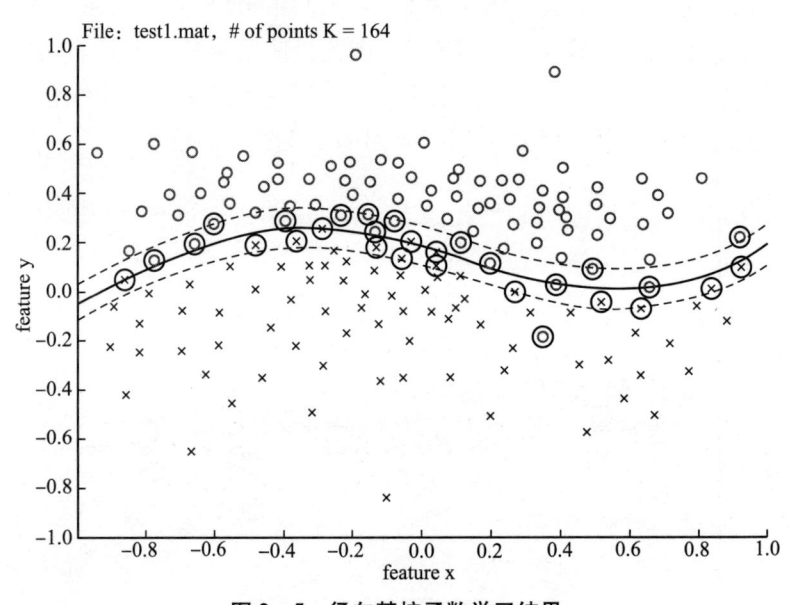

图 2-5 径向基核函数学习结果

图中外面带有圆圈的点即为分类的支持向量，两边的虚线为两类的分类线，中间的实线为最佳分类线（最佳分类超平面）。

三个核函数学习的结果如表 2-8 所示。

表 2-8　　　　　　　　　　　学习结果

核函数	支持向量数	最大距离（Margin）	学习误差（%）
线性	39	0.1040	9.14
多项式	39	0.1042	9.15
径向基	30	0.0374	3.05

从图 2-3～图 2-5 和表 2-8 可以看出，SVM 对此样本具有一定的分类效果，这三个核函数中，径向基具有更好的分类效果，而线性和多项式的分类效果差别不大。因此，利用上面的 5 个财务指标，使用 SVM 对 164 家公司学习，然后再用这个 SVM 预测其余的 100 家公司，学习和预测的结果如表 2-9 所示。

表 2-9　　　　　　　　SVM 模型的学习和预测结果

核函数	核值	学习误差	最大距离	VC 数	预测误差（%）	计算时间
线性	1644723	0.0122	0.1766	7	26	0.2030
多项式	788273	0.0122	0.1096	8	18	0.5780
径向基	409751	0.0122	0.1510	6	13	0.1560

从以上对中国企业财务困境的预测结果可以看出，线性核函数的分类效果较差，其次是多项式核函数，径向基核函数的分类效果最好，准确率达 87%，与其他的分类方法相比，采用径向基核函数的 SVM 具有更高的分类精度。

2.3.5　支持向量机的特点

SVM 是近几年兴起的一种基于统计学习理论的分类技术，很多学者积极开展研究将其应用于人工智能识别、生物领域分类和金融预测中。与神经网络技术相比，SVM 具有以下主要的优点：SVM 具有高的概括能力和强的理论基础，能避免局部最小化问题，解的结果满足全局最小化；SVM 总有解，且通过标准算法（SMO 等）能快速得到这个解；SVM 不用事先决定网络拓扑结构，训练过程结束后能自动获得 SVM 结构；SVM 对样本数据没有分布要求。

2.3.6　神经网络与支持向量机的比较

把神经网络模型的预测结果和支持向量机的预测结果相比较，如表 2-4

和表 2-9 所示，从结果来看，用线性核函数的 SVM 预测结果和神经网络的预测结果差不多，而用多项式核函数和径向基核函数的 SVM 结果明显要好，因此，在选择合适核函数的 SVM 模型其预测精度要高于神经网络模型。

2.4 现金流风险对企业系统风险的反作用影响

总结较高的现金流波动容易造成资金短缺，企业不能立即从外部资本市场融资弥补现金流短缺，其最优的办法是保持投资计划不变。由于投资对现金流波动的敏感增加了公司进入资本市场的可能性，随着外部融资的增加，现金流短缺得到满足，现金流的波动因此可以被平稳，但同时也增加了融资成本，造成投资的减少。Adam（2002）指出，公司选择波动性管理战略依赖于外部融资成本。Goel 和 Thakor（2003）解释说，因为信息是不对称的和具有成本的，不稳定的现金流即现金流波动加剧了信息不对称。由此可见，现金流的波动会扰乱投融资计划、实施和造成投融资风险，这又反作用于市场风险的发生，最终造成企业市场价值的损失。

股东估值的方式之一是估计未来现金流，并按照某个折现率进行未来现金流的折现，股东不能分散系统风险，但却能决定折现率即股东的资本成本。Harrington 和 Niehaus（2003）以及 Williams、Smith 和 Young（1998）均解释到：降低现金流的波动性能够提高预期现金流的水平。一般来讲，总风险的降低能使股东的资本成本保持不变，因为管理者降低风险，间接地减少了风险类型，而股东可以通过持有分散的投资组合来降低风险。

借鉴现金流波动—系统风险理论模型，利用我国制造业上市公司 2003~2008 年的数据，研究了现金流波动对企业系统风险的影响。结果表明：现金流波动与系统风险存在显著的负相关关系；企业资产规模和成长性影响了现金流波动对系统风险的影响；股票投资市场表现为牛市或熊市时，现金流波动对系统风险的影响是有差异的。

2.4.1 理论分析

Minton、Schrand 和 Walther（2002）发现如果现金流不稳定，那么外界将低估企业价值。Geczy、Minton 和 Schrand（1997）以及 Schrand（1999）均发

现较高的现金流波动将导致较低的投资。Allayannis 和 Weston（2001）以及 Carter、Roger 和 Simkins（2005）总结发现降低现金流波动能提高企业价值。但 Jin 和 Jorion（2006）像 Tufano（1996）所证实的，降低现金波动并不能提高其企业价值。而 Smithon 和 Simkins（2005）实证结果发现这两种现象均存在。Adam（2002）认为，由于内外部融资成本不同和信息的不对称性，企业的信用风险补偿机制将有所差异。但是企业要使信用风险最小，其目标就要使未来项目产生更多现金流。Boyle 和 Guthrie（2003）研究认为，现金流波动与投资机会对公司价值是起反作用的。

风险管理学术研究和实践经验表明，现金流风险和系统风险是有相互影响关系的。Callahan 和 Mohr（1989）研究了系统风险的决定因素，他们认为，影响公司股票 β 的因素有公司规模、财务杠杆和未来增长机会。许多学者在基于大公司产生稳定现金流假设下，认为在公司规模和股票 β 之间存在负相关关系。但 Bowman（1979）认为，公司规模和系统风险之间不存在必然的关系。Daves 等（2000）研究系统风险和公司规模的关系时发现，当公司规模增大时，两者关系受财务杠杆驱动，既有正相关也有负相关关系，且 1980 年后大公司的 β 值更大，因为大公司有相对更高的债务比例。Senbet 和 Thompson（1982）、Miles（1986）、Chung 和 Charoenwong（1991）均研究发现，公司未来成长机会与公司 β 值为负相关。Scordis、Barrese 和 Wang（2008）认为，现金流波动能影响企业价值，但当管理层降低公司现金流波动时，现金流波动又会反作用到市场风险，主要与企业资产规模和成长有关。

Guay（1999）、Hentschel 和 Kothari（2001）、Lin（2003）比较研究了公司 β 大小是否与公司进行了套期保值相关，他们得出相似的结论。Hentschel 和 Kothari（2001）、Lin（2003）发现，比起没有套期保值的公司 β 值，使用套期保值公司的股票 β 更高。Guay（1999）研究结论认为，总风险和市场风险 β 存在正相关关系。

一般来说，现金风险降低后，预期现金流提高，进而企业利润和价值增加。但 Smithson 和 Simkins（2005）发现，降低市场风险后现金流的平稳性并不像预期那样被降低。如果存在这种结论，那么研究现金流波动和系统风险之间关系将非常有必要。它们之间正相关关系说明降低风险仍能够创造价值，虽然预期现金流可能并不高；它们之间负相关关系说明如果降低风险能创造价值，但须创造更多的现金流以补偿增加的系统风险。

2.4.2 实证分析

在 Scordis、Barrese 和 Wang（2008）研究的基础上，建立了动态面板数据模型，以我国制造业上市公司为例，研究现金流波动对系统风险的反作用影响。由于在 2003~2008 年中国股市经历了由熊市到牛市的阶段，以 2006 年为时间节点，加入时间控制变量，分析前后现金流波动对系统风险反作用影响的差异。

$$(Beta)_{it} = a_0 + a_1(OPCF)_{it} + a_2(OPCF \times FS)_{it} + a_3(OPCF \times GROW)_{it} + a_4(FS)_{it} + a_5(GROW)_{it} + a_6(LR)_{it} + a_7(DTA)_{it} + e_{it} \quad (2.44)$$

式（2.44）为 Scordis、Barrese 和 Wang（2008）实证研究的基本方程式。其中，Beta 表示市场风险 β，OPCF 表示经营净现金流波动，FS 为公司规模，GROW 表示公司成长性，企业杠杆有两个分别是流动比率 LR、债务比率 DTA。表 2 - 10 为变量符号和说明。考虑到我国市场程度较低，且非随机影响较大，且市场滞后影响较明显，因此，拟建立动态面板数据进行检验，如式（2.45）所示。

$$(Beta)_{it} = a_0 + \varphi(Beta)_{i(t-1)} + a_1(OPCF)_{it} + a_2(OPCF \times FS)_{it} + a_3(OPCF \times GROW)_{it} + a_4(FS)_{it} + a_5(GROW)_{it} + a_6(LR)_{it} + a_7(DTA)_{it} + e_{it} \quad (2.45)$$

表 2 - 10　　　　　　　　　变量符号和说明

符号	说明
Beta	β 用来衡量两个时间序列之间关系的统计指标，在资本市场中用来衡量个股相对于市场的风险
CFV（Cash Flow Volatility）	现金流风险，用样本公司观测期内经营净现金流的平均偏差来表示
FS（Firm Size）	公司规模，年末总资产的自然对数
GROW	每股净资产增长率，本期期末相对本年初增长的百分比
LR（Liquid Ratio）	流动比率，流动资产/流动负债
DTA（Debt of Total Assets）	债务比率，总负债/总资产
DUM（Enterprise）	时间虚拟变量，2003~2005 年为 0，2006~2008 年为 1

需要说明的是，以经营现金流波动来刻画现金流风险，通过度量上市公司每年各季度经营净现金流的波动，以此波动代表本年度现金流风险状况。沿用 Scordis、Barrese 和 Wang（2008）的方法，根据每家公司每季度的经营净现金

流数据，通过度量其每年四个季度现金流的偏差，以平均偏差代替其波动。假设 $CF(t) = \alpha_0 + \alpha_1(t)$，$CF(t)$ 为每季度现金流，(t) 为相应季度，根据每季度经营净现金流得出 $\hat{CF}(t)$，则每季度其偏差为 $|CF(t) - \hat{CF}(t)|$。定义每年的现金流波动是四季度偏差的均值，即 $CFV = \frac{1}{4}\sum_{t=1}^{4}|CF(t) - \hat{CF}(t)|$。因为数量级较大，取对数以保证平稳性。而对于公司增长前景的指标，以每股净资产增长来做代理变量。

本书的研究对象为 2000~2008 年在沪深两市 A 股市场上市的制造类公司，行业分类参照证监会行业分类。选择制造类企业，是因为其在我国国民经济中占有举足轻重的地位：其工业增加值占 GDP 的 35.3%，从业人员占 90.7%，出口占全部贸易的 91%。按照证监会上市公司行业分类，制造业共有 1007 家上市公司，占据了一半以上上市公司数目。且制造业相关行业涉及国民经济的方方面面，是我国经济发展的基础和社会生活正常运行的必要保证，直接体现了一个国家的生产力水平。我国制造类上市公司不仅在上市公司中占有相当大的比重，在国民经济中占有重要份额，还是创造出口创汇的重要行业。因此，系统研究制造业上市公司现金流风险对系统风险的反作用影响将有重要借鉴意义。

样本数据中剔除了样本区间内被 ST 的公司以防异常值的影响。所取各指标必须有连续三年的数据，以保证有相对的稳定性。又因为现金流季度数据直到 2003 年才有相对完整的各季度报表，所以实际时间段是 2003~2008 年。数据来源为 WIND 数据库，数据分析均采用 R 软件，数据统计性描述如表 2-11 所示。

表 2-11　　　　　　　　　数据统计性描述

变量	均值	标准差	最大值	最小值
Beta	0.97	0.34	2.32	-1.49
CFV	7.71	0.52	9.82	5.38
FS	9.22	0.46	11.31	7.82
GROW	5.34	30.14	198.63	-183.33
LR	1.53	1.17	16.98	0.046
DTA	48.93	18.03	227	5.77

先进行 Spearman 相关系数分析，Spearman 相关系数是度量两个变量间秩

次大小的线性相关分析，从表2-12可以看出，现金流波动与系统风险显著相关的，尽管不能从 Spearman 相关系数表中得出大量结论，但仍可以看出其结果与风险管理假说一致，但相关系数的绝对值较小，说明之间只存在较弱的相关关系，故其关系还需进一步检验。

表2-12　　　　　　　　Spearman 相关系数分析

	Beta	AS	CFV	GROW	LR	DTA
Beta	0					
AS	0.090***	0				
CFV	-0.018***	0.761***	0			
GROW	-0.055*	0.075***	0.006***	0		
LR	-0.046	0.067***	0.041***	-0.712***	0	
DTA	-0.028·	-0.075***	-0.023***	0.291·	-0.557***	0

注：***、**、*、·分别表示在0.000、0.01、0.05、0.1的水平上显著。

通过对数据进行检验，选用固定效应模型（fixed-effect panel data model）。通过对个体和时间检验，采用双向模型（two-way model）。表2-13为不同模型的估计结果。回归1、回归2考虑了因变量的一阶和二阶滞后项，回归3考察了熊市和牛市时，现金流波动对系统风险的影响，回归4为考察在有时间虚拟变量时，二阶滞后的影响。

表2-13　　　　　　　　系统风险回归结果

变量	回归1	回归2	回归3	回归4
lag(Beta, 1)	-1.51e-01**** (1.94e-02)	-2.87e-01**** (2.27e-02)	-1.53e-01**** (1.96e-02)	-2.90e-01**** (2.27e-02)
lag(Beta, 2)		-2.22e-01**** (2.30e-02)		-2.22e-01**** (2.30e-02)
CFV	-5.38e-01** (3.22e-01)	-7.68e-01*** (3.82e-01)	-1.33e-01 (3.41e-01)	-4.55e-01 (3.97e-01)
CFV × FS	5.71e-02** (3.46e-02)	8.12e-02** (4.09e-02)	7.33e-03 (3.71e-02)	4.04e-02 (4.33e-02)
CFV × GROW	5.47e-04* (3.74e-04)	2.04e-04 (4.06e-04)	4.86e-04· (3.73e-04)	1.70e-04 (4.06e-04)
FS	-1.14e-01· (2.84e-01)	-2.74e-01 (3.36e-01)	2.43e-01 (3.01e-01)	2.20e-02 (3.52e-01)

续表

变量	回归1	回归2	回归3	回归4
GROW	−5.2e−03 ** (2.92e−03)	−2.38e−03 (3.17e−03)	−4.72e−03 * (2.91e−03)	−2.12e−03 (3.16e−03)
LR	1.48e−02 ** (7.86e−03)	1.86e−02 ** (8.73e−03)	1.53e−02 ** (7.84e−03)	1.93e−02 *** (8.72e−03)
DTA	−8.60e−04 (7.46e−04)	6.51e−04 (9.02e−04)	−8.15e−04 (7.44e−04)	−6.75e−04 (9.35e−04)
DUM×CFV			9.22e−02 **** (2.58e−02)	8.86e−02 *** (3.12e−02)
DUM			−2.46e+09 (8.78e+11)	1.45e+12 (2.74e+13)
RSS/TSS	189.7/198.2	130.1/148.5	188.5/198.5	129.5/148.5
F−stat.(P−value)	14.0（0.000）	26.4（0.000）	12.5（0.000）	22.2（0.000）

注：****、***、**、*、·分别表示在0.001、0.05、0.1、0.15、0.2的水平上显著。

从回归1来看，前一期系统风险 lag(Beta, 1)、CFV、CFV×FS 和 CFV×GROW 是显著的。现金流波动与系统风险显著负相关，说明现金流波动的增加能反作用股票 β 值，对系统风险有降低的可能。而交叉变量 CFV×FS 和 CFV×GROW 系数均为显性正相关，说明企业资产规模和企业未来增长在现金流波动和系统风险关系中，均有风险放大的作用。这表明，制造业上市公司资产规模增大和企业未来前景变好时，将发现现金流波动和系统风险之间由负相关变成正相关，即虽然现金流波动与股票 β 值负相关，但当资产规模增大和未来前景变好时，则容易导致系统风险提高。

在回归1中还发现，前一期系统风险 lag（Beta, 1）与本期系统风险呈现显著负相关关系，说明上一期系统风险能影响到本期系统风险，上一期系统风险较大时，则本期系统风险将较小。由于本期系统风险变大，政府会出台一系列政策进行宏观调控，下一期系统风险将降低。反之，当本期投资市场运行良好，风险较小，但因为市场不完善投资者不理性，容易导致下一期的经济过热，市场风险进而加大等。

回归2中系统风险的两期滞后也显著影响到当期，说明系统风险影响时滞较长。但发现与企业增长相关的现金流波动变得并不显著，说明前期系统风险的滞后可能削弱了投资者对企业增长预期。不仅如此，还发现 CFV、CFV×FS 的系数的绝对值有了不同程度的增加，说明在考虑二阶滞后影响时，现金流波动对系统反作用影响变大,资产影响的效应也增加了。

2003~2008 年,中国资本市场经历了从熊市到牛市再到熊市这样一个过程。一般认为,在股权分置改革与人民币升值双重推动下,2006 年我国股市扭转长期低迷行情。因此,以 2006 年为时间节点,考虑时间虚拟变量以对之进行研究。以 2003~2005 年时间虚拟变量为 0、2006~2008 年为时间虚拟变量为 1 进行面板数据分析,以对比不同时段现金流波动的反作用影响是否有差异。通过分析发现(回归 3),在考虑时间虚拟变量后,现金流波动对系统风险反作用呈现显著正相关关系,说明不同时段现金流波动的反作用影响是有差异的。我国 2006~2008 年股票市场,由于美国次贷危机的爆发蔓延,国际热钱的进入、投资者的非理性投资等更加导致了现金流的波动,加大了对系统风险的反作用影响。此阶段企业规模对现金流波动和系统风险影响并不显著,说明了大大小小的制造业上市公司都进入了一个疯狂时代,企业规模对现金流波动没有影响。但此阶段企业增长前景相关的现金流波动对系统风险呈现显著正相关关系,说明投资者对企业前景增长有一定预期,但认为此阶段更多的是非理性预期。

当同时考虑二期滞后影响时(回归 4),CFV、CFV×FS 和 CFV×GROW 均不显著,但系统风险一期和二期的滞后对当期的影响非常显著,且虚拟变量系数表现的显著水平也较高。这说明在同时考虑二阶滞后和虚拟变量影响时,现金流波动、企业规模和增长性影响效应已减弱,系统风险滞后影响占主导作用。

2.5 总结

上面分别研究了神经网络模型和支持向量机模型在预测企业破产中的应用。从结果来看,支持向量机比神经网络模型的预测精度高,但与国外一些预测结果相比,预测的正确率相对较低,这可能有两方面原因:第一,如前面有关会计操纵的分析,这可能和所使用的预测数据的真实性有关;第二,由于受样本容量的限制,本书只建立一个预测模型,为提高模型精度,在样本容量较大的时候,可以分别根据行业、地区或规模等因素分别建立预测模型,可以提高预测精度。

第3章 违约损失率

　　信用评级和计算信用风险的主要参数除违约概率外，另一个关键性参数是回收率或违约损失率（等于1减回收率）。回收率对应于货币的数量，表示贷款或债券违约后所能收回的货币数量与票面价值的百分比。与违约概率表示一家公司的信用价值不同，在大多数情况下特指一个业务的回收率。

　　在过去的二十几年违约概率得到极大的关注，而回收的问题在很大程度上还处于一个未开发的阶段，尤其在美国以外的国家。由于许多资产分类在二级市场上不存在，因此，即使在美国有些信息也不易得到。在《巴塞尔资本协议Ⅱ》的银行监管中也强调违约损失率（LGD）的重要性，并鼓励对回收率提供更精确的度量方法。

　　违约概率与违约损失率的主要区别是，违约损失率表示分布而不是单个的数。回收率的不确定性不但依赖于一些可计量的事件，而且依赖于更多的模糊因素，如债权人和债务人之间的议价能力等。因此，无论需要与否，都关注回收率的微观经济行为。

　　本章主要讨论与回收率有关的一些指标，包括标的贷款和地方权限的约束等优先级。其结构如下：首先介绍一些关于违约和违约损失率的定义；其次研究可用于度量回收率的指标和适用于组合信用风险模型的指标；最后介绍如何识别违约损失率的关键性决定因素，如资产的优先级、发行者的行业、商业周期、抵押或担保的可利用性、债务人的议价能力、发行的权限等。针对以上研究，介绍一些曾在各种数据库中报道过经验的研究结果，这些结果都是影响实际回收率的所有因素中最重要的因素。同时，还讨论近年来在各种文献中记载的有关回收率和违约概率之间的联系，这些联系可能对信用损失产生重要的影响。此外还介绍一些在不可交易的债务中如何提取回收率的信息。

回收率随机属性也十分重要，在债券组合中如果不考虑这些属性可能导致对极值损失实质性的低估。大多数信用风险组合模型都考虑随机回收率，这些模型通常假设违约损失率服从一定的参数分布，并用观察到的回收率对经验的均值和方差进行校准，利用非参数估计方法估计一些行业的损失分布，最后介绍一个最近研究的、能描述整个回收率分布的参数模型。

3.1 相关定义

在一个简单的模型中，如莫顿（1974）模型，债券的回收率完全由公司的价值决定，如果债务到期时公司的价值低于债务的本金，则发行人违约。在这种情况下债券持有人将得到公司的所有价值（回收率）而权益持有者一无所获。这个模型的解析框架在最初时有很大的吸引力，但在实际中过于简单而很难估计回收率。这个模型对回收过程隐含了两个关键性的假设：

第一，偿还的绝对优先权准则，即债务的优先级高于权益，高级债务高于次级债务；

第二，没有破产或清算成本。

从实际上来说，莫顿模型的另一个缺陷是只能应用于上市（公司价值可由权益价格的估计得到）。然而，银行票据的大多数违约都发生处于中级市场的公司中，这些中级市场的公开信息很有限。

3.2 银行贷款

银行贷款常在非标准条款下得到批准的。银行通常需要对公司的信用价值进行仔细审查。谈判以利用契约和抵押等方法实现最佳缓释风险的原则为基础。为了做出正确的决策，银行必须对公司有很好的理解，并且在未来根据一些规则对其进行积极的监控。因此，银行通常能够预测公司所面临的一些重大困境。如果发现公司陷入这些困境的时候，银行的一些部门的工作中心就是如何处理这些困境，同时，公司也进入一个"特别关注期"。

一般把公司在正式违约前由于欠债所面临的困难称为公司处于困境之

中。困境可具体化为特定的事件，如一个协议的违约。困境的状态也可能来自银行家主观上的判断，例如，公司突破透支的限额或资产负债表比率的破坏等。有些时候，处于困境的公司可以通过与债权人重新谈判而得到救助，另一些时候将根据违约协议来处理这些困境。银行并不是总能够发现公司处于困境时的状态，而且有时企业可能不经过困境等一些过渡状态直接发生违约。

在金融领域中存在一些与违约相关的不确定性事件，尤其是由于存在以下一些因素，使得所有股东并不能都采用同一方式来定义违约事件：关于金融工具违约的市场定义，相应的本金和逾期利息。

《巴塞尔协议》采用一些其他的方法定义违约事件，如金融工具或准备金逾期90天时认为发生违约，同时也可根据银行对公司的一些判断性评估。法定的违约定义与公司的破产相联系，主要根据各个国家制定的有关法律法规。

由于这些违约定义的差异使得在理解违约时带来很多问题，更重要的是违约并不是一个唯一的、定义明确的法律结论。这些异议产生的原因很多，例如，公司产生突然的、非预期的波动以及处于困境中公司的企业家与其债权人的谈判失败等。

并不是处于困境中的公司所有股东都获得相同的利息，因此，他们也并非愿意在相同的时间启动违约程序。例如，一方面，企业家愿意尽可能长的时间运作其公司，保持对公司的控制，这种状态将持续并面临着较高水平的未付税款，同时也避免了一些失业。由于交易债权人比银行和国家的优先级低，并且知道预期的回收率较低，因此，交易债权人也尽量避免启动违约程序。另一方面，银行家为了使担保贷款回收率的最大化而迫使公司快速进入清偿阶段。对银行来说，最佳违约时间是抵押价值等于贷款价值和实际成本之和的时刻。

从违约走向破产和清算更多地需要根据各国颁布的破产法。银行贷款破产的一般过程可归纳成图3-1，这幅图清楚地表明了并不是所有非困境公司最终都变成了违约公司和并不是所有的违约公司都进入清算程序。在这章的后面将看到在英国有半数以上的困境公司都没有正式申请破产。在图3-1中只有1/4的公司真正破产。如在第一章中所讨论的，银行一般面临着合同的不完整性。借款合同的属性与抵押和担保的存在对银行行为和贷款回收率有重要的影响。有效的回收过程也许与回收的有效性发生偏差。

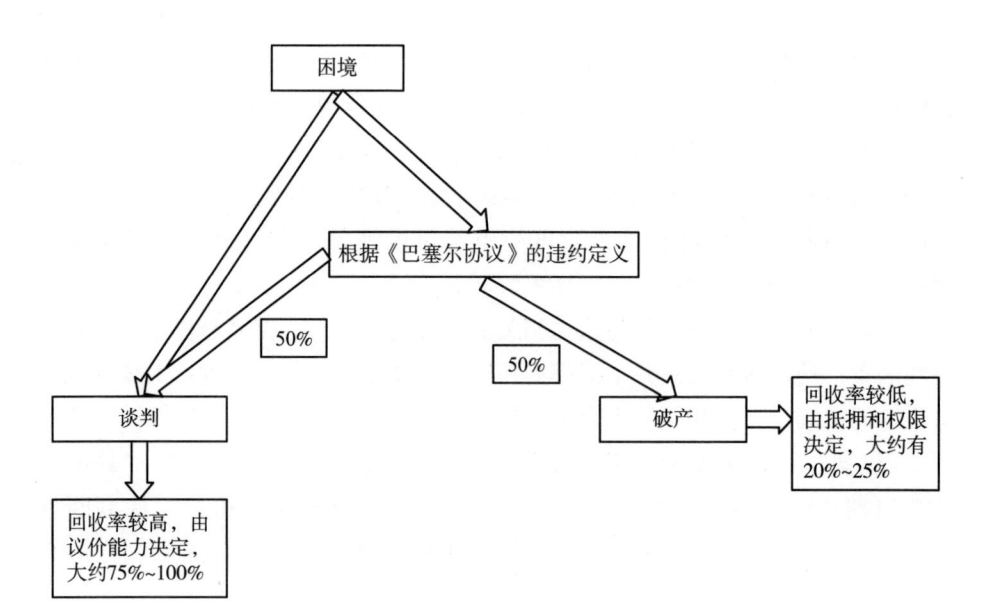

图 3-1 困境/违约程序举例

注：图形中数字仅供参考。

通常可能导致无效率行为和次优的贷款回收率的四个因素：

（1）公司自身的债务结构是导致无效率的一个因素，尤其是公司有缺少债权人协调的"债权人运作"风险；

（2）债务人为寻求债权人的特许权而进行的议价能力将导致无效率行为；

（3）主要债权人寻求较高的优先级和过多的控制权将会破坏一个公司。基于这些债权人的统治地位，他们可能会减少对公司的监控。这种行为通常称为"懒惰的银行"，并且导致过早的和频繁的破产；

（4）银行对公司的控制将破坏公司的生产能力，这种现象常与一个特殊的现象——"家庭银行"相关。

理论上对这些类型的现象已有了广泛的描述，并建立相关的模型，但很少从经验上予以证实。在美国更多的经验研究集中在大的上市公司或有公开记录的破产公司。近年来关于这方面最重要的研究利用是根据银行的私人信息对英国和德国公司的研究。这份研究指出在这些国家以上四个次优现象的经验观察值在统计上不具有显著性。

基于以上的讨论，很明显建立对银行贷款的回收率进行模拟的模型至少要考虑以下四个要素：

（1）违约事件的定义应十分明确；

(2) 银行的行为要根据与债务人的债务重新协商而定，并且各个国家都有所不同；

(3) 关于贷款的抵押质量；

(4) 与国家负债水平和同行信贷等相比，银行贷款偿还的优先级。

对违约损失率的研究中，债券常常按优先级和抵押进行分类。优先级表达了在公司违约时提出对违约公司资产索赔的优先次序，而抵押表示在违约时如何分配特定的抵押资产。表3-1给出了优先级和抵押的各种可能组合。大多数公司在其资产负债表上都有交易债券和银行贷款。银行贷款常具有较高的抵押率和优先级。

表3-1　　　　　　　　　　　抵押和优先级顺序

次序	抵押的		
	担保的	未担保的	附属的
高级	√	√	√
次级			√

市场参与者通常假设对债券拥有相同的信息量。债券质量的监控由投资者和评级机构共同进行。如上一小节所描述的计划，银行采用各种违约的定义将不再应用，违约事件不仅仅是形式化的，通常对应于一些不能支付的债务。

近年来出现了关于信用违约互换合约与相关违约事件定义的争论，作为一个提示，市场参与者有时并不同意常用的定义。

违约事件的发生常根据破产的监管制度和相关的合同程序来确定的。违约事件的发生和回收率是相关的，两者都取决于相应国家的法规。因此，破产体制对违约时间和回收程序的影响使回收率因各个国家而异。此外，非履行的债券的存在和深层次的差异，即存在"秃鹰基金"的购买者，使得各国的回收率存在显著不同。

即使在同一个国家也存在着国家强制性程序和私人有效合同之间的冲突，发现非正式的重新议价可产生较低的成本和较高的回收率，更重要的是国家强制性程序导致绝对优先权的较大偏差，尤其是在股东和未担保的债权人之间。

应该使用什么指标来度量回收率？通常有两个指标度量违约的回收率水平：资产最终回收率——违约后债权人最终能回收的价值和违约后债务

的价格。这两个指标都有各自的优点和缺点，在下面对其将进行详细的讨论，违约损失率和回收率表示损失和回收的价值与贷款或者债券面值的百分比。

一方面，违约后的价格只在处于困境的债务市场上存在，并且只对一部分可交易的债务适用，因此，它的使用范围非常有限（常限定于债券）。如果违约后价格可用，则对违约事件回收率及时的度量有一定的优势。

另一方面，对最终回收率的度量通常很困难，因为破产通常不是用现金而是用证券（如可转换债券、权益和其他资产等），这些证券的流动性较差且没有二级市场。但这是度量非流动性银行贷款回收率的唯一办法。最终回收率经过折现以反映资金的时间价值。

巴哈（Bahar）和布兰德（Brand）（1998）对美国500多家债券的回收率进行广泛的研究，比较了刚刚违约时债券的价格和即将出现违约或清算时债券的价格表明，在绝对期限上高级债券的回收率后者比前者要高。研究结果还表明，在违约与出现危机或清算之间的平均时间是2.5年，利用这个时间可以对资产经风险调整后进行一个适当的折现。

表3-2给出了最终回收率与交易价格回收率之间的比较结果。该表显示从平均水平上一些金融产品都要经过回收过程。内部收益率（IRR，20%）的水平相当高，但标准差达到60%。因此，非履行的贷款和"秃鹰基金"活动是一个高收益、高风险的商业活动。

表3-2　　出现违约（最终）与刚违约（可交易的）回收率　　单位：%

1988~2002年第三季度	可交易价格的回收率	名义最终回收率	内部收益率
银行债务	60.6	88.9	20.0
高级有担保票据	50.2	76.5	20.5
高级无担保票据	37.9	54.9	23.0
高级附属票据	30.2	38.2	7.7

资料来源：标准普尔LossStats数据库：从1987~2002年的1975个违约的贷款和债券。标准普尔交易价格数据库：从1988~2002年第三季度的758个违约的贷款和债券。

3.3　回收率的历史和决定因素

先简单介绍一下评级债券的平均回收率。历史数据表明，回收率表现出明显的回收周期性，但美国回收率的平均值并没有表现出某种长期趋势。在 1900~1943 年，希克曼（Hickman）（1958）指出，回收率达到一个周期平均面值的 40%，更精确些，投资级公司的回收率在违约前 5 年达到 43%，其余的为 35%。有意思的是在图 3-2 中利用 1982~1999 年的数据画出的图形显示：虽然标准差偏离中心比较大，达到 [25%, 65%]，但回收率的平均值非常接近 42%。

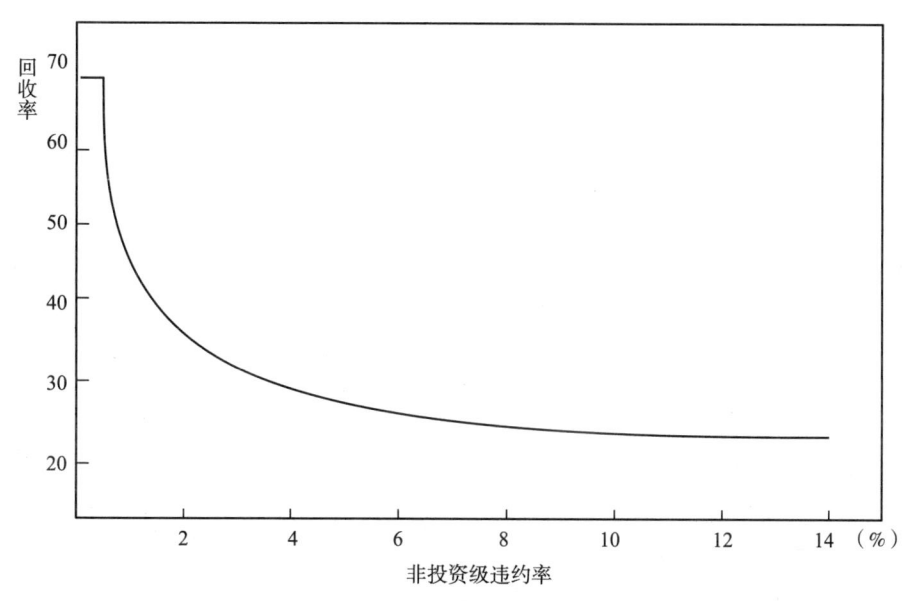

图 3-2 美国平均违约率和回收率之间的关系

3.3.1 优先级的影响

对可交易的债务，优先级是回收率的一个关键性决定因素。表 3-3 是使用标准普尔公司（1998~2002 年）和穆迪公司（1977~1998 年）数据库计算的每个优先级的平均回收率。这些研究结果具有广泛的可比性。

表 3-3　　　　优先级及对应的回收率（1988~2002 年）

优先级等级	回收率均值（%）	标准差（%）	观察的样本量
银行债务	81.0	29.7	678
银行担保票据	66.6	33.0	218

续表

优先级等级	回收率均值（%）	标准差（%）	观察的样本量
银行无担保票据	46.4	36.3	367
高级附属票据	33.3	33.6	327
附属票据	31.2	35.1	343
次级附属票据	22.6	34.0	42

资料来源：标准普尔 LossStat 数据库。

续表 3-3-1　　　　1998～2002 年压力时期的回收率

优先级等级	回收率均值（%）	标准差（%）	观察的样本量
银行债务	74.1	32.4	331
银行担保票据	45.8	36.5	42
银行无担保票据	36.8	35.1	198
高级附属票据	21.3	30.8	116
附属票据	15.0	24.7	55
次级附属票据	2.5	4.1	4

资料来源：标准普尔 LossStat 数据库。

续表 3-3-2　　　　1977～1998 年的回收率

优先级等级	回收率均值（%）	标准差（%）
银行贷款	70.26	21.33
银行担保	55.15	24.31
银行无担保	51.31	26.30
高级附属	39.05	24.39
附属	31.66	20.58
次级附属	20.39	15.36

资料来源：基南（Keenan）、汉密尔顿（Hamilton）和伯绍特（Berthault）（2000）。

平均数字证实了回收率和优先级之间的基本关系。从表 3-3 还可以看出，表中较大的标准差反映出回收率具有较大的波动性。在下文分析违约损失率不确定性带来的潜在损失中考虑这个波动性有重要作用。

基斯曼（Keisman）和范德喀斯特（Van de Caste）（1999）更多地关注对被称为债务软垫优先级的连续型度量方法。债务软垫表示公司债务结构对债券回收率产生影响的一套综合方法。债券债务偿还的优先级越低，这个债券的回收率越高。实际上，与人们关注债券偿还次序的相对位置不同，用债务软垫的度量方法更多地关注较低等级债券的债务数量。基斯曼（Keisman）和范德喀斯特（Van de Caste）（1999）研究美国融资性贷款后表明，当债务软垫达到

75%或更多时，89%贷款现值的回收率超过90%，但当债务软垫不足20%时，40%贷款现值的回收率低于60%。

优先级的概念是对债务偿还顺序的明确定义，偿还时必须严格按照这个顺序执行，对大多数公司来说这个顺序过于简单化。在许多国家大多数公司更愿意从银行而不是市场获得资金，因此，一个公司在同一个优先级上需要偿还多个债权人。这个含糊不清的偿还顺序更增加了对潜在回收率评估的困难。在本章后面将讨论有关银行贷款回收率的问题。

3.3.2 行业的影响

回收率最终由从违约公司回收到的资产价值决定。清算资产的价值与公司的行业有关。有些行业的公司（如公共设施行业）的许多有形资产能在市场上销售，而对于劳动力密集型行业的公司，当公司进入财务困境时只剩下很多劳动力。有些行业如欧洲煤炭行业在他们地区遭受一个结构型的需求短缺或缺少竞争力时资产也只有较低的回收率。

因此，直觉上感觉行业应该是影响回收率大小的一个决定性因素，但把行业对回收率的影响从抵押贷款中分离出来并不容易。标准普尔风险管理小组内部最近的研究表明行业对回收率的影响被夸大了。根据这些研究，抵押和资产负债表结构是影响回收率大小的基本要素。这些要素与行业部门紧密地联系在一起。例如，服务行业主要依赖于非物质性投资，他们所提供的抵押比公共设施和重工业要低。在本节剩余部分，给出行业对回收率的影响结果。

对回收率更广的研究可追溯到奥尔特曼（Altman）和基仕尔（Kishore）（1996）。他们计算出每个行业回收率的均值和标准差，指出行业间和行业内存在很大的差异。如表3-4所示，对公共设施回收率的均值最大应该并不感到惊奇，在许多其他关于回收率的研究中也给出了类似的结果，这也是研究的发现之一，在本章将进一步讨论这个问题。

表3-4　　　　　　　　　　每个行业的回收率

行业	均值（%）	标准差（%）
公共设施	70.47	19.46
化工行业	62.73	27.10
机械行业	48.74	20.13
服务行业	46.23	25.03

续表

行业	均值（%）	标准差（%）
食品行业	45.28	21.67
卫生和零售业	44.00	22.14
各种制造业	42.29	24.98
娱乐、旅馆业	40.15	25.66
建筑材料业	38.67	22.86
运输业	38.42	27.98
通讯业	37.08	20.79
金融业	35.69	25.72
石油和采矿业	33.02	18.01
住宅、医院业	26.49	22.65

资料来源：奥尔特曼（Altman）和基仕尔（Kishore）（1996）。

伊沃斯基（Izvorski）（1997）指出了行业差异的三个最重要特征：有形资产的报废、行业的增长和行业的密集程度。竞争力强的行业（可用较高的霍菲达尔（Herfindahl）指数 H^{12} 度量）回收率也高。容易再利用的资产具有较高的清算价值和有助于提高回收率。

利用另一个数据库考虑回收率的完全分布时再讨论行业差异。从表3-4可以看到回收率有很大的波动，表中标准差的范围波动达20%左右。

为了给出一个实际的例子说明违约损失率与行业和经济周期的相关性，引用道琼斯无线新闻的几句话：在12月的下半个月，法庭授权 winstar 公司将它的绝大部分的运营资产销售给 IDT 公司，大约为4250万美元，当时公司的资产是49.8亿美元，而负债达到50亿美元。

Proskauer Rose LLP 公司的破产律师马丁·佐恩（Martin Zohn）说："对远程通讯公司、国际互联网络公司，甚至生物基因公司，你或者拥有巨额资产，或者是一无所获，但不会介于两者之间，很多公司都破产了，破产得轰轰烈烈。"

佐恩（Zohn）说经济处于低迷时期很令人沮丧，"事物都处于一种破裂阶段以至于很难找到买者，直到有许多企业家来到市场，这种现象才得以改善。"（Becker, 2002）

3.3.3 宏观经济和经济周期的影响

回收率的大小与发行者的资产价值相关，因此，它对经济状况的变化很敏感。艾伦（Allen）和桑德斯（Saunders）（2002）考察了信用风险各种要素的周期效应指出，虽然直觉上和一些经验证据表明违约损失率应该具有周期性，但在最具商业化的信用风险组合管理工具包中假设违约损失率由外生因素决定的，因此，工具包中并没考虑违约损失率的影响。

国内生产总值的增长，行业的产量和经济周期的一些变量与平均回收率密切相关。利率如短期国库券的收益和国库券的收益曲线作为违约后价格度量的尺度也对回收率产生直接的影响。在其他条件都相同的情况下，较高的利率使未来回收资产的折现价值较低，因此，较高的利率对应着较高的违约损失率。

违约概率和违约损失率对同一宏观经济变量的关联相关性可以解释最近有关他们之间联系的一些记载，下面给出更详细的讨论。

违约和回收率的联系。在信用风险管理模型中，信用风险管理者常把违约概率和回收率看作是相互独立的，然而，在某种程度上同一个宏观经济变量对违约概率和回收率都产生影响，因此，可以很自然地假设他们之间存在共同运动。奥尔特曼（Altman）、雷斯替（Resti）和斯罗尼（Sironi）（2001）研究了违约和回收率之间的联系，表明历史上较高的违约概率对应着较低的回收率。直觉上确实如此：当经济进入衰退期时，违约率增加，这将导致在投资和需求低迷时期大量资产在市场上进行清算，这时清算资产的价格比增长时期的价格肯定要低。经验数据表明，在 1990~1991 年衰退时期的违约概率和违约损失率明显高于平均的违约概率和违约损失率。

弗赖伊（Frye）（2000a，2000b）根据信用风险的因子模型建立了一个回收过程模型。公司资产价值和债券违约损失率由系统因子决定，系统因子可看作为国家经济或特定公司因子的一个代理变量。作者发现系统因子对资产价值（与违约概率成反向变化）和回收率起正面作用，对违约概率和违约损失率起负面作用。

对于行业，虽然没有看到相关的研究，但这种联系甚至更强。在 2001 年电信部门所经历的违约就是一个很好的例证。那一年通讯行业中公司大量的违约实质上是由生产能力过剩和需求增长的下降导致的。大量通讯行业的资产被执行清算进一步增加了供给和需求的不平衡，使市场上这些资产价值更加贬值。

如果利用违约债券价格而不是资产清算价值（前面默认的使用方法）度量回收率，也获得同样的结果。萧条时期债券市场通常由特殊的基金（有时称为秃鹰资本家）所支持，与平常相比，这些基金吸收违约债券的能力也十分有限，因此，由于高的违约频率导致对萧条时期的债务只能支付较低的价格。

从组合水平上看，在衰退时期考虑回收率和违约频率之间的联系对弥补信用损失的资本数量有重要影响。但在一些主要的信用风险组合模型中并没有意识到这个问题。

3.3.4 抵押品的影响

抵押品由公司在违约时作为担保的资产组成。贷款人常要求抵押作为提供贷款的条件。抵押品主要由资产组合（股票和债券）和房地产构成。对较小的公司，个人担保（即公司经理的个人资产）是最常用的担保形式。

然而，至少有两个原因使得不要因为有了抵押品而盲目乐观：第一，抵押品对银行监管产生负面作用；第二，当公司发展进入低迷时期和公司开始大量违约时抵押品价值将会下降。

弗赖伊（Frye）（2000a）指出违约损失率和违约概率之间的联系部分是由于在衰退时期抵押价格下降、违约概率高居不下造成的。抵押品贬值的结果是抵押设备的回收率下降。这给"懒惰的银行"发出一个明显的信息，使银行对抵押贷款的监控更加严密。在最需要的时候（即经济低迷时期）可能会打破抵押所提供的安全网，仍在继续的日本银行危机和过度使用房地产抵押是这类风险的一个很好例证。

表 3-5 是利用标准普尔-PMD 的 LossStats 数据库中 1982~1999 年美国违约债券计算出的结果，如表 3-5 所示，抵押并不能保证能全部回收。随着抵押后的资产类型不同，回收率也发生很大程度的变化。

表 3-5　　　　　　　　　　　　抵押的价值

抵押类型	回收率（%）
所有资产或流动资产	89.8
大多数资产	54.0
非流动资产	75.5
股本	70.5
第二处置权	58.8

资料来源：基斯曼（Keisman）和范德喀斯特（Van de Caste）（1999）。

3.3.5 权限

破产后违约也就结束，回收率由法庭、私人破产财产管理人或者主要担保债权人指定的人员决定。国际上破产法律的不同导致对回收率关键因素的理解上存在差异，从而回收过程也不同。在美国和英国破产进程通常是 18 个月到 3 年，但在欧洲大陆少量的回收过程达到 10 年。

凯泽（Kaiser）（1996）指出，尽管有关破产的法律不同，但所有国家对破产的处理通常有两种方式：对设备进行清算或者对困境公司进行重组。国家之间的不同表现在对两个总目标及其可及性权衡的结果上不同。对不同法规的比较效率进行评估并不容易。显然，对财务困境成本的控制是共同的目标，但实现这个目标的方法仍处于争论之中：是应该不考虑债权人的成本而使成功实现公司重组的数量最大化呢？还是使债权人的回收率最大化呢？将看到在不同国家这两个目标不同程度的结合而产生了一些不同的方法。

弗兰克斯（Franks）、纽伯格（Nyborg）和托雷斯（Torous）（1996）分析了英国、德国和美国三个国家的破产法。为了分析股东的信息传播过程，作者考虑度量有效性的三个阶段：

第一，公司没有困境的事前阶段；

第二，股东拥有关于困境公司及其未来状况各种信息的中间阶段；

第三，股东拥有相同信息的事后阶段。

为了比较不同法规的价值，他们设计出一个主要问题列表作为比较的标准：

当清算一些非经济的企业时法规能保护有希望的企业吗？

它允许公司以最小成本进行重组或者清算吗？

它允许债务合同的创新以改善破产过程吗？

作为他们的结论，还应该加上了第四个标准（开始并未提及）：

这个过程的一般速度或者长度是多少？

非破产的体制似乎占据着所有破产过程的其他方面，它解释了为什么美国、英国、德国和法国等的破产法平均每隔 10 ~ 15 年就修订一次以使某些问题得到完善。

3.3.6 投资者议价能力的影响

在有多个债权人的条件下，回收率的大小是议价过程的结果。

先来关注私人债务重新议价与公共债务重新议价的过程。公共债务的持有者比私人债务的持有者更加缺乏灵活性，结果是在公共债务的重新议价基本无效率的情况下导致对困境公司的处境十分困难。格特勒（Gertner）和沙尔夫斯坦（Scharfstein）（1991）表明，在美国即使在公共债务能重新议价的条件下投资仍是无效的。

考虑债权人和债务人之间的关系，发现在每个国家当公司进入破产程序时都行使一个叫"控制权"的预先约定的权力。这些权力在不同的债权人阶层产生紧张的局势。弗兰克斯（Franks）、纽伯格（Nyborg）和托罗斯（Torous）（1996）指出，在那些从其他债权人和企业家中提取价值的担保债权人之间更容易产生这种紧张的局势。但控制权也有一些积极因素：通过缓释银行风险为银行向公司或项目融资提供动力。这方面，经验的研究报告支持了债权人"控制权"的积极因素；这些权力包括解雇经理和接管一个继续经营的公司，或者考虑到在发生违约而使债务到期时有强迫偿还债务的权力，这在简化借款的程序中起着关键性作用。

利用迈尔斯（Myers）（1977）、弗兰克斯（Franks）和桑斯哈（Sanzhar）（2002）的研究方法，研究在没有通过新项目融资所得到资金注入给债权人的情况下，财务困境公司如何显著地提高债权人的权益数量（即债务突出的问题）。他们使用包含111个公司的样本分析表明，尤其是对困境公司免除债务会产生新的权益。令人惊讶的是样本中绝大多数公司未获得或很少获得债权人的减让。然而，一个继续经营公司净现值（NPV）的多少是一个关键性的标准。具有低净现值和高财务杠杆的公司能从银行获得减让，而具有高净现值的公司通常不能获得减让。

从实际来看，许多违约的解决发生在法庭审判之外，这也是债权人相互间谈判的结果。明显地，对公司资产持有更多权力的银行面临着比其他更小权力的债权人拥有更多的议价能力，并且在许多时候比分散的投资者能回收到更多的价值。违约损失率受债权人的构成和权力所影响，并且对每个案例只能分别评估，在许多时候又是很难做出决定。

3.4 不可交易债务的回收率

可交易债务只是公司总债务中很小的一部分。例如，在欧洲大陆，公司融资的传统方式是从银行获得资金，因此，处理优先级的问题不能使用前面章节所介绍的那种明确的方法。包括一些非正式的重新协商在内的回收率信息都是以银行的所有权为基础的，因此，很难评估出清算资产的市场价格是多少。在绝大多数情况下，银行从资产上给出一个不十分精确的回收率，对客户来说，一些资产的回收率易于跟踪。《巴塞尔资本协议Ⅱ》出台以前，其权限允许相互抵押。

因此，对银行贷款回收率的估计比对可交易债券回收率的估计困难得多。很少能获得违约贷款的市场价值，如上所述，回收率只能用困境公司债务的市场价值近似值代替。（如 Carty、Gates 和 Gupton 对银行贷款违约损失率的研究，2000）。

然而绝大多数违约贷款都没有二级市场，可度量的指标只是最终回收率。最终回收率名义值的一般公式可写成：

$$1 - LGD = \frac{R + M + S - C}{P + I}$$

其中，

R 是从证券和借款人中回收到的现金，M 是所收到的票据，票据的市场价值应可估计，S 是从重组中获得的证券，C 是设备的成本，P 是违约时未偿还的本金，I 是违约时未支付的利息。

对这个公式可进行直观上的解释。最终回收率可定义为现金和债券扣除成本后所回收的价值比上未支付利息和本金的名义价值。

损失率需要经过折现以考虑资金的时间价值。但现在没有统一的对违约贷款进行折现的折现率，一个可能的方法是把设备的原始利率作为参考。

英国的一个案例

弗兰克斯（Franks）和萨斯曼（Sussman）(2002) 研究了英国从三家大银行借款的中小企业遭遇困境的经历。样本中包括 542 家英国公司。

他们研究表明一个处于困境中公司的回收一般遵循以下两个步骤：第一步是接受"企业扶持部门"帮助的救助阶段，这一般持续 7.5 个月。第二步是"债务回收部门"管理的彻底回收时期。从这可以看到根据《巴塞尔资本协议Ⅱ》识别违约点是十分困难的，因为违约点可能是企业扶持部门进行紧急援助时的某一时刻。准确的违约事件也不明显，一些银行对违约事件的定义也不尽相同，这最终导致对回收率度量上的差异。

一旦公司进入救助阶段，银行可采取四个可能的战略：让处于困境的公司偿还其债务给当前的银行或其他银行；把有问题的公司转变成一个运营正常的公司；把公司作为继续经营的公司进行销售；对破产公司进行清算。

实际上，回收率的水平要根据每个公司自身情况进行确定。在英国，中小企业银行贷款是高抵押的，至少有 80% 通过固定抵押品或流动抵押品进行担保，这也解释了在清算或销售破产公司时有高的回收率（大约 75%），但银行也面临着高的破产管理成本（大约占收入的 1/4）。有意思的是，即使银行在正常情况下能获得 100% 的回收率，银行更愿意让公司运营状况得到改善或者是把公司的债务卖给另一家银行。

这个回收的平均时间在英国是相当短的，数字也表明银行大约有 50% 以上的回收率，通常在 70%～85%，其依据是银行根据《巴塞尔新资本协议》中有关违约定义的理解而给出有效的违约点。英国的回收率相当高，但不能代表其他国家的回收率也是如此。

3.5 随机回收率的重要性

从上面的分析中，可以看到有关回收率均值和标准差的一些最具经验的研究结果。在很多时候观察到标准差的值较大表明回收率随机性质的重要性。

仿真了一个十分分散的资产组合，包括 3000 个相同的头寸，头寸都是 1 美元，两两资产之间的相关性是 0.03，违约概率是 0.05，平均回收率是 50%。分两个情况讨论，第一个是假设回收率是常数，第二个是假设回收率服从标准差为 0.2 的贝塔分布。计算从 0.95～0.99 的不同置信水平下的信用风险价值，结果如图 3-3 所示。仿真时假设随机回收率在 0.95 的置信水平下以 11% 递增，在尾部达到 50% 以上，从图 3-3 可以看出资产组合损失中随机回收率显著性差异的结果。

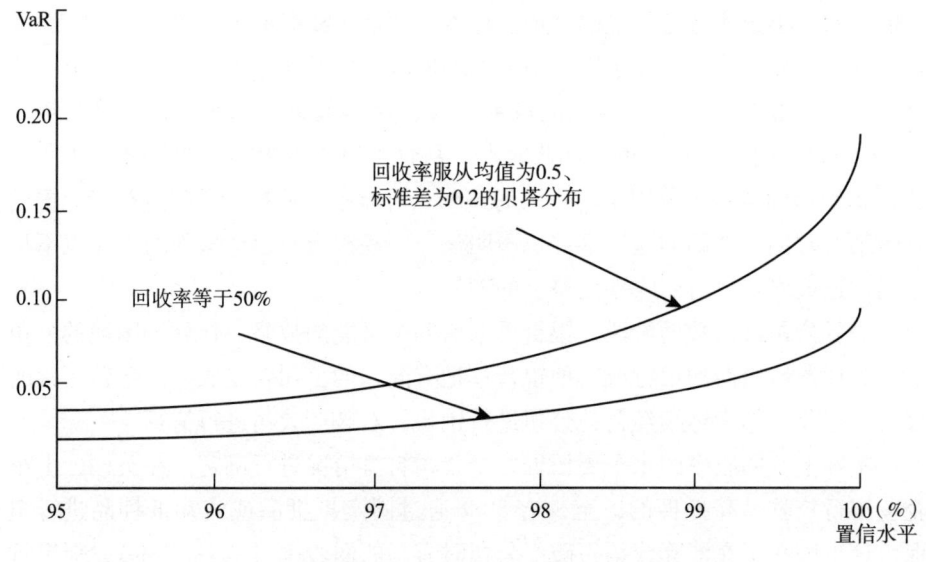

图 3-3 回收率假设对信用风险价值（VaR）的影响

3.6 回收率函数的拟合

3.6.1 使用贝塔分布

在绝大多数组合信用风险模型中，包括 Portfolio Manager、Portfolio Risk Tracker 和 Credit Metrics，都假设回收率服从贝塔分布。这种参数分布很有优势，它提供了很多便利之处，而且只需均值和方差就可确定分布函数，但假设回收率服从贝塔分布也有两个大的缺陷：

（1）当考虑最终回收值时模型不能处理所观察到包括区间［0，1］中所有点的概率密度；

（2）双峰分布是贝塔分布的基本形状，但这只是对回收率经验研究的结果。

贝塔分布的概率密度函数可写成：

$$f_{a,b}(x) = \frac{1}{\beta(a, b)} x^{a-1} (1-x)^{b-1} 1_{[0,1]}(x)$$

其中 $\beta(a, b)$ 是贝塔函数，a 和 b 是分布的两个参数，$1_{[0,1]}$ 是指标函数，当 $x \in [0, 1]$ 时函数值等于 1，否则函数值为零。指标函数确保分布函数在区间［0，1］中取值。因此贝塔分布对建立回收率模型十分方便。参数 a 和 b 可以通过分布的均值和方差确定。贝塔分布的形状十分多样化，有不对称的、凹的和凸的等形状，当 $a = b = 1$ 时，贝塔分布就变成均匀分布。

贝塔分布可利用回收率经验的均值和方差确定，通过分布函数的一阶矩和二阶矩及其参数利用以下公式可以计算 a、b 的估计值。

$$\hat{b} = \frac{\hat{m}(\hat{m}-1)^2}{\hat{v}} + \hat{m} - 1$$

$$\hat{a} = -\frac{\hat{b} \times \hat{m}}{\hat{m} - 1}$$

通过矩法利用一阶矩和二阶矩对参数 a 和 b 的真实值进行估计。如果数据允许，尽量使用最大似然估计法，最大似然估计法能给出具有最小方差的非对称的无偏估计量。对样本中，利用以上两种方法估计出的结果并没有实质性的差异。

3.6.2 核模型

如上所述，虽然贝塔分布具有相当的灵活性，但不能确保能完全拟合出实际回收率的分布，在较低的回收率时使用贝塔分布将导致对回收率很大的低估。

为了处理这个问题，胡（Hu）和佩罗丁（Perraudin）（2002）以及雷诺（Renault）和斯卡雷特（Scaillet）（2003）提出一个非参数的方法。标准的核估计法主要用一些无界的概率密度函数（如高斯概率密度函数），这表明回收的概率可在区间［0，1］中，可以使用密度函数估计回收率的值可以在负值到 1 之间。为保持与观察的数据一致，必须使用非标准的核估计法。一种方法是把回收数据变换到（ - ∞，+ ∞）中，然后再对变换后的数据用标准核估计法。也可用逆变换方法获得在区间［0，1］中的密度函数。

雷诺（Renault）和斯卡雷特（Scaillet）（2003）根据贝塔核提出另一种估计方法，这种估计方法把贝塔概率密度函数作为核，确保估计的密度位于区间［0，1］中的合适位置而不需要对数据进行变换。核估计的关键是带宽的选择，但现在没有选择合适带宽的标准方法。使用拇指规则：$h = \hat{\sigma} T^{-2/5}$，其中，$\hat{\sigma}$ 是样本标准差，T 是观察值的数量。虽然拟合不十分准确，但利用核估计分布的得到形状比利用贝塔校准分布得到的形状更切合实际。

3.6.3 条件回收率的建模

弗里德曼（Friedman）和桑多（Sandow）（2003）使用另一个参数估计法，即以几个解释变量为条件的情况下，对最终回收率估计出最佳的概率密度函数。他们方法的原则是使一大类模型的相对熵最小化。

设 $p(r|x)$ 表示解释变量的向量 x 对回收率 r 的条件概率。解释变量是一些有意义的变量，但主要是以下一些变量：抵押质量；低于一定等级的债务；高于一定等级的债务；总违约率。

弗里德曼（Friedman）和桑多（Sandow）（2003）方法的主要创新之处是可以计算出多因子条件下整个回收率的分布（不仅仅是均值和置信区间）。

这篇论文中使用标准普尔 Loss Stats 数据库的最终回收率绝大多数处于 0 ~ 120%，大量集中于回收率等于 0 或者是 100% 的公司（是观察值的 10% ~

20%)。作者通过把分布函数分成在区间 [0, 120%] 的回收率密度函数和违约损失率 LGD = 0 与 LGD = 100% 的概率密度两部分来处理这个问题。

建模过程可分成两步：

（1）从一大类中选择概率密度函数，函数满足对一预先选定分布的相对交叉熵最小；

（2）对矩（回收率和解释因子的协方差）增加约束，允许模型的矩与经验的矩有偏差，但对偏差应加以惩罚，以防止过度拟合的现象发生。

3.7 从证券价格中提取回收率

定价模型中回收率的假设更多地从满足实际需要出发而不是追求精度。许多公司债券和信用衍生品实际上都是通过选择合适的回收函数而得到这些价格的闭式解（closed - form solution）。一般来说，选择时要做出以下三个假设：回收值占其面值的多少？回收值是违约价值的多少？回收值占与公司债券到期日相同的国库券价值的多少？

对最后一个假设（回收值与国库券价值的比例）的计算比较方便。假设在时间 t 定价一个可违约的，到期日是 T 的零息债券，违约时债券持有者可回收同等国库券 B($\cdot$, $\cdot$) 价值的比例为 δ，则债券的价格为：

$$P(t, T) = E_t^Q \left[(e^{-\int_t^\tau r_s ds}) \delta \times B(\tau, T) 1_{\tau \leq T} + (e^{-\int_t^T r_s ds}) 1_{\tau > T} \right]$$

其中，τ 是违约时间，r 是瞬时无风险利率。t > T 表示债券在其生命周期内不发生违约。到期日为 T 的国库券在 τ 时刻的价格为：

$$B(\tau, T) = E_\tau^Q [e^{-\int_\tau^T r_s ds}]$$

结合以上两个公式，并假设违约概率和无风险利率相互独立，可得到（用 q 表示从 t 到 T 时间风险中性的违约概率）：

$$P(t, T) = E_t^Q \left[(e^{-\int_t^\tau r_s ds}) \delta \times (e^{-\int_\tau^T r_s ds}) 1_{\tau \leq T} + (e^{-\int_t^T r_s ds}) 1_{\tau > T} \right]$$

$$= E_t^Q [e^{-\int_t^T r_s ds}] \times E_t^Q [\delta 1_{\tau \leq T} + 1_{\tau > T}]$$

$$= E_t^Q [e^{-\int_t^T r_s ds}] \times (1 - q(1 - \delta))$$

$$= B(t, T) \times (1 - q(1 - \delta))$$

公式的解释比较直观：风险债券的收益等于无风险债券的收益减去预期损失（用风险中性折现）。根据不同的回收率假设可以推导出不同的公式，其中一些很难得到闭式解。

从以上公式中可以明显看出，通过观察风险债券和无风险债券价格不但可以得到损失率，而且还可以得到违约概率和回收率的相关数据。

贾诺（Jarrow）（2001）提出一个在定价模型中利用权益来分离这两个要素的方法，如绝大多数附属债务在违约时权益的回收率等于零。从证券中得到相关回收率的正确信息可使得到发行者的违约概率，然后再得到资本结构中其他金融工具的回收率。

巴克什（Bakshi）、马旦（Madan）和张（Zhang）（2001）利用简化模型对公司债券价格数据支持哪个回收率假设进行了经验性的检验。他们建立一个灵活的债券定价模型以便能考虑以上提到的三个回收率假设（回收率与面值的比例、回收率与国库券的比例和回收率与市场价值的比例）。对 BBB 级公司债券的样本中，他们发现对回收率与面值折现比例（国库券回收率假设）假设的支持比对其他两个假设的支持更好：结果有较低的平均误差和标准差。

3.8 总结

违约损失率是信用风险度量体系的第二个要素。虽然与违约概率同等重要，但违约损失率只得到人们较少的关注，而且现行的度量精度也相对较低。由于公司各部分债务不可交易和受到难以定量化的各种因素影响（如债权人和债务人的议价能力等）使问题更加复杂化，因此，对违约损失率度量是一件很困难的工作。

此外，现行的组合管理工具把违约损失率与违约概率看作是相互独立的，感觉这种处理方法应该受到越来越多的批评，因为这将导致在组合水平上对信用风险的低估。从监管的角度来看，《巴塞尔新资本协议》选择的一些类型的抵押（如房地产）只缓释了很少的信用风险也将令人关注，同时，在萧条时期这种方法降低了相关违约的周期性效应和回收率。

从定量分析的角度看，实践中对违约损失率的分布常采用一个纯粹的统计方法，即对一给定行业和优先级可以使用违约损失率经验的均值和方差拟合贝塔分布。如所给出的结果，这个简单的近似在许多时候能产生很好的拟合，但对双峰分布的拟合有一定局限性。非参数分布估计也可用于贝塔校准，但它需要关于违约损失率更加完全的数据而不仅仅是均值和方差。

第4章 信用风险相关性

随着商业银行的资本不断扩张，开展的业务也越来越多，因此，贷款的组合管理在银行的风险管理中也日益显示出其重要性。贷款组合风险管理的一个关键性因素是其收益的相关性，相关性将直接决定贷款组合的分散化效应和定价等。国际上一些著名的信用风险管理模型，如 J. P. Morgan 银行开发的 CreditMetrics TM 系统和 KMV 公司开发的 PortfolioManager 系统等，虽然建立这些系统的理论不尽相同，但在处理贷款组合风险管理时也都考虑了贷款收益的相关性和违约相关性等问题。因此，研究资产收益和违约相关性问题对商业银行风险管理具有重要意义。度量相关性的指标有线性相关性、秩相关性和尾部相关性等，这些指标在实际中都有重要的应用，如何选择合适的度量指标准确和有效地估计相关性是近几年国内外学者们研究的热点之一。本章先介绍基本的相关性指标——线性相关性，然后利用最近兴起的一个研究相关性的强有力工具——copula 函数研究资产收益的尾部相关性问题，并利用中国沪深股市的行业数据进行实证分析。

4.1 线性相关性

当前，度量相关性最常用的指标是线性相关系数。线性相关系数具有直观、计算简便等一些优点，但也有不能度量非线性变量之间的相关性等缺陷，本节对线性相关性的特点进行简要分析。

4.1.1 线性相关性的定义

线性相关系数通过变量的协方差来定义的。

两随机变量 X 和 Y 的协方差为：
$$\mathrm{Cov}(X, Y) = E(XY) - E(X)E(Y) \tag{4.1}$$
其中，$E(\cdot)$ 表示随机变量的期望。协方差度量了两个随机变量变化的一致程度。

相关系数表达了随机变量 X 和 Y 共同变化的信息，但它的取值范围在 -1 到 +1 之间。线性相关系数可定义为随机变量 X 和 Y 的协方差与他们各自标准差乘积的比值：

$$\begin{aligned}\mathrm{Corr}(X, Y) = \rho_{XY} &= \frac{\mathrm{cov}(X, Y)}{\mathrm{std}(X)\mathrm{std}(Y)} \\ &= \frac{E(XY) - E(X)E(Y)}{\sqrt{\{E(X^2) - [E(X)]^2\}\{E(Y^2) - [E(Y)]^2\}}}\end{aligned} \tag{4.2}$$

特别地，对服从两点分布的随机变量 A 和 B，其值等于 1 的概率分别为 p_A 和 p_B，其值等于 0 的概率分别为 $1-p_A$ 和 $1-p_B$，联合概率为 p_{AB}，通过计算可以得到：$E(A) = E(A^2) = p_A$，$E(B) = E(B^2) = p_B$，和 $E(AB) = p_{AB}$。

因此，随机变量 A 和 B 的线性相关系数为：

$$\mathrm{Corr}(A, B) = \frac{p_{AB} - p_A p_B}{\sqrt{p_A(1-p_A)p_B(1-p_B)}} \tag{4.3}$$

由于违约相关性通常发生在两个变量之间，所以，这个公式在计算违约相关性时十分有用。

4.1.2 线性相关系数在投资组合中应用

1. 两个资产的情况

先考虑一个简单的资产组合——只有资产 X 和 Y 的资产组合，对应的资产权重分别是 w 和 1-w，方差和协方差分别是 σ_X^2、σ_Y^2 和 σ_{XY}。

则这个投资组合的方差为：

$$\sigma_P^2 = w^2\sigma_X^2 + (1-w^2)\sigma_Y^2 + 2w(1-w)\sigma_{XY} \tag{4.4}$$

对式（4.4）可以通过对权重 w 求导的方法求得方差最小值的权重 w，设导数等于 0：

$$\frac{\partial \sigma_P^2}{\partial w} = 0 = 2w\sigma_X^2 - 2\sigma_X + 2w\sigma_Y^2 + 2(1-2w)\sigma_{XY} \tag{4.5}$$

满足等式（4.5）的最佳权重 w^* 为：

$$w^* = \frac{\sigma_Y^2 - \rho_{XY}\sigma_X\sigma_Y}{\sigma_X^2 + \sigma_Y^2 - 2\rho_{XY}\sigma_X\sigma_Y} \quad (4.6)$$

找到了使组合总方差最小的配置两资产的最佳权重。从以上可以看出，由于组合的方差受相关性的影响，因此最优配置与两资产的相关性有关。

2. 多资产情况

可以利用协方差的特性计算多资产组合的方差。假设有一个 n 个资产的资产组合，资产的方差都为 σ^2，协方差为 σ_{ij} (i, j = 1, 2, …, n)。

则组合方差的公式为：

$$\sigma_P^2 = \sum_{i=1}^{n} x_i^2 \sigma^2 + \sum_{i=1}^{n} \sum_{\substack{j=1 \\ j \neq i}}^{n} x_i x_j \sigma_{i,j} \quad (4.7)$$

其中，x_i 是组合中资产 i 的权重。

假设组合中各资产的比例都相同，即对所有资产 i，其权重 $x_i = 1/n$，并且所有资产的方差是有界的，则资产组合的方差可简化成：

$$\sigma_P^2 = \frac{\sigma^2}{n} + \frac{n(n-1)}{n^2}\overline{\text{cov}} \quad (4.8)$$

其中，公式中最后一项是资产间的平均协方差。

如果组合越来越分散化，即当 n→∞ 时，有 $\sigma_P^2 \to \overline{\text{cov}}$。组合的方差收敛于资产的平均协方差，这时与联合变化的协方差相比，方差可以忽略。

对一个股票的投资组合来说，分散化带来的益处十分明显：如果所有股票之间的相关性是 30%，波动性也是 30%，当 n 等于 20 左右时，可以得到 10% 以内的最小协方差。对一个纯违约模型（即忽略差价、转移风险和假设回收率为 0），达到相同程度分散化效果的资产数量要比这个大得多。例如，如果所有债务人的违约概率和两两之间的相关性都是 2%，方差为达到 10% 以内的渐近最小化所需要债务人的数量大约是 450 个。

4.1.3 线性相关性的优点和缺点

到目前为止，在金融市场上度量相关性使用得最多的工具就是线性相关系数。线性相关系数有易于计算和直观等特点，尤其是对一些椭圆分布，线性相关性足够可以把边缘分布结合成双变量的联合分布，例如，对服从正态分布的随机变量 X 和 Y，知道其边缘分布和相关性，就可以建立一个 (X, Y) 的联合正态分布。一般来说，通常把这类分布称为椭圆分布，因为将多变量的密度函数投影到平面上后形状呈椭圆形，正态分布、t 分布和其他的一些分布都是椭圆分布。

上面介绍了线性相关系数的优点，但人们在使用过程中也发现它在度量相关性时存在一定的局限性，下面利用举例的方法来说明这些局限性。从公式（4.2）中可以看出，如果方差趋向于无穷时，则公式（4.2）就不能定义协方差。在度量信用风险相关性时很少发生这种情况，但对市场风险就可能发生。

例如，关于这方面的研究，可参考自曼德伯特（Mandelbrot）（1963）的关于 α-稳定性模型的文献，方差的极限是否存在由参数 α 确定。

对一个指定的模型，通常不能在区间 [−1, 1] 中任意选择相关性。根据分布的选择，相关性通常限定在一个较小的范围 [$\underline{\rho}$, $\bar{\rho}$] 中，其中，$-1 < \underline{\rho} < \bar{\rho} < 1$。

例如，假设有两个正态的随机变量 x 和 y，均值都是 0，标准差分别为 1 和 σ。则 X = exp(x) 和 Y = exp(y) 是对数正态分布。然而不能得到 X 和 Y 的所有相关性，相关性限定在下限和上限分别是 $\underline{\rho}$ 和 $\bar{\rho}$，其中：

$$\underline{\rho} = \frac{e^{-\sigma} - 1}{\sqrt{(e-1)(e^{\sigma^2}-1)}} \text{ 和 } \bar{\rho} = \frac{e^{\sigma} - 1}{\sqrt{(e-1)(e^{\sigma^2}-1)}}$$

具体证明可参考 Embrecht、McNeil 和 Strantmann（1999）。

在函数中两个完全相关的随机变量其线性相关系数可能等于 0。例如，考虑一个均值等于 0 的服从正态分布的随机变量 X，定义随机变量 Y = X²。虽然 X 的变化将引起 Y 的完全变化，但他们之间的相关性等于 0。这清楚地说明相互独立意味着相关性等于 0，但反之不一定成立。

线性相关系数在单调变换中并不能保持不变。例如，随机变量 (X, Y) 和 [exp(X), exp(Y)] 的相关性不同。

许多双变量具有相同的边缘分布和相关性，但这些双变量并不相等。

由于线性相关性存在上面所提到的一些缺陷，一些学者提出其他方法来解决这些问题。这些方法有很多，其中比较典型的度量相关性的指标是 Spearman 的 ρ_s 和 Kendall 的 τ_s。

4.2 秩相关性

秩相关性的度量指标主要是 Spearman 的 ρ_s 和 Kendall 的 τ_s。

4.2.1 Spearman 相关系数

设 X 和 Y 是两个随机变量，R_i 为 X_i 的秩，S_i 为 Y_i 的秩，$\bar{R}$ 和 $\bar{S}$ 分别为 R_i 和 S_i 的均值，则 Spearman 相关系数 ρ_S 可以定义为：

$$\rho_S(X, Y) = \frac{\sum_{i=1}^{n}(R_i - \bar{R})(S_i - \bar{S})}{(\sum_{i=1}^{n}(R_i - \bar{R})^2)^{\frac{1}{2}}(\sum_{i=1}^{n}(S_i - \bar{S})^2)^{\frac{1}{2}}} \tag{4.9}$$

这是一个比较简单的线性相关系数，但是它使用变量的秩而不是变量本身来度量相关性。

4.2.2 Kendall 相关系数 τ

设 X 和 Y 是两个随机变量，都服从分布函数为 F 的分布，(X_1, Y_1) 和 (X_2, Y_2) 是分布 F 中两随机数对，则 Kendall 相关系数 τ 可定义为：

$$\tau(X, Y) = P[(X_1 - X_2)(Y_1 - Y_2) > 0] - P[(X_1 - X_2)(Y_1 - Y_2) < 0] \tag{4.10}$$

线性相关系数是度量线性相关程度的指标，而 ρ_S 和 τ 是度量随机变量一致相关程度的指标，不但可以度量线性相关性，而且也可以度量非线性相关性，这扩大了 ρ_S 和 τ 的应用范围。对 ρ_S 和 τ 有以下性质：

① $\rho_S(X, Y) = \rho_S(Y, X)$，$\tau(X, Y) = \tau(Y, X)$
② 如果 X, Y 是相互独立的，则 $\rho_S(X, Y) = \tau(X, Y) = 0$
③ $-1 \leqslant \rho_S(X, Y), \tau(X, Y) \leqslant 1$

ρ_S 和 τ 与 copula 函数还分别具有以下关系：

④ $$\rho_S(X, Y) = 12\int_0^1\int_0^1 (C(x, y) - xy)dxdy \tag{4.11}$$

⑤ $$\tau = 4\int_0^1\int_0^1 C(u, v)dC(u, v) - 1 \tag{4.12}$$

当随机变量服从正态分布时，线性相关系数和秩相关系数有以下变换关系：

$$\tau(X, Y) = \frac{2}{\pi}\arcsin[\rho(X, Y)] \tag{4.13}$$

两随机变量假设是两个离散型随机变量，共有 n 组观察值，即 (X_i, Y_i)，

$i = 1, 2, \cdots, n$,则计算 Kendall 相关系数 τ 的公式为:

$$\tau = (N_C - N_D)/(N_C + N_D) \tag{4.14}$$

其中,N_C 是 n 组中观察值一致变化的个数,N_D 是 n 组中观察值不一致变化的个数。

下面介绍和秩相关性密切相关的一个函数——copula 函数。

4.3 copula 函数的基本理论

人们在研究多变量概率分布时注意到已知多变量联合概率分布函数,通过求偏导即可得到各变量的边缘分布函数,但在很多时候需要求这个过程的逆过程,即已知各变量的边缘分布函数和相应的相关系数,如何得到一个多变量的联合分布函数?在投资组合中表现为已知各资产的边际收益和资产收益之间的相关性,如何得到这个资产组合的联合分布,从而计算出收益?在上面已经介绍,对一些椭圆分布可以得到这个结果,但现实中很多资产收益都是服从非椭圆的厚尾分布,用椭圆分布就难以实现,为此介绍一个处理由单变量边缘分布向多变量联合分布转换的工具——copula 函数。

在 1940 年,Hoeffding 已经开始关注和研究多变量分布的一些特性,到 1959 年,Sklar 首先提出 copula 的概念和相关性质,即后来被称为 Sklar 定理。到最近几年,一些学者发现 copula 函数在研究风险管理方面尤其在对相关性的研究方面有重要作用,并加强了对 copula 函数的研究,一些软件公司也积极开发相关的计算软件,致力于把 copula 函数运用到实践之中。

copula 函数是连接单变量边缘分布和多变量联合分布的函数。设 H 是二维联合分布函数,其边缘分布分别为 F 和 G,对所有 $x, y \in \overline{R}$,存在一个 copula 函数 C 满足:

$$H(x, y) = C(F(x), G(y)) \tag{4.15}$$

Sklar 教授于 1959 年给出式 (4.15) 结论。式 (4.15) 可以拓展到 n 维随机变量,并按习惯形式可写成:

$$F(u_1, u_2, \cdots, u_n) = C(F_1(u_1), F_2(u_2), \cdots, F_n(u_n)) \tag{4.16}$$

copula 函数具有以下三个基本性质:

(1) $DomC = I^n = [0, 1]^n$;

(2) C 是有界的 (grounded) 和 n 维递增的;

(3) $C(u_1, u_2, \cdots, u_n)$ 对每个变量 u_i 都是递增的,且 $C(1, \cdots, 1, u_i, 1, \cdots, 1) = u_i$, $i \in \{1, \cdots, n\}$, $u_i \in [0, 1]$。

对 copula 函数进一步分析,可以得到以下的性质。

(4) 存在性:每个联合分布都可以写成 copula 形式。这条性质由 Sklar 在 1959 年给出,称为 Sklar 定理。

(5) 唯一性:如果边缘分布 $F_1(x_1), \cdots, F_n(x_n)$ 连续,则唯一存在 C $(F_1(x_1), F_2(x_2), \cdots, F_n(x_n))$ 函数满足 (4.16) 式。

(6) 传递性:如果 $\alpha_1, \cdots, \alpha_n$ 对相应的 $X_1, \cdots, X_n$ 严格增加,则 $(\alpha_1(X_1), \cdots, \alpha_n(X_n))$ 也是一个 copula 函数,并且 copula 函数相同。

(7) 对定义域中每个变量 u, v,有

$$C(u, 0) = 0 = C(0, v) \quad (4.17)$$

和

$$C(u, 1) = 1 = C(1, v) \quad (4.18)$$

(8) 对定义域中变量 u_1, u_2, v_1, v_2,有 $u_1 \leq u_2$, $v_1 \leq v_2$,则:

$$C(u_2, v_2) - C(u_2, v_1) - C(u_1, v_2) + C(u_1, v_1) \geq 0 \quad (4.19)$$

(9) 共同单调性 (comonotonicity):如果 X 和 Y 是随机变量,其关联分布为 F,边缘分布分别为 H 和 G,则对所有 $x, y \in \bar{R}$ 有,

$$\max(H(x) + G(y) - 1, 0) \leq F(x, y) \leq \min(H(x), G(y)) \quad (4.20)$$

性质 (6) 对随机变量的严格单调变换是不变的,由此可以得到一些十分有意义的结论。例如,copula 函数 $C(u_1, \cdots, u_n)$ 反映了股票市场的相依结构,但它与股票价格的度量单位无关,因为不同的价格度量单位变换只是一个简单的线性函数变换 $ax + b (a > 0)$,所以,可以用 copula 函数比较不同国家的股票相依性大小。

满足性质 (9) 共同单调的充要条件是当且仅当: $(Z_1, Z_2) \triangleq (V_1(Z), V_2(Z))$ 对于一切随机变量及 V_1 单增,V_2 单降函数成立,其中 $\triangleq$ 表示两边随机变量具有相同的分布,特别对于严格单调函数 T,$Z_2 = TZ_1$,则 Z_1, Z_2 是共同单调的。共同单调的随机变量是指它们的联合分布是一类特殊的分布——Frechet 分布,即若边际分布为 $F_1(x_1), \cdots, F_n(x_n)$,则联合分布就是 $F(x_1, \cdots, x_n) = \min_{1 \leq i \leq n} F_i(x_i)$,这时相应的连接函数就有 $C(u_1, \cdots, u_n) = \min_{1 \leq i \leq n} u_i$。事实上可以证明:若 $F(x_1, \cdots, x_n)$ 是连续的,则存在连续的单调函数 $f_1, \cdots, f_n$ 及随机变量 ξ 使 $F(x_1, \cdots, x_n) = P[f_1(\xi) < x_1, \cdots, f_n(\xi) < x_n]$,这意味着考察 n 种不同的风险资产,等同于考察存在同一潜在风险源的若干风险资产。

实际上，任何连接函数 C 都有性质：$C(u_1, \cdots, u_n) \leqslant \min_{1 \leqslant i \leqslant n} u_i$，因此，Frechet 分布是一个"上界"。由此可知，对于一些风险资产，虽然不知道它们真实的 $C(u_1, \cdots, u_n)$，但用 $C(u_1, \cdots, u_n) \leqslant \min_{1 \leqslant i \leqslant n} u_i$ 代替不会低估有关情况。

金融风险的分析技术的一个重要的方面就是将风险进行分解，copula 函数就可以在这个"分解"与"合并"过程中发挥重要作用。例如，可以把银行风险分解成信用风险、市场风险、操作风险和流动性风险等，考虑一种或几种风险的变化对银行总风险的影响，可以利用 copula 函数来求解这个问题。分解后风险的变化可以用边缘分布 $F_i(x_i)$ 来衡量，总风险用 $F(x)$ 表示，通过选择合适的 copula 函数即可计算出分解后的风险变化对总风险的影响程度。

4.4　copula 函数的构造方法

如果知道两个随机变量的分布函数，就可以计算出相应的边缘分布，从而根据式（4.15）就可以计算出相应的 copula 函数，在建模和仿真时十分便利。但 copula 函数不但可用于一些参数估计的相关性计算之中，还可用于计算非参数的相依性（dependence），利用 copula 函数来研究和度量非参数的相依性是 copula 函数的一个重要性质，这也是研究 copula 函数的重要意义之一。因此，在实际中，只要满足 copula 函数基本性质都是一个 copula 函数，使用这一原则可以构造出更多的 copula 函数。

下面介绍几种常用的构造 copula 函数的基本方法。

4.4.1　反函数法

根据式（4.15）和式（4.16）的 Sklar 定理，可以采用反函数法计算出相应的 copula 函数。

以双变量分布函数为例，设双变量分布函数 H 的连续型边缘分布分别是 F 和 G，可以利用反函数得到相应的 copula 函数：

$$C(u, v) = H(F^{-1}(u), G^{-1}(v)) \qquad (4.21)$$

同样对式（4.16）可以推广到 n 维空间，即：

$$C(u_1, u_2, \cdots, u_n) = H(F_1^{-1}(u_1), F_2^{-1}(u_2), \cdots F_n^{-1}(u_n)) \qquad (4.22)$$

对一些边缘分布容易得到的函数，利用式（4.21）和式（4.22）可以较方便地计算出两维和 n 维空间的 copula 函数。例如，对标准正态分布函数，知道随机变量标准正态分布函数的联合分布函数仍是标准正态分布函数，因此，利用式（4.22）可以得到 n 维标准正态分布的 copula 函数为：

$$C_{\Sigma}^{\Phi}(x_1, x_2, \cdots, x_n) = \Phi(\Phi^{-1}(x_1), \Phi^{-1}(x_2), \cdots, \Phi^{-1}(x_n); \Sigma) \quad (4.23)$$

其中，Σ 是随机变量 $x_1, x_2, \cdots, x_n$ 之间的相关性矩阵。

同样利用反函数法可以得到服从 t 分布的 copula 函数：

$$C_{\Sigma}^{t}(x_1, x_2, \cdots, x_n) = t(t^{-1}(x_1), t^{-1}(x_2), \cdots, t^{-1}(x_n); \Sigma) \quad (4.24)$$

其中，Σ 是随机变量 $x_1, x_2, \cdots, x_n$ 之间的相关性矩阵。

正态 copula 函数和 t-copula 函数在金融风险管理中使用得较多，在实际应用较多的还有一大类 copula 函数叫阿基米德 copula 函数，在后面将提到。

4.4.2 代数法

构造 copula 函数的另一种方法就是根据 copula 函数的定义和随机变量的联合分布、边缘分布之间的关系利用代数的方法计算出 copula 函数。代数法在求解 copula 函数时有很重要的作用。这一节，利用代数法来解两类非常有名的 copula 函数：Plackett 族 copula 函数和 Ali-Mikhail-Haq 族 copula 函数。

1. Plackett 分布

在关联表中度量"相互关系"或者"相关性"一般用交叉积率 θ 来表示。为了方便解释，利用一个 2×2 的表，如表 4-1 所示，为方便起见，分别用高和低表示两个变量的属性。如果在四个属性中观察的数目分别是 a、b、c 和 d，则交叉积率用正实数 θ 来表示：

$$\theta = \frac{ad}{bc} \quad (4.25)$$

表 4-1　　　　　　　　　2×2 维关联表

		列变量		
		低	高	
行变量	低	a	b	a+b
	高	c	d	c+d
		a+c	b+d	

当 θ = 1 对应于相互独立的情况，因为当 θ = 1，则 ad = bc，表明在独立的情况下对每个观察值（如 a）等于其期望值。当 θ > 1，表明观察值主要集中在"低—低"和"高—高"这两种情况，θ 处于 0 和 1 之间，表明观察值主要集中在"低—高"和"高—低"这两种情况。

经过简单变换，可以给出每一列的 θ 值：

$$\theta = \frac{a/c}{b/d} = \frac{\dfrac{a}{a+c}\bigg/\dfrac{c}{a+c}}{\dfrac{b}{b+d}\bigg/\dfrac{d}{b+d}} \tag{4.26}$$

和

$$\theta = \frac{a/b}{c/d} = \frac{\dfrac{a}{a+b}\bigg/\dfrac{b}{a+b}}{\dfrac{c}{c+d}\bigg/\dfrac{d}{c+d}} \tag{4.27}$$

对每一个 a、b、c 和 d，也可以进行类似的用 a/n、b/n、c/n 和 d/n（其中 n = a + b + c + d）变换 θ。

双变量分布的 Plackett 族即是在具有连续边缘分布的双变量分布对上述思想的应用。设 X 和 Y 是连续型随机变量，其联合分布函数是 H，边缘分布函数分别是 F 和 G。设 x 和 y 是任意一对实数，"低"和"高"分别对应于列变量事件的"X ≤ x"和"X > x"，对行变量也有类似的结果。因此，用概率 H(x, y)、F(x) − H(x, y)、G(y) − H(x, y) 和 1 − F(x) − G(y) + H(x, y) 分别代替 θ = ad/bc 中的 a、b、c 和 d，则可以得到：

$$\theta = \frac{H(x, y)[1 - F(x) - G(y) + H(x, y)]}{[F(x) - H(x, y)][G(y) - H(x, y)]} \tag{4.28}$$

对大多数联合分布，θ 都是点 (x, y) 的函数，但存在一个联合分布，其 θ 为一常数吗？答案是肯定的，把这类联合分布函数称为 Plackett 族，即把交叉积率 θ 是常数的分布称为 Plackett 分布。

使用等式转换 u = F(x)、v = G(y) 和 Sklar 定理，则式（4.28）可以写成：

$$\theta = \frac{C(u, v)[1 - u - v + C(u, v)]}{[u - C(u, v)][v - C(u, v)]} \tag{4.29}$$

其中，C(u, v) 是 copula 函数。

解式（4.29）即可得到 copula 函数 C(u, v)。对 Plackett 分布，θ 是常数，则当 u 和 v 确定后，C(u, v) 是一固定的值。

当 θ = 1 时，有唯一解：

$$C(u, v) = uv \tag{4.30}$$

当 $\theta \neq 1$ 时，可以得到一个关于 $C(u, v)$ 的二次等式，其解是：

$$C(u, v) = \frac{[1+(\theta-1)(u+v)] \pm \sqrt{[1+(\theta-1)(u+v)]^2 - 4uv\theta(\theta-1)}}{2(\theta-1)} \tag{4.31}$$

根据 Mardia (1970) 的研究，发现对 $\theta > 0$ 且 $\theta \neq 1$，则根

$$C(u, v) = \frac{[1+(\theta-1)(u+v)] + \sqrt{[1+(\theta-1)(u+v)]^2 - 4uv\theta(\theta-1)}}{2(\theta-1)}$$

不满足 copula 函数的性质，不是一个 copula 函数，而根

$$C(u, v) = \frac{[1+(\theta-1)(u+v)] - \sqrt{[1+(\theta-1)(u+v)]^2 - 4uv\theta(\theta-1)}}{2(\theta-1)}$$

满足 copula 函数的性质，是一个 copula 函数，用 $C_\theta(u, v)$ 来表示。为证明 $C_\theta(u, v)$ 是二维递增的函数，可以证明对所有 $(u, v) \in I^2$ 中满足：

$$\frac{\partial^2 C_\theta(u, v)}{\partial u \partial v} \geq 0$$

其中，I^2 是 u 和 v 的定义域。

因此，对 Plackett 分布族的 copula 函数可以总结如下：

①当 $\theta > 0$ 且 $\theta \neq 1$ 时：

$$C_\theta(u, v) = \frac{[1+(\theta-1)(u+v)] - \sqrt{[1+(\theta-1)(u+v)]^2 - 4uv\theta(\theta-1)}}{2(\theta-1)} \tag{4.32}$$

②当 $\theta = 1$ 时：

$$C_1(u, v) = uv \tag{4.33}$$

式 (4.33) 和相互独立的 copula 函数的表达式相同，从这个表达式的结果表明当 $\theta = 1$ 时，u 和 v 是两相互独立的随机变量。

由于 $C_\theta(u, v)$ 中 θ 的取值范围是 0 到 $+\infty$，因此，这些 copula 函数也构成了一个很大的家族，并且具有绝对连续的性质。毫无疑问，Plackett 分布族中这些 copula 函数在建模分析和各种统计检验的鲁棒性（robustness）分析中都有重要应用（Conway (1986)、Hutchinson 和 Lai (1990)）。

为了使 Plackett 族 copula 适合于研究的数据，先估计参数 θ，估计的基本方法就是使用极大似然估计。

2. Ali – Mikhail – Haq 分布

下面介绍另一种分布：Ali – Mikhail – Haq 分布。

设 X 和 Y 是连续型随机变量，其联合分布函数是 H，边缘分布函数分别是 F 和 G。当 X 和 Y 表示一些物体的生命时间，如一些器官或者电子元件的生命时间，对这些问题的研究自然很关注他们的生存时间，例如（对随机变量 X），比值 $P[X>x]/P[X\leqslant x]$ 表示生存时间超过 x 与生存时间低于 x 的比值，即 $\bar{F}(x)/F(x) = (1-F(x))/F(x)$。用类似的方式，可以定义双变量生存率 $P[X>x \text{ 或者 } Y>y]/P[X\leqslant x, Y\leqslant y]$，或者写成 $(1-H(x,y))/H(x,y)$。

假设 X 和 Y 是标准的双变量 Logistic 分布，对所有非负实数 $\bar{R}$ 中的随机变量 x 和 y，有：

$$H(x, y) = (1 + e^{-x} + e^{-y})^{-1} \quad (4.34)$$

则双变量生存率为 $(1-H(x,y))/H(x,y) = e^{-x} + e^{-y}$。由于 $F(x) = (1+e^{-x})^{-1}$，所以有 $(1-F(x))/F(x) = e^{-x}$。同样，对 Y 也有类似的结论，所以式 (4.34) 有：

$$\frac{1-H(x, y)}{H(x, y)} = \frac{1-F(x)}{F(x)} + \frac{1-G(y)}{G(y)} \quad (4.35)$$

假设 X 和 Y 是相互独立的随机变量，其联合分布函数为 H，边缘分布函数分别为 F 和 G，则 $H(x,y) = F(x)G(y)$。由于 $F(x) = (1+[(1-F(x))/F(x)])^{-1}$，同样对 H 和 G 也有类似的结论，可以得到：

$$\frac{1-H(x, y)}{H(x, y)} = \frac{1-F(x)}{F(x)} + \frac{1-G(y)}{G(y)} + \frac{1-F(x)}{F(x)} \times \frac{1-G(y)}{G(y)} \quad (4.36)$$

Ali、Mikhail 和 Haq（1978）比较了式 (4.35) 和式 (4.36) 的相似点后，提出了一种求解双变量分布生存率的方法：

$$\frac{1-H(x, y)}{H(x, y)} = \frac{1-F(x)}{F(x)} + \frac{1-G(y)}{G(y)} + (1-\theta)\frac{1-F(x)}{F(x)} \times \frac{1-G(y)}{G(y)} \quad (4.37)$$

当 $\theta = 1$ 时，式 (4.37) 就退化成式 (4.35)，当 $\theta = 0$，式 (4.37) 就退化成式 (4.36)。

利用前面一节中相同的变换（$u = F(x)$、$v = G(y)$）和 Sklar 定理，把式 (4.37) 写成：

$$\frac{1-C_\theta(u, v)}{C_\theta(u, v)} = \frac{1-u}{u} + \frac{1-v}{v} + (1-\theta)\frac{1-u}{u} \times \frac{1-v}{v} \quad (4.38)$$

对式 (4.38) 解出 $C_\theta(u, v)$ 得到 Ali – Mikhail – Haq 族 copula：

$$C_\theta(u, v) = \frac{uv}{1 - \theta(1-u)(1-v)} \quad (4.39)$$

其中，$\theta \in [-1, 1]$。

对 θ 的取值范围限定在区间 [-1, 1] 中是为了确保 (4.39) 式是一个 copula 函数。可以证明，当 θ∈[-1, 1] 时，式 (4.39) 满足 copula 函数的性质，是一个 copula 函数。因为当 (u, v)∈I^2 时，$C_θ(u, v)$≥0，则要求 θ≤1；由于 $C_θ(u, v)$ 是一不减函数，所以，$\frac{\partial^2 C_θ(u, v)}{\partial u \partial v}$≥0，则 θ≤-1。

4.4.3 多维 copula 函数的构造

在实际应用中，不仅仅用到二维 copula 函数，在有些时候可能还需要使用三维甚至更多维的 copula 函数，如何构造多维 copula 函数？实践表明，构造多维 copula 函数比构造二维 copula 函数要困难得多，到现在为止，介绍如何构造多维 copula 函数的文献也很少。在这一节，给出构造多维 copula 函数的一些问题和构造方法，介绍的时候以三维为主，但相关方法也同样适用于多维。

从 Sklar 定理可以知道，如果 C 是一个二维 copula 函数，F 和 G 是单变量分布函数，则 C(F(x), G(y)) 总是一个二维分布函数。能把多变量分布函数代替 F 和 G 而把这个结论拓展到多维 copula 函数吗？即假设 m+n≥3，F(x) 是一个 m 维分布函数，G(y) 是一个 n 维分布函数，则 C(F(x), G(y)) 是一个 m+n 维 copula 函数吗？Genest、Quesada Molina 和 Rogriguez Lallena (1995) 给出了下面的"不可能"定理。

定理 1：设 m 和 n 是正整数，满足 m+n≥3，假设 C 是一个二维 copula 函数，H(F(x), G(y)) 是一个 (m+n) 维分布函数，对所有 m 维分布函数的边缘分布 F(x)，有 F(x)=H(x, ∞)，n 维分布函数的边缘分布 G(y)，有 G(y)=H(∞, y)，则 C=∏。其中 ∏ 是积 copula 函数，对两个相互独立的随机变量，其二维 copula 为：C=∏=uv。

定理 2：设 m 和 n 是整数，且 m, n≥2，C_1 是一个 m 维 copula 函数，C_2 是一个 n 维 copula 函数，有：

(1) 设 C 是一个从 I^{m+n} 到 I 的函数，由下式确定：

$C(x_1, x_2, \cdots, x_{m+n}) = M(C_1(x_1, x_2, \cdots, x_m), C_2(x_{m+1}, x_{m+2}, \cdots, x_{m+n}))$，

则 C 是一个 (m+n) 维 copula 函数的充分必要条件是 $C_1=M^m$，$C_2=M^n$（其中，M 是每个 copula 函数对应的最大值）。

(2) 设 $C'(x_1, x_2, \cdots, x_{m+1}) = \prod(C_1(x_1, x_2, \cdots, x_m), x_{m+1})$

$C''(x_1, x_2, \cdots, x_{n+1}) = \prod(x_1, C_2(x_2, x_3, \cdots, x_{n+1}))$

$C'''(x_1, x_2, \cdots, x_{m+n}) = \prod(C_1(x_1, x_2, \cdots, x_m), C_2(x_{m+1}, x_{m+2}, \cdots, x_{m+n}))$。

则 C' 是一个 m+1 维 copula 函数，C'' 是一个 n+1 维 copula 函数，C''' 是一个 m+n 维 copula 函数。

以上两个定理表明，如果 F(x) 是一个 m 维分布函数，G(y) 是一个 n 维分布函数，m+n≥3，只有在满足两个定理的基本条件时，C(F(x), G(y)) 是一个 m+n 维 copula 函数。对任意条件，不能确保 C(F(x), G(y)) 是一个 m+n 维 copula 函数。

上面两定理给出的结论是一个关于 copula 函数的相容性的问题。相容性问题很早就被一些学者所认识到，对大部分三维以上的 copula 函数，都存在相容性问题。

上面介绍了 copula 函数的基本原理和基本的构造方法，下面介绍 copula 家族中一类重要的 copula——阿基米德族 copula 函数。

4.5 阿基米德族 copula 函数

阿基米德族 copula 函数是 copula 函数中一类十分重要的 copula 函数，由于它具有以下的性质，使得在实际中有较为广泛的应用：阿基米德族 copula 函数比较容易构造；属于这一族的 copula 函数很多；该族中 copula 函数的相依结构差别很大；这一族 copula 函数具有一些良好的特性。

4.5.1 阿基米德族 copula 函数的定义

设 X 和 Y 是连续型随机变量，联合分布函数是 H，边缘分布函数分别是 F 和 G。对所有 x 和 y 是非负数，当 X 和 Y 相互独立时，H(x, y) = F(x)G(y)，这也是联合分布函数唯一可以用积的形式表示。对前面一节的式（4.37）进行变换，可得：

$$1 + (1-\theta)\frac{1-H(x, y)}{H(x, y)} = \left[1 + (1-\theta)\frac{1-F(x)}{F(x)}\right] \times \left[1 + (1-\theta)\frac{1-G(y)}{G(y)}\right] \quad (4.40)$$

这表明，$\lambda(H(x, y)) = \lambda(F(x)) \times \lambda(G(y))$，其中，$\lambda(t) = 1 + (1-\theta)\frac{1-t}{t}$。同样，可以设 $\varphi(t) = -\ln\lambda(t)$，则可以把 H 写成边缘分布得函数，即 $\varphi(H(x, y)) = \varphi(F(x)) + \varphi(G(y))$，或者写成 copula 函数的形式：

$$\varphi(C(u,v)) = \varphi(u) + \varphi(v) \tag{4.41}$$

对式（4.41），给出一个定理。

定理 3：设 φ 在定义域内是一个连续的，严格递减函数，满足 $\varphi(1)=0$，则：

$$C(u,v) = \varphi^{[-1]}(\varphi(u) + \varphi(v)) \tag{4.42}$$

式（4.42）是一个 copula 函数。

其中，$\varphi^{[-1]}$ 是 φ 的伪反函数，如果 φ 在定义域内是一个连续的，严格递减的函数，且 $\varphi(1)=0$，则定义：

$$\varphi^{[-1]}(t) = \begin{cases} \varphi^{-1}(t) & 0 \le t \le \varphi(0) \\ 0 & \varphi(0) \le t \le \infty \end{cases} \tag{4.43}$$

把函数具有式（4.42）的形式称为阿基米德 copula 函数。函数 φ 称为 copula 函数的生成函数。如果 $\varphi(0)=\infty$，称 φ 是一个严格的生成函数。在这种情况下 $\varphi^{[-1]} = \varphi^{-1}$，则 $C(u,v) = \varphi^{-1}(\varphi(u) + \varphi(v))$ 是一个严格的阿基米德函数。图 4-1 给出了严格和非严格生成函数的两种情况。

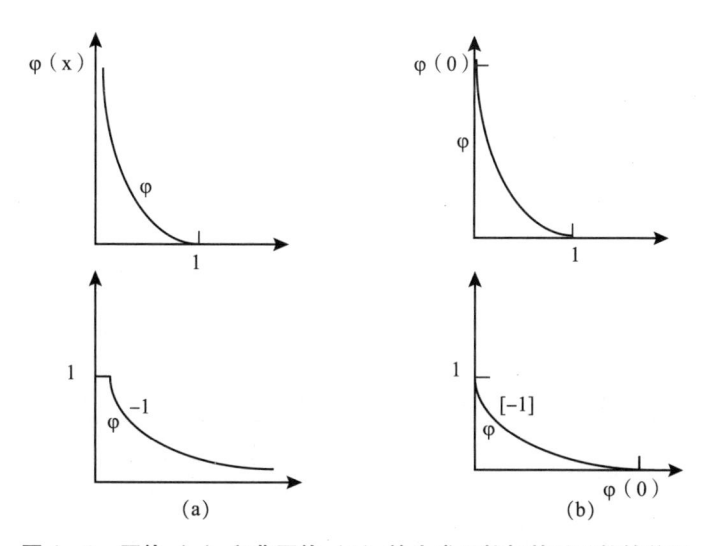

图 4-1　严格（a）和非严格（b）的生成函数与其反函数的关系

可以构造很多符合式（4.42）的函数，因此，阿基米德 copula 函数是一个函数族。

假设 C 是一个具有生成函数为 φ 的阿基米德 copula 函数，则 C 具有以下性质：

①C 是对称的,即 C(u, v) = C(v, u), $\forall$ u, v $\in$ [0, 1];
②C 满足结合律：C(C(u, v), w) = C(u, C(v, w)), $\forall$ u, v, w $\in$ [0, 1];
③α 是一个大于 0 的常数,则 $\alpha\varphi$ 也是生成函数;
④C(u, 1) = u, $\forall$ u $\in$ [0, 1], C(1, v) = v, $\forall$ v $\in$ [0, 1], C(u, u) $\leq$ u。

下面介绍一些典型的阿基米德 copula 函数。

4.5.2 单参数的阿基米德族 copula 函数

可以用式（4.42）和式（4.43）的方法构造一个阿基米德 copula 函数。表 4-2 中列出一些重要的单参数阿基米德 copula 函数形式,并给出对应的生成函数、参数的取值范围等。

表 4-2 单参数的阿基米德族 copula 函数

序号	$C_\theta(u, v)$	$\varphi_\theta(t)$	$\theta \in$	是否严格
1	$\max([u^{-\theta} + v^{-\theta} - 1]^{-1/\theta}, 0)$	$\frac{1}{\theta}(t^{-\theta} - 1)$	$[-1, \infty) \setminus \{0\}$	$\theta \geq 0$
2	$\max(1 - [(1-u)^\theta + (1-v)^\theta]^{1/\theta}, 0)$	$(1-t)^\theta$	$[1, \infty)$	否
3	$\frac{uv}{1 - \theta(1-u)(1-v)}$	$\ln\left(\frac{1-\theta(1-t)}{t}\right)$	$[-1, 1)$	是
4	$\exp(-[(-\ln u)^\theta + (-\ln v)^\theta]^{1/\theta})$	$(-\ln t)^\theta$	$[1, \infty)$	是
5	$-\frac{1}{\theta}\ln\left(1 + \frac{(e^{-\theta u} - 1)(e^{-\theta v} - 1)}{e^{-\theta} - 1}\right)$	$-\ln\frac{e^{-\theta t} - 1}{e^{-\theta} - 1}$	$(-\infty, +\infty) \setminus \{0\}$	是
6	$1 - [(1-u)^\theta + (1-v)^\theta - (1-u)^\theta(1-v)^\theta]^{1/\theta}$	$-\ln[1 - (1-t)^\theta]$	$[1, \infty)$	是
7	$\max(\theta uv + (1-\theta)(u+v-1), 0)$	$-\ln[\theta t + (1-\theta)]$	$(0, 1]$	否
8	$\max\left[\frac{\theta^2 uv - (1-u)(1-v)}{\theta^2 - (\theta-1)^2(1-u)(1-v)}, 0\right]$	$\frac{1-t}{1+(\theta-1)t}$	$[1, \infty)$	否
9	$uv\exp(-\theta\ln u\ln v)$	$\ln(1 - \theta\ln t)$	$(0, 1]$	是
10	$\frac{uv}{[1 + (1-u)^\theta(1-v)^\theta]^{1/\theta}}$	$\ln(2t^{-\theta} - 1)$	$(0, 1]$	是
11	$\max([u^\theta v^\theta - 2(1-u^\theta)(1-v^\theta)]^{1/\theta}, 0)$	$\ln(2 - t^\theta)$	$(0, 1/2]$	否
12	$(1 + [(u^{-1} - 1)^\theta + (v^{-1} - 1)^\theta]^{1/\theta})^{-1}$	$\left(\frac{1}{t} - 1\right)^\theta$	$[1, \infty)$	是

续表

序号	$C_\theta(u, v)$	$\varphi_\theta(t)$	$\theta \in$	是否严格
13	$\exp(1 - [(1-\ln u)^\theta + (1-\ln v)^\theta - 1]^{1/\theta})$	$(1-\ln t)^\theta - 1$	$(0, \infty)$	是
14	$(1 + [(u^{-1/\theta}-1)^\theta + (v^{-1/\theta}-1)^\theta]^{1/\theta})^{-\theta}$	$(t^{-1/\theta}-1)^\theta$	$[1, \infty)$	是
15	$\max(\{1 - [(1-u^{1/\theta})^\theta + (1-v^{1/\theta})^\theta]^{1/\theta}\}^\theta, 0)$	$(1-t^{1/\theta})^\theta$	$[1, \infty)$	否
16	$\frac{1}{2}(S + \sqrt{S^2 + 4\theta})$, $S = u+v-1-\theta\left(\frac{1}{u}+\frac{1}{v}-1\right)$	$\left(\frac{\theta}{t}+1\right)(1-t)$	$[0, \infty)$	$\theta > 0$
17	$\left(1 + \dfrac{[(1+u)^{-\theta}-1][(1+v)^{-\theta}-1]}{2^{-\theta}-1}\right)^{-1/\theta} - 1$	$-\ln\dfrac{(1+t)^{-\theta}-1}{2^{-\theta}-1}$	$(-\infty, +\infty)\setminus\{0\}$	是
18	$\max(1 + \theta/\ln[e^{\theta/(u-1)} + e^{\theta/(v-1)}], 0)$	$e^{\theta/(t-1)}$	$[2, \infty)$	否
19	$\theta/\ln(e^{\theta/u} + e^{\theta/v} - e^\theta)$	$e^{\theta/t} - e^\theta$	$(0, \infty)$	是
20	$[\ln(\exp(u^{-\theta}) + \exp(v^{-\theta}) - e)]^{-1/\theta}$	$\exp(t^{-\theta}) - e$	$(0, \infty)$	是
21	$1 - (1 - \{\max([1-(1-u)^\theta]^{1/\theta} + [1-(1-v)^\theta]^{1/\theta}-1, 0)\}^\theta)^{1/\theta}$	$1 - [1-(1-t)^\theta]^{1/\theta}$	$[1, \infty)$	否
22	$\max([1-(1-u^\theta)\sqrt{1-(1-v^\theta)} - (1-v^\theta)\sqrt{1-(1-u^\theta)}]^{1/\theta}, 0)$	$\arcsin(1-t^\theta)$	$(0, 1]$	是

注：1 号 copula 函数由 Clayton 首先提出，通常称为 Claytoncopula，类似地，3 号即为前面所讨论的 Ali-Mikhail-Haqcopula，4 号称为 Gumbel copula，5 号称为 Frankcopula。

4.5.3 多变量阿基米德族 copula

在前面一节，介绍了单参数的阿基米德 copula 函数，这一节介绍多变量阿基米德 copula 函数。

知道对积 copula 函数，有：

$$\prod(u, v) = uv = \exp(-[(-\ln u) + (-\ln v)]) \tag{4.44}$$

可以把这个结论扩展到 n 维。对 $u = (u_1, u_2, \cdots, u_n)$，有 n 维积 copula 函数：

$$\prod^n(u) = u_1 u_2 \cdots u_n = \exp(-[(-\ln u_1) + (-\ln u_2) + \cdots + (-\ln u_n)])。$$

从上面的式子可以归纳出：

$$C^n(u) = \varphi^{[-1]}(\varphi(u_1) + \varphi(u_2) + \cdots + \varphi(u_n)) \tag{4.45}$$

通常构造多维阿基米德 copula 函数的方法相对较容易，但也存在一定的不足之处。第一，所有阿基米德族 copula 函数的 k 阶边缘分布函数都是相同的。

第二，这些族 copula 结构上通常只用到 1 个或者 2 个参数，这限制了这一族 copula 函数在相关性研究上的应用。

4.6 尾部相关性的研究

由于金融资产常服从非正态的厚尾分布，金融风险也常常发生在资产收益分布的尾部，所以更多地关心资产的尾部相关性问题。但通过 4.1 节有关对线性相关性的分析可以看出，线性相关系数只能度量两随机变量之间的一般线性关系，难以度量随机变量的尾部相关性，下面利用 copula 函数定义尾部相关性。

4.6.1 尾部相关性的定义

对两连续型随机变量 (X, Y)，边缘分布分别是 F_X，F_Y，定义其尾部相关系数，上尾相关系数 $U(\alpha)$ 为：

$$U(\alpha) = \lim_{\alpha \uparrow 1^-} P(Y > F_Y^{-1}(\alpha) \mid X > F_X^{-1}(\alpha)) \tag{4.46}$$

下尾相关系数 $L(\alpha)$ 为：

$$L(\alpha) = \lim_{\alpha \uparrow 0^+} P(Y < F_Y^{-1}(\alpha) \mid X < F_X^{-1}(\alpha)) \tag{4.47}$$

其中，α 是分位数，$\alpha \in [0, 1]$。

由 copula 函数的基本性质可以知道 copula 函数与尾部相关系数之间有如下关系：

$$\begin{aligned} U(\alpha) &= \lim_{\alpha \uparrow 1^-} P(Y > F_Y^{-1}(\alpha) \mid X > F_X^{-1}(\alpha)) \\ &= \lim_{\alpha \uparrow 1^-} \frac{P(Y > F_Y^{-1}(\alpha), X > F_X^{-1}(\alpha))}{P(X > F_X^{-1}(\alpha))} \\ &= \lim_{\alpha \uparrow 1^-} \frac{1 - 2\alpha + C(\alpha, \alpha)}{1 - \alpha} \end{aligned} \tag{4.48}$$

$$\begin{aligned} L(\alpha) &= \lim_{\alpha \uparrow 0^+} P(Y < F_Y^{-1}(\alpha) \mid X < F_X^{-1}(\alpha)) \\ &= \lim_{\alpha \uparrow 0^+} \frac{P(Y < F_Y^{-1}(\alpha), X < F_X^{-1}(\alpha))}{P(X < F_X^{-1}(\alpha))} = \lim_{\alpha \uparrow 0^+} \frac{C(\alpha, \alpha)}{\alpha} \end{aligned} \tag{4.49}$$

因此，利用 copula 函数定义随机变量的尾部相关系数。尾部相关系数对度量极端事件的发生具有重要意义，例如，利用尾部相关系数可以度量当一种债券或者股票的暴涨（暴跌）时，另一种股票暴涨（暴跌）的可能性大小。如果一个行业和其他行业或者整个股票市场的尾部相关性很大的时候，当这一行业发生暴跌时，相关性较大的行业或者整个股市发生暴跌的可能性也很大，相反，暴涨时也会同时发生，因此，尾部相关性对防范金融风险或投资组合时都具有重要的实际意义。

对椭圆 copula 函数，其上尾和下尾的相关性都相同，为：

$$\lambda = \lambda_L = \lambda_U = \frac{\int_0^{h(\rho)} \frac{u^\alpha}{\sqrt{1-u^2}} du}{\int_0^1 \frac{u^\alpha}{\sqrt{1-u^2}} du} \tag{4.50}$$

此处 $\rho = \sum_{12} / \sqrt{\sum_{11} \sum_{22}}$ 且 $h(\rho) = \left(1 + \frac{(1-\rho)^2}{1-\rho^2}\right)^{-1/2}$。当它存在时，$\rho$ 为线性相关系数，而且尾部相关系数仅由线性相关系数 ρ 和规则变化指数 α 决定。

对阿基米德 copula 函数族部分函数有固定的尾部相关性，部分函数没有尾部相关性，本书在下面将介绍阿基米德 copula 函数尾部相关性计算的问题。

4.6.2 最优 copula 函数选择的标准

由于 copula 函数的种类繁多，如何选择最优的 copula 函数拟合数据对计算结果十分重要。目前选择的方法有仿真法、Akaike 信息准则法、χ^2 法、拟合优度检验的 K-S 检验法和距离法等，下面介绍这些方法。

1. 仿真法

仿真法是通过仿真的方法比较不同 copula 函数的差异，从而根据需要选择最优的 copula 函数，对正态 copula 函数和 t-copula 函数等部分 copula 函数可以使用这种方法，具体的方法在第 5 章介绍。

2. Akaike 信息准则法

Akaike 基于 Kullback-Leibler 信息度量提出了一个建模的决策方案，给出模型选择的准则函数。假设 $\hat{\alpha}$ 是极大似然估计量，$\sum_{i=1}^n \log L(\alpha; U, V)$ 是与参数 α 对应的对数似然函数，则 AIC 信息阵由下式给出：AIC = 2（-对数似然值) $+2p$,其中,p是模型参数的个数。AIC值包含了模型和参数估计值对数据适应的信息,AIC的值越小,模型越好,所以多数模型中都采用AIC指标作为对整个数据拟合标准的指标。

3. 拟合优度检验的 χ^2 检验

拟合优度的 χ^2 检验的统计量为:$T = \sum_{i=1}^{n} \frac{[f_i - np(x_i)]}{np(x_i)}$,k为划分子集的个数,$f_i$ 为第 i 个子集中数据出现的频数,$np(x_i)$ 是第 i 个子集的理论频数,检验效率随子集数目而增加。

用 χ^2 检验来检验假设的分布函数是否是标准的均匀分布。在两样本的情况下不能用这种方法,因为这时要分析比较两个分布函数是否相同。

4. 拟合优度检验的 K-S(Kolmogorov-Smirnov)检验法

K-S 检验的优良性在于它是非参数或任意分布检验,特别对于小样本来说,它揭示了经验分布与理论分布之间的差别,检验统计量定义为:$T = \max\{|\hat{F}(x) - F(x)|\}$,T是累计经验分布函数与理论分布函数之差绝对值的最大值,缺点是对于一组样本的情形,原假设检验假定样本来自(0,1)均匀分布,而对于两组样本的情况下则需要检验的原假设是这两个分布是否相同。

5. 距离法

在上面已经知道,可以利用生成函数 $\varphi(x)$ 来产生阿基米德 copula 函数,因此,对这一类 copula 函数,利用距离法来选择最优 copula 函数,即通过计算出符合条件的各个 copula 函数的距离,距离最小的 copula 函数即为最佳的 copula 函数,具体方法如下。

设 $\{(x_k, y_k)\}_{k=1}^{n}$ 表示连续分布的 n 个样本,C 表示其关联分布函数,$K_C(z)$ 表示 $C(u, v)$ 的分布函数,则 $K_C(z)$ 和生成函数 $\varphi(z)$ 有以下关系:

$$K_C(z) = z - \frac{\varphi(z)}{\varphi'(z)} \tag{4.51}$$

按以下方法判断最佳 copula 函数:

利用观察数 $(X_i, Y_i)(i = 1, 2, \cdots, n)$ 据估计相关系数 τ;

利用式(4.51)对 copula 分布函数 K_C 进行参数估计。

按以下步骤对分布函数 $K(z)$ 进行非参数估计 $K_n(z)$:

设 $(x_{(i)}, y_{(j)})(1\leq i, j\leq n)$ 表示样本的顺序统计量，
非参数 copula 函数 C_n 为：

$$C_n\left(\frac{i}{n}, \frac{j}{n}\right) = \frac{(\text{样本中满足条件} x_k \leq x_{(i)}, y_k \leq y_{(j)} \text{的数组}(x_k, y_k) \text{个数})}{n} (1\leq i, j\leq n),$$

分布函数 $K_C(z)$ 的非参数估计 $K_n(z)$ 为：

$$K_n(z) = \frac{\left(\text{满足 } C_n\left(\frac{i}{n}, \frac{j}{n}\right) \leq z \text{ 的数组}(x_k, y_k) \text{ 个数}\right)}{n} \quad (1\leq i, j\leq n)$$

则最佳 K 值为：

$$K^* = \min_{K_C}\left\{\int [K_C(z) - K_n(z)]^2 dK_n(z)\right\} \tag{4.52}$$

满足最佳值 K^* 的 K_C 所对应的 copula 函数即为最佳适合样本数据的 copula 函数。

以上几种选择方法中 χ^2 检验法和 K-S 检验法属于拟合优度的检验方法，而 K-S 检验法和距离法都是非参数方法，尤其是距离法理论简单、易于计算，所以在实际中较多使用距离法选择 copula 函数。

4.6.3 尾部相关性的实证研究

在银行信用风险分析中，行业分析是信用风险分析重要的一个方面，这其中包括行业的发展前景、盈利水平、与国家宏观经济政策的分析和行业之间的相关性分析，这其中行业之间的相关性对银行资产组合分析有十分重要的作用。由于获得行业的数据比较困难，而股票的行业指数能基本反映行业的盈利水平，从而能反映行业之间收益的相关性，因此，本书利用沪深股市的行业指数来研究行业的相关性，为商业银行的行业分析提供支持。

按上面介绍的方法计算沪深股市与行业的相关性，选用 2002 年和 2003 年沪深股市交易的数据。行业板块根据国泰君安股票交易软件的分类标准，将我国股票市场分为 35 个行业，分别分析这些与沪深股市的相关性。

行业的每天收益使用对数差分方法，即按式（4.53）计算：

$$Y_i = \ln P_i - \ln P_{i-1} \tag{4.53}$$

当 $Y_i > 0$ 时表示收益，$Y_i < 0$ 表示损失。由于对数函数是严格单调递增函数，因此，式（4.53）的函数变换不影响 τ 值。进一步可以证明，当 F 和 G 都是严格单调增加或严格单调减少函数，则对随机变量 X 进行函数变换 F

(G(X))也不影响τ值。因此下面对收益率 Y_i 进行标准正态变换也并不影响τ值。

按式（4.14）计算两股市分别与每个行业之间的相关系数τ，结果如表4-3所示。

表4-3　　　　　中国股市与行业的一致性相关系数τ

行业	沪市	深市	行业	沪市	深市	行业	沪市	深市
工程建筑	0.8091	0.7178	农业	0.7925	0.7012	汽配	0.7012	0.6763
商业连锁	0.7759	0.7178	化纤	0.7095	0.6680	石油	0.7593	0.7178
水泥	0.6929	0.7012	金融	0.6929	0.6183	供气供水	0.7925	0.7676
化工	0.8589	0.7510	物流运输	0.7842	0.7427	印刷	0.7261	0.6680
纺织服装	0.7759	0.7344	糖果食品	0.6929	0.6846	钢铁	0.7178	0.6763
通讯	0.7510	0.7059	电器	0.7095	0.6680	仪电仪表	0.6846	0.6266
计算机	0.6349	0.6100	建材	0.7344	0.7095	贸易	0.7427	0.6515
教育传媒	0.6432	0.6017	机械	0.7427	0.7012	交通工具	0.5104	0.5353
电子信息	0.6763	0.6183	医药	0.7178	0.6598	交通设施	0.7593	0.7344
电力	0.7676	0.7095	金属	0.7759	0.7012	旅游	0.6515	0.6100
能源	0.8174	0.7593	乳品	0.6432	0.5685	其他	0.7427	0.6846
房地产	0.7510	0.6763	汽车	0.6515	0.6432	深市	0.8083	

从表4-3可以看出，沪市和深市的相关性是0.8083，除交通工具板块外，其他板块与沪市的相关性比深市大，表明大部分沪市与行业的相关性比深市要大，我国沪深股市与行业板块的相关系数界于0.6~0.9，这与发达国家的相关性主要在0.6~1.0基本一致。

下面计算每个行业与沪深股市的尾部相关性。由于阿基米德族copula函数中Clayton、Frank、Gumbel三个copula函数能较好地给出数据的厚尾分布现象，且每个函数的一致性相关系数都有解析解，因此，选用这三个copula函数作为分析中国股票市场的尾部相关性的函数。由于距离法具有直观明了且易于应用的特点，因此，也采用距离法来选择最优的copula函数，利用上面介绍的距离法确定最适合每个行业样本观测值的函数，其中 $z \in (0, 1]$，步长是0.05的等差数列计算上面三个copula函数的距离。表4-4给出了沪市和工程建筑行业计算结果。

表4-4　　　　　　　　沪市和工程建筑行业的计算结果

z	(x_k, y_k) 数目	累积数目	$K_n(z)$	$K_C(z)$ Clayton	$K_C(z)$ Frank	$K_C(z)$ Gumbel	$[K_C(z)-K_n(z)]^2$ Clayton	$[K_C(z)-K_n(z)]^2$ Frank	$[K_C(z)-K_n(z)]^2$ Gumbel
0.05	20	20	0.0208	0.0556	0.0982	0.0775	0.0012	0.0060	0.0032
0.10	32	52	0.0542	0.1112	0.1595	0.1442	0.0033	0.0111	0.0078
0.15	20	72	0.0750	0.1668	0.2141	0.2022	0.0084	0.0194	0.0162
0.20	52	122	0.1292	0.2224	0.2662	0.2590	0.0087	0.0188	0.0169
0.25	44	168	0.1750	0.2781	0.3172	0.3135	0.0106	0.0202	0.0192
0.30	52	220	0.2292	0.3337	0.3676	0.3662	0.0109	0.0192	0.0188
0.35	44	264	0.2750	0.3893	0.4178	0.4174	0.0131	0.0204	0.0203
0.40	44	308	0.3208	0.4449	0.4679	0.4672	0.0154	0.0216	0.0214
0.45	60	368	0.3833	0.5005	0.5180	0.5159	0.0137	0.0181	0.0176
0.50	84	452	0.4708	0.5560	0.5680	0.5635	0.0073	0.0094	0.0086
0.55	60	512	0.5333	0.6114	0.6179	0.6103	0.0061	0.0072	0.0059
0.60	68	580	0.6042	0.6666	0.6678	0.6562	0.0039	0.0041	0.0027
0.65	56	636	0.6625	0.7214	0.7076	0.7013	0.0035	0.0030	0.0015
0.70	56	692	0.7028	0.7753	0.7672	0.7458	0.0030	0.0021	0.0006
0.75	48	740	0.7708	0.8277	0.8163	0.7896	0.00032	0.0021	0.0004
0.80	40	780	0.8125	0.8775	0.8644	0.8327	0.0042	0.0027	0.0004
0.85	40	820	0.8542	0.9230	0.9105	0.8753	0.0047	0.0032	0.0004
0.90	40	860	0.8958	0.9615	0.9542	0.9147	0.0043	0.0032	0.0005
0.95	36	896	0.9333	0.9891	0.9854	0.9589	0.0031	0.0027	0.0007
1.00	64	960	1.0000	1.0000	1.0000	1.0000	0.0000	0.0000	0.0000
$\int [K_{\varphi n}(z) - K_n(z)]^2 dK_n(z)$							0.1257	0.1945	0.1631

从表4-4的最后一行可以看出，clayton-copula的值最小，因此，适合沪市和工程建筑行业样本的copula函数是clayton-copula。使用同样方法，可以确定适合各行业的copula函数，并计算出分位数α分别等于0.01和0.99的各行业的下尾和上尾相关系数，结果如表4-5所示。

表4-5　　　　　　　　沪深股市与行业的尾部相关系数

行业	上海股票市场 下尾	上海股票市场 上尾	深圳股票市场 下尾	深圳股票市场 上尾	行业	上海股票市场 下尾	上海股票市场 上尾	深圳股票市场 下尾	深圳股票市场 上尾
工程建筑	0.9251	0.0091	0.0012	0.1156	建材	0.8863	0.0638	0.8720	0.0577
商业连锁	0.9086	0.0768	0.8768	0.0596	机械	0.8909	0.0661	0.8720	0.0577
水泥	0.0011	0.1120	0.8670	0.0559	医药	0.8768	0.0596	0.8409	0.0481

续表

行业	上海股票市场 下尾	上海股票市场 上尾	深圳股票市场 下尾	深圳股票市场 上尾	行业	上海股票市场 下尾	上海股票市场 上尾	深圳股票市场 下尾	深圳股票市场 上尾
化工	0.9481	0.1240	0.0012	0.1203	金属	0.9068	0.0768	0.8760	0.0559
纺织服装	0.9086	0.0768	0.0012	0.1179	乳品	0.0010	0.1048	0.7740	0.0361
通讯	0.8954	0.0685	0.8720	0.0577	汽车	0.0011	0.1060	0.7740	0.0361
计算机	0.0010	0.1036	0.8062	0.0409	汽配	0.0011	0.1132	0.8516	0.0510
教育传媒	0.0010	0.1048	0.8000	0.0398	石油	0.8999	0.0711	0.0012	0.1156
电子信息	0.0011	0.1096	0.8123	0.0419	供气供水	0.9170	0.0834	0.0012	0.1226
电力	0.9043	0.0738	0.0011	0.1144	印刷	0.8816	0.0616	0.8463	0.0495
能源	0.9291	0.0954	0.0012	0.1214	钢铁	0.8768	0.0596	0.8516	0.0510
房地产	0.8954	0.0685	0.8516	0.0510	仪电仪表	0.0011	0.1108	0.8182	0.0431
农业	0.9170	0.0834	0.8670	0.0559	贸易	0.8909	0.0661	0.8354	0.0467
化纤	0.0011	0.1144	0.8463	0.0495	交通运输	0.0008	0.0851	0.7458	0.0329
金融	0.0011	0.1120	0.8123	0.0419	交通工具	0.8999	0.0711	0.0012	0.1179
物流运输	0.0012	0.1249	0.8909	0.0661	旅游	0.0011	0.1160	0.8062	0.0409
糖果食品	0.0011	0.1120	0.8568	0.0525	其他	0.0012	0.1191	0.8568	0.0525
电器	0.0011	0.1144	0.8463	0.0495	深市	0.9211	0.087		

从表4-5可以看出，不同行业与沪深股市的尾部相关性相差较大，这是因为尾部相关性度量了发生暴涨暴跌的尾部相关关系，从前面分析可知，下尾相关系数度量"暴跌"的相关性，上尾相关系数度量"暴涨"的相关性。计算的结果（见表4-5）可以看出，在这两年沪市与水泥、计算机、教育传媒、电子信息、化纤、金融、物流运输、糖果食品、电器、乳品、汽车、汽配、仪电仪表、交通运输、旅游和其他16个行业发生"暴跌"的可能性较小，而和工程建筑等19个行业发生"暴跌"的可能性很大。深市与工程建筑、化工、纺织服装、电力、能源、石油、供水供气、交通工具8个行业发生"暴跌"的可能性较小，与商业连锁等27个行业发生"暴跌"的可能性较大。与沪市同时发生"暴跌"的行业少于与深市发生"暴跌"的行业。因此，从每个行业中选取同等数量的股票组成投资组合，投资于沪市的风险小于深市的风险。从表4-5还可以看出，沪深股市的下尾相关系数是0.9211，上尾是0.087，沪深两个股票市场发生"暴跌"的可能性远大于发生"暴涨"的可能性，这对在防范和控制金融风险，防止投资组合内多种股票同时"暴跌"时有重要意义。

在实际应用中，尾部相关性更多地应用于度量多资产收益的波动情况，这在债券市场和股票市场上来判断资产、行业或者债券之间发生关联风险都十分具有指导意义。从而可以知道选择正确的资产组合。

4.7 总结

组合管理在银行风险管理中起着越来越重要的作用,由于银行越来越重视资产的组合效应和发生关联风险所造成的损失,使得一些学者更加重视对相关性的研究。本章较全面地分析了线性相关性、秩相关性和尾部相关性等相关性,使用研究相关性的一个强有力的工具——copula 函数来分析秩相关性和尾部相关性,最后利用沪深股票市场的数据对我国行业的尾部相关性进行实证分析,对研究行业相关性、投资决策和组合管理等实践都具有较大的指导意义。

第 5 章　信用风险组合模型

管理资产组合信用风险的三个主要要素：使用定性或者定量方法获得的违约概率（PD）、违约损失率（LGD）和相关性（ρ），同时还可以把这三个要素组成一个模块以推导出管理银行风险的一些重要经济指标，如经济资本金或者组合损失的度量等。

本章首先介绍信用风险组合模型（CRPM）的作用，接下来介绍一些主要商业模型通常所采用的结构以及这些模型使用的解析法与仿真法的区别，其次介绍当前一些主要信用风险管理模型，如 Credit Portfolio View、Portfolio Risk Tracker、Credit Risk + 和 Portfolio Manager 等（其中如 Credit Metrics 模型将放在第 7 章重点讨论），并讨论各个模型的优点和缺点。再次关注采用解析法来快速获得信用风险近似值的一些最新方法（鞍点法和快速傅立叶变换法），并探讨压力实验的方法，最后给出基于风险调整后绩效的度量方法（RAPMs）。

5.1　信用风险组合模型的作用

绝大多数商业信用风险模型都采用自下向上的方法管理信用风险。其主要思想是认为组合的总风险等于所有单个资产的信用风险总和。实际上由于存在分散化效应，使得组合信用风险并不是单个头寸信用风险的简单加总。

处理资产信用风险的一个主要困难是其利润和损失分布与正态分布相差甚远（见图 5-1）。资产的利润和损失分布的最常见特征是上半部分有限，但由于违约产生的较大损失和发生的概率相对较高使得下半部分有较大的尾部（肥尾），如贷款的分布。

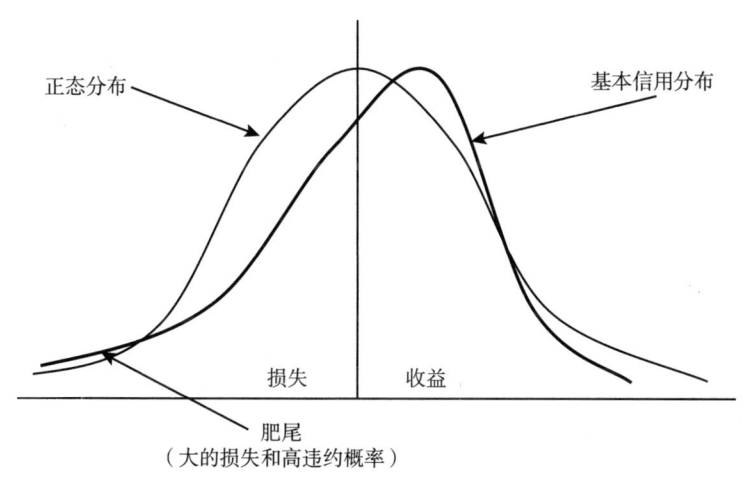

图中标注：正态分布、基本信用分布、损失、收益、肥尾（大的损失和高违约概率）

图 5–1　信用组合中利润和损失曲线通常的形状

在 20 世纪 80 年代和 90 年代早期，由于市场风险组合管理工具的发展使银行能更好地理解和控制市场风险。从那时起，银行积极开展一些工作以开发出类似的更高精度的信用风险管理系统。信用损失分布的非正态化和缺少可靠的多资产信用数据使得这个过程较为复杂化。但由于以下四个原因使得银行需要开发出新的信用组合工具或改善现有的信用组合工具。

（1）监管的目的。CRPMs 对银行管理风险具有一定的帮助，并且已经成为《巴塞尔资本协议Ⅲ》的一部分。监管资本与银行组合的风险、到期日和分散化效应联系在一起。

（2）经济资本金的计算和配置。除监管资本外，组合风险度量还可用于计算银行经济资本金以决定银行储备金的数量。各种贷款的经济资本金分配可根据债务人设置的信用上限，或者根据风险—收益平衡的原则选择资产，以及银行选择投资组合时考虑分散化效应等因素来确定。

（3）定价原则。资产组合的一些金融工具也可作为期权来运作。例如，对抵押负债债务（CDOs）的投资回收期要根据信用工具池中产生现金流的情况来确定。因此资产风险度量的结果可对一些资产进行定价，对评级机构来说，这个结果又可用于对一些资产的评级（见第 9 章）。

（4）基金管理。资产管理者也可从组合信用风险模型的资产配置中获益。对总的风险和分散化采用全局观点能更好地决定组合或基金中资产的配置。

理想的信用风险组合模型应该包含了信用风险的各个方面因素。最主要的一个因素是对组合中各个工具违约风险的大小和总违约风险的大小（违约概率和违约损失率）。信用风险也包含由于信用事件的变化而使价格发生改变而带来的损失。因此，虽然在实践中很少，一个 CRPM 应该包括，组合中信用评级的下降和差价两方面所产生的风险。最后，可以看到相关性对损失分布尾部的影响：一个好的组合模型也能够准确地反映出分散化或者集中化的效应。

5.2 模型的分类

这一节介绍组合模型的主要结构。组合模型的结构可以分为两类：解析模型和仿真模型。

5.2.1 解析模型

解析模型通过利用一些简化假设对信用资产的损失分布给出一个"准确"的解。第一步是对组合中同质资产进行分组，根据同质的假设，可以推导出损失分布的解析解。组合中总损失等于各单个风险资产损失的简单加总。

解析模型的主要优点是能快速得到结果。但不幸的是，解析解常常是建立在对违约要素许多苛刻假设的基础上。下面给出 Credit Risk + 模型就属于解析类模型。

5.2.2 仿真模型

仿真模型不能对组合损失分布给出一个闭式解。这类模型的基本思想是通过大量仿真（情景模拟）得到的经验分布来近似代替真实分布。这个过程具有很大的灵活性并且能为风险因子提供一些复杂的分布。这种方法的缺陷是必须精通有关的计算机知识。

图 5-2 给出了仿真模型的基本程序。在仿真时要求输入的变量有各资产的违约概率、违约损失率（均值和标准差）和资产相关性的估计值。使用蒙特卡罗仿真方法，使用这些输入变量可以仿真出多种资产价值相关转移的情况。在已知给定时期最终评级的条件下，可以计算出每个资产的价值，并与最初价值进行比较，因此可以计算出相应资产在这个时期是获得了利润还是产生了损失。将在 Credit Metrics 一节中详细介绍仿真模型中所需要的输入变量和仿真步骤。

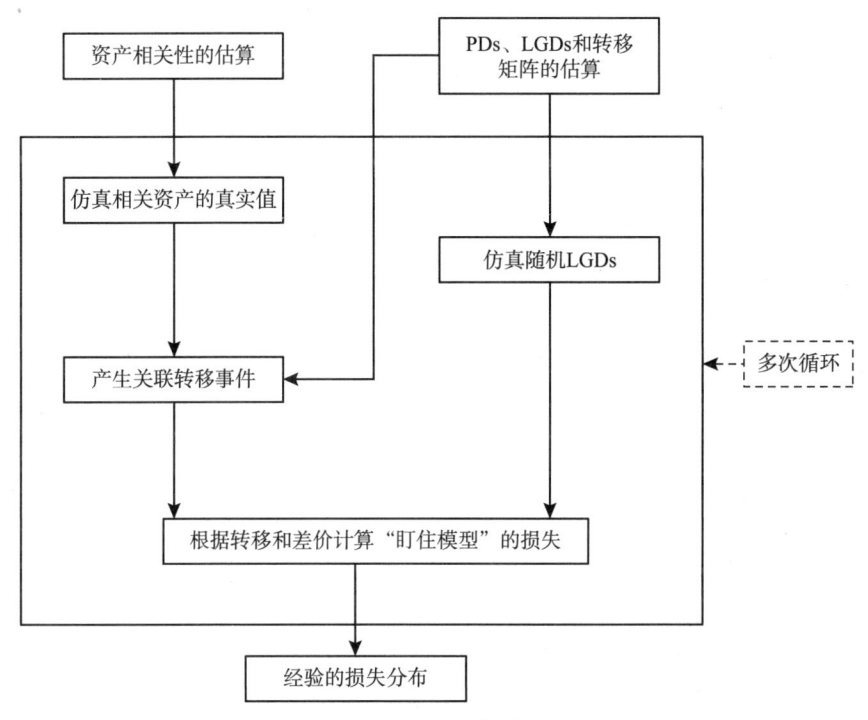

```
┌─────────────────┐          ┌─────────────────┐
│  资产相关性的估算 │          │ PDs、LGDs和转移 │
└────────┬────────┘          │   矩阵的估算    │
         │                   └────────┬────────┘
┌────────▼────────┐                   │
│  仿真相关资产的  │                   │
│     真实值      │          ┌────────▼────────┐
└────────┬────────┘          │   仿真随机LGDs   │
         │                   └────────┬────────┘
┌────────▼────────┐                   │                ┌ ─ ─ ─ ─ ┐
│  产生关联转移事件│◄──────────────────┘           ◄─ ─┤ 多次循环 │
└────────┬────────┘                                   └ ─ ─ ─ ─ ┘
         │
┌────────▼──────────────────────────────┐
│ 根据转移和差价计算"盯住模型"的损失      │
└────────┬──────────────────────────────┘
         │
┌────────▼────────┐
│   经验的损失分布 │
└─────────────────┘
```

图5-2　仿真的基本框架

5.3　商业信用风险模型

在这一节考查由信用风险管理者所开发出的五个信用风险组合模型：Credit Metrics、Portfolio Manager、Portfolio Risk Tracker、Credit Portfolio View 和 Credit Risk +。前面四个模型属于仿真类模型，后面一个是解析类模型。

布兰南（Brannan）、门格尔（Mengle）、史密森（Smithson）和兹梅斯基（Zmiewski）（2002）调查了41个大的国际银行，结果表明，有80%以上的银行把上面五个信用风险管理模型的其中一个作为他们的信用风险管理模型。表5-1给出五个模型的各自特征：模型所描述的信用事件（违约、转移和差价的变化）、产生风险的因素、所使用转移矩阵的类型、处理相关性所采用方法、使用违约损失率的类别和模型的种类（解析模型和仿真模型）等。

表 5-1　　　　　　　　　　主要模型结构的比较

	Credit Metrics	Credit Portfolio View	Portfolio Risk Tracker	Portfolio Manager	Credit Risk +
风险的定义	Δ 市场价值	市场价值或者只有违约损失	市场价值	违约损失	违约损失
信用事件	降级/违约	降级/违约	降级/违约和差价的变化*	违约	违约
是否包括利率风险	否	否	是	否	否
风险要素	国家和行业因素	宏观因素	国家和行业因素	影响资产价值的各种因素	违约概率
转移概率	常数	由宏观因素（互相之间的转移矩阵）决定	常数	常数	N/A
信用事件的相关性	权益收益服从标准的多变量正态分布	相同宏观因素所引起的相关性	资产收益服从标准的多变量正态分布	资产收益服从标准的多变量正态分布	N/A
回收率	随机（beta 分布）	随机	随机（beta 分布）	随机（beta 分布）	违约损失率（常数）
数字解	仿真	仿真	仿真	仿真	解析

注：*资产管理师版模型的结果。

关于 Credit Metrics 模型在第 6 章详细介绍。

5.3.1　Portfolio Manager 模型

KMV 公司的 Portfolio Manager 模型非常类似于 Credit Metrics 模型。然而与 Credit Metrics 模型不同的是它只关注违约损失的单因子模型。波恩（Bohn）和基尔霍夫（Kealhofer）（2001）对这个模型进行了介绍。

Portfolio Manager 与 Credit Metrics 简化的单因子模型版本不同之处在于 Portfolio Manager 模型所使用输入变量的不同。先简要地解释一下这个模型的基本结构（和 Credit Metrics 的步骤相同），然后再讨论模型所需的输入变量。

1. 基本结构

Portfolio Manager 模型是基于多变量正态分布的：所有公司的资产价值都

假设服从正态分布。正如 Credit Metrics 一样，当资产收益较低时，公司发生违约。模型忽略了评级的变化。

模型包括以下四个部分：

（1）复制多个多变量正态分布；

（2）仿真时记录下每次违约的公司；

（3）在假设违约损失率服从 beta 分布的条件下计算总损失；

（4）计算组合损失分布和 VaR。

2. 输入变量

由于模型假设数据服从正态分布，因此只需要两种类型的输入变量：给定时间的所有债务人的违约概率和资产相关性。

CreditMetrics 模型从债务人的评级中得到违约概率，而 Portfolio Manager 模型利用期望违约频率（EDFs）计算违约概率。EDFs 是利用 Merton 类信用风险模型得到违约概率。

模型的第一个输入变量即为 EDFs。假定 Portfolio Manager 是一个单因子模型，相关性只由这个单因子产生，一般结构可写成：

$$A_j = \rho_j F_j + \varepsilon_j \tag{5.1}$$

仔细的读者可以看到因子 A 有一个下标 j，这表示对公司 j 的因子模型。更特殊地，可以得到式（5.2）：

$$F_j = \sum_{i=1}^{I} \beta_{ji} C_i + \sum_{k=1}^{K} \gamma_{ki} S_i \tag{5.2}$$

$$\sum_{i=1}^{I} \beta_{ji} = 1 \tag{5.3}$$

$$\sum_{k=1}^{K} \gamma_{ki} = 1 \tag{5.4}$$

C_i 表示相应公司的国家指数，S_i 表示公司所属行业的指数。

公式（5.1）可以利用资产价值的时间序列估计出来。回归系数 R^2 决定了系统风险和非系统风险之间的平衡，也就决定了资产价值的相关性。

模型的使用者可以不使用 R^2 而选择一个参考于综合指数的任一个固定指数来代替。这个模型的灵活性就是使用者很少有相关的资料作为参考。其余的计算方法与 Credit Metrics 基本相同，读者可参考前面一节关于 Credit Metrics 类模型的计算。

5.3.2　Portfolio Risk Tracker 模型

Portfolio Risk Tracker（PRT）是标准普尔公司开发的基于评级的模型。到目前为止，讨论的两个模型都是静态模型（即他们只关注给定时间上唯一的风险因子），但 PRT 是一个动态模型。例如，选择一个 5 年期的，可以仿真出在一定时期以前的每 5 年末风险因子。这使得 PRT 在计算信用风险价值时可以处理一些如信用衍生品和 CDOs 等产品。与 Credit Metrics 和 Portfolio Manager 不同，PRT 包含随机利率，因此，在不根据贷款平衡原则的情况下，PRT 可以计算漂移率类票据和其他利率敏感性的资产。详细的方法可以参考德塞维基尼（de Servigny）、佩里亚金（Peretyatkin）、佩劳丁（Perraudin）和雷诺特（Renault）（2003）。

PRT 模型包含了随机差价，这也是所讨论的五个模型中唯一一个可以处理三类信用风险源的工具：违约、转移和差价的变化。

此外该工具还有以下几方面的创新：

（1）可以选择利用差价、权益和经验违约相关性的数据计算得到的三个相关性矩阵中选择其中一个；

（2）对主权国家评级上限（公司评级的上限为主权的评级）的建模可以预测特定国家发生违约传染的现象；

（3）对违约概率和违约损失率之间的相关性建模；

（4）违约概率包括了权益、国库券、利率期权等方面。

5.3.3　Credit Portfolio View 模型

Credit Portfolio View（CPV）与前面介绍的三个模型的不同之处在于它可以根据经济周期决定转移矩阵。对一个国家和行业的一定时期的违约和转移率随着未来宏观经济变量的变化而变化，这个观点十分直观而且得到一些经验证据的验证。在整个时期里宏观经济变量是产生违约概率的关键性要素。美国数据表明了这个观点：行业产品的变化清晰地反映出违约概率的波动（生存率定义为 1 减去整个行业每年的违约概率）。

CPV 对产生行业违约概率的宏观经济指数估计出一个计量模型。接着仿真出违约概率以产生扩张或者衰退时期的转移矩阵。通过仿真出一定时期随机的宏观指数，模型的使用者可以大约地计算出组合损失的分布。有关这个模型的主要参考文献可见 Wilson（1997a，1997b，1997c）的三篇相关文章。

1. 输入变量

任何宏观经济变量都可作为产生违约概率的要素，但由使用者自己决定（或者得到很好的检验）哪些因子最能解释违约概率的变化。宏观经济变量一般包括：

(1) GDP 或者行业产品增加值；
(2) 利率；
(3) 汇率；
(4) 储蓄率；
(5) 失业率。

以上解释性变量从一些公开的资料中很容易地得到（如中央银行或者国家统计局）。被解释的变量是每个行业和国家的违约概率。可以从评级机构获得美国较长时间的相关数据，但其他国家的数据却不是很容易得到。有时可用破产率（通常是一个国家的破产率）代替违约概率以弥补一个地区所缺少的信息，通常这些地区很少评级或者开展评级的时间较短。

其他一些所需要的输入变量包括组合中特定的暴露因素，如转移矩阵和有关回收率的统计量等。

2. 模型的分类和校准

对一个国家和行业，CPV 按照以下三个步骤计算违约概率。

第一步，首先对可能进入宏观经济指数的宏观经济变量 X_i 的个数 n 做出假设。通常采用以下的自回归过程，使在时间 t 时变量 X_i 的值满足下式 (5.5)：

$$X_{i,t} = \alpha_0 + \sum_{j=1}^{m} \alpha_j X_{i,t-j} + e_{i,t} \quad i = 1, \cdots, n \tag{5.5}$$

其中，$e_{i,t}$ 是独立同分布的 (i.i.d) 正态误差项，变量之间是相关的。滞后时间的数量（m）通过似然率检验得到，CPV 对所有变量使用两个滞后项。通过估计得到参数和余项的协方差矩阵。

第二步，根据以下公式把宏观经济变量加总为行业指数 Y_t^s：

$$Y_t^s = \beta_0^s + \sum_{i=1}^{n} \beta_i^s X_{i,t} + \varepsilon_t^s \tag{5.6}$$

其中，ε_t^s 也是独立同分布的正态分布项，s 表示部门。每个指数都反映出相应部门的经济发展状况。宏观经济指数在（-∞，+∞）之间取值。

第三步，对 Y 使用逻辑变换以获得在 [0，1] 范围内取值的违约概率（DR）：

$$DR_t^s = \frac{1}{1+e^{-Y_t^s}} \quad (5.7)$$

显然，当 Y→+∞ 时，DR→1；当 Y→-∞ 时，DR→0。

公式（5.5）和公式（5.6）中参数和余项的估计可以使用标准的计量技术。为了估计公式（5.6），先将利用观察到的每个部门违约概率和公式（5.7）的反函数计算出 Y_t^s 的值。对部门 s，Y_t^s 值为：

$$Y_t^s = -\log(1/DR_t^s - 1) \quad (5.8)$$

现在总结一下这个计算的过程。想估计出一个部门 s 的违约概率 DR_t^s 的宏观经济因素，直观上需要把违约概率与包括所有宏观变量的宏观经济指数联系在一起。这个指数是 Y_t^s 且通过公式（5.7）来决定违约概率。指数 Y_t^s 是单个宏观变量 $X_{i,t}$ 加权的总和，如公式（5.6）所示，宏观变量 $X_{i,t}$ 假设服从一个简单的自回归过程，如公式（5.5）所示。

3. 仿真因子和组合损失的计算

未来的违约概率与宏观变量相联系的。仿真程序产生随机变量用于仿真一些宏观变量，利用这些宏观变量可以计算出信用指数，从而计算出每个行业的违约概率。

第一步，产生 K（K 必须相当大）个部门的相关随机变量（$e_{i,t+1}$，$e_{i,t+2}$，$e_{i,t+3}$，…）和（ε_{t+1}^s，ε_{t+2}^s，ε_{t+3}^s，…），其长度对应于选择的时间长度。例如，如果选择的时间是 1 年，公式（5.5）和公式（5.6）根据季度的数据估计，则仿真的过程有四个时间段。为了仿真这些时间段的数据，需要得到一些相关的正态随机变量，其协方差对应于前面一节所提到的估计结果。

第二步，将这些随机变量再代入公式（5.5）和公式（5.6）以获得 K 个宏观经济指数的值。

第三步，使用公式（5.7）把 K 个宏观经济指数转换成对应的 K 个违约概率 P（违约）。

第四步，每次运行仿真程序时，如果 P（违约）低于它的长期平均水平，则认为部门处于扩张时期，就使用扩张时期的转移矩阵；如果 P（违约）高于平均水平，则选择部门衰退时期的转移矩阵。

在 CPV 模型中，由于部门的违约概率都依赖于相同的宏观因素，因此，相关性被认为是由部门之间产生的。

用 M_h 和 M_l 分别表示经济周期中较好（增长）时期和较差（衰退）时期的转移矩阵。班亚（Bangia）、迪博尔德（Diebold）、克里米斯（Kronimus）、沙根（Schagen）和舒尔曼（Schuermann）（2002）讨论了这两个矩阵之间明显的差异之处。显然，处于衰退时期评级的下降和违约概率比增长时期高。

为了计算 N 期的转移矩阵，先需要计算 N 年的组合损失（假设步长为 1 年），如上所述，CPV 通过仿真多个 N 期的违约概率得到实际的违约概率。对每一步和每一年，如果违约概率低于均值，则转移矩阵是 M_h，如果高于均值，则转移矩阵是 M_l。

假设转移矩阵服从马尔科夫过程，DR^* 表示历史上平均违约概率，则多期转移矩阵可用式（5.9）计算：

$$M_N = \prod_{t=1}^{N} M(DR_t) \tag{5.9}$$

其中函数 $M(.)$ 满足：如果 $DR_t > DR^*$，则 $M(DR_t) = M_l$，如果 $DR_t < DR^*$，则 $M(DR_t) = M_h$。

当仿真出大量的公式（5.9）的结果时，可以大约地计算出任何评级的违约概率分布和任何从初始评级转移到最终评级的转移概率分布。把累积违约概率与 LGD（在这个模型中并未特别地指出）、每个暴露结合起来，CPV 就可以计算出近似的组合损失分布。

CPV 的主要优点是它的输入变量相对容易得到，主要缺点是它所建立的加总违约概率并不是对应于特定债务人的违约概率。

5.3.4 CreditRisk+模型

目前很少有商业信用风险模型能给出信用风险的解析解，CreditRisk+ 是这些为数不多的商业模型的其中一个。它是 CSFP（credit suisse financial products）根据贷款损失准备金开发出的财产模型的改进版。关于这个模型的详细知识可从信用瑞士金融产品（credit suisse financial products）（1997）中得到。

CreditRisk+ 对信用风险采用保险精算的方法，并且只能计算违约事件的信用风险，模型忽略了价格、差价和转移的变化。因此，这个模型更适合投资者进行投资决策。

这个模型不是管理组合中某个证券是否违约,而是管理债务人将有多大的比例违约和将在什么样的组合水平上发生违约。模型把违约损失率相同的资产划归为同一组,并假设一个部门的违约概率是随机的。

1. 输入变量

模型所需要的输入变量有以下几个:
(1) 单个资产的信用暴露;
(2) 每个行业或资产的年违约概率;
(3) 违约概率的波动情况;
(4) 回收率的估计值(在模型中通常假设为常数)。

2. 主要步骤

假设违约概率较小,并且不随时间发生变化,则一个部门的违约概率可利用均值为 μ 的泊松分布估计出来,发生 n 次违约的概率为:

$$P(n 次违约) = \frac{e^{-\mu}\mu^n}{n!} \tag{5.10}$$

Credit Risk + 假设违约概率的均值是随机的,且服从 Gamma 分布。模型给出概率生成函数(PGF),先计算出每组违约损失的概率生成函数,把每组的概率生成函数加总后就得到组合损失的概率生成函数。

通过一个算法可以从 PGF 中得到组合损失分布,从而能快速地计算出经济资本金和其他风险计量的解析结果。

Credit Risk + 模型没有考虑因子的相关性。模型中因子是组中的违约概率,并假设他们是相互独立的。CSFP 认为没有足够的数据使估计的违约相关性达到合理的精度,Credi tRisk + 模型通过假设随机违约概率也描述了损失分布的肥尾特征(类似于使用相关因子产生的结果)。

5.4 商业模型的优点与缺点

在上面讨论了四个最著名的商业信用风险组合模型。这一节对各个模型的优缺点加以比较。为了简单起见,使用以下的缩写:PRT(Portfolio Risk Tracker)、CPV(Credit Portfolio View)、PM(Portfolio Manager)和 CR + (Credit Risk +)。

前面四个模型是仿真模型，因此对大的组合来说，得到结果花费的时间比 CR + 模型更多，这也是 CR + 的最主要优点，但它也存在一些缺点。

首先 CR + 只是一个违约模型，如 PM 一样。表明这两个模型都忽略由于评级转移所造成的损失。对投资级债券来说，违约带来的风险十分有限，主要的损失由评级的下降产生。忽略评级转移产生的风险将低估总的信用风险。类似地，所有的 PRT 模型也没有考虑差价的风险。

CR + 假设 LGDs 是一个常数，而且不考虑相关性（CR + 中通过违约概率的随机数考虑二级效应）。其他模型的 LGDs 利用 beta 分布得到，并考虑了资产、因子和宏观经济变量之间的相关性。表 5 – 2 总结了这五个商业模型一些主要的优点和缺点。

表 5 – 2　　　　　　　　主要模型的优点与缺点

	Credit Mertics	Credit Portfolio View	Portfolio Risk Tracker	Portfolio Manager	Credit Risk +
包含的信用风险	违约和转移	违约和转移	违约和转移	违约	违约
市场和信用风险的相互作用	无	无	通过利率、汇率和权益价值之间的相互作用	无	无
违约事件的相关性	由风险因子和特殊因子的关系明确地反映出，但须依赖于因子和违约相关性之间对应的精确程度				不明确
回收率	Beta 分布，与 PD 不相关	Beta 分布，与 PD 相关	Beta 分布，与 PD 不相关		常数
方法的速度	当资产数量大时，仿真的速度比较慢				很快

部分研究人员指出这些现有的模型缺乏足够的透明度。他们认为缺少透明度，也就缺少一些灵活性，这将导致一些一级银行开发自己的内部模型，他们能对这些模型进行总体控制。其中，一些内部模型与上面所提到的五种模型十分类似，还有采用一些与上面模型所使用的方法不同，下面将介绍这些不同的方法。

5.5　其他模型

下面介绍两个最近出现的标准组合模型。他们主要的目的是提供一个比

Credit Risk + 更加灵活的方法快速计算出组合损失。第一个方法是鞍点法，第二个方法是快速傅立叶变换和与蒙特卡罗仿真方法的结合。

5.5.1 鞍点法

在上面已经强调，一方面通过对因子分布更加严格的假设，利用组合信用风险模型能"准确"而又快速地计算出组合损失，另一方面仿真的方法将产生更复杂的分布，同时还消耗大量的时间。鞍点方法是一个不使用仿真而得到近似真实分布的方法。用这种方法能很快地得到结果，而且分布尾部十分准确，因此，鞍点法对风险管理者有很大的吸引力。

鞍点方法是根据所观察到的结果来计算的，这些观察结果的分布函数虽然不能用解析方法求解，但他们的矩量生成函数或者累积生成函数是可以求解的。例如，假设有一个两资产的组合，他们的收益服从一些分布。组合收益是这些分布的加权之和，通常并不容易计算出组合收益的分布，但计算组合收益的 CGF 则相对较容易。

鞍点方法要求分布函数与 CGF 之间的对应要近似且相对精确，这样可以使风险管理者能快速得到组合损失分布尾部的近似值。

先介绍矩和累积生成函数，接着介绍鞍点法并举例说明它在精度上比其他方法的优越性。

1. 矩和累积生成函数

在有些时候，组合损失的分布 f_X 相当复杂，但可能存在一个易于处理的矩量生成函数（MGF）M_X。

随机损失 X 的矩量生成函数 MGF 可以根据辅助变量 s 定义为：

$$M_X(s) = E[e^{sX}] = \int e^{st} f_X(t) dt \tag{5.11}$$

相反地，可以得到 MGF 的密度函数：

$$f_X(t) = \left(\frac{1}{2\pi i}\right) \int_{-i\infty}^{+i\infty} M_X(s) e^{-st} ds \tag{5.12}$$

例如，假设随机变量 X 定义为一个以概率 p 发生违约的风险债券。如果真的发生违约，则损失等于 h（h 可以看作是违约损失率乘以违约风险暴露），如果不发生违约，则损失等于 0。

可以简单地计算 $M_X(s)$：

$$M_X(s) = E[e^{sX}]$$
$$= pe^{sh} + (1-p)e^0$$
$$= 1 - p + pe^{sh} \tag{5.13}$$

累积生成函数具有很好的特性,对相互独立的随机变量 X_i, $i=1, 2, \cdots, n$,它具有连乘性,因此,其对数(累积生成函数 $K_X(s)$)也就具有连加性。定义 $\overline{X} = \sum_{i=1}^n X_i$,则:$K_{\overline{X}}(s) = \sum_{i=1}^n K_{X_i}(s)$。

如果组合中债券相互独立,可得到:

$$M_{\overline{X}}(s) = \prod_{i=1}^n (1 - p_i + p_i e^{sh_i}) \tag{5.14}$$

和

$$K_{\overline{X}}(s) = \sum_{i=1}^n \log(1 - p_i + p_i e^{sh_i}) \tag{5.15}$$

在实际中组合中各种资产并不完全相互独立,然而,对绝大多数因子模型都认为违约是条件独立的,因此,在这种条件下可以使用这种方法。

考虑一个单因子模型(在第5章中已经介绍)的例子,公司资产收益满足式(5.16):

$$A_i = \rho_i C + \sqrt{1 - \rho_i^2}\, \varepsilon_i \quad i = 1, 2, \cdots, n \tag{5.16}$$

其方差 $\mathrm{var}(A_i) = 1$,$\mathrm{cov}(A_i, A_j) = \rho_i \rho_j (i \neq j)$,$\mathrm{cov}(\varepsilon_i, \varepsilon_j) = 0 (i \neq j)$,对所有 i 有 $\mathrm{cov}(C, \varepsilon_i) = 0$。

用 $a_i(c) = A_i | C = c$,即表示在系统因子 C 条件下的资产收益。有 $\mathrm{cov}[a_i(c), a_j(c)] = 0 (i \neq j)$,因此,公司资产收益(相应的违约)也是条件独立的。

现在回到前面的有关资产组合的例子中。单个资产损失可写成 $X_i = h_i I\{A_i < T_i\}$,其中 $I\{A_i < T_i\}$ 是指标函数,当 $A_i < T_i$ 时等于 1,其他的时候等于 0。T_i 是违约阈值,如果 $A_i < T_i$ 时公司就发生违约。

单个资产的条件损失则为:

$$x_i(c) = h_i I\{a_i(c) < T_i\} \tag{5.17}$$

看到 $a_i(c)$ 是独立的,因此 $x_i(c)$ 也是独立的。所有组合的条件矩量生成函数为:

$$M_{\overline{X}(c)}(s) = \prod_{i=1}^n [1 - p_i(c) + p_i(c)e^{sh_i}] \tag{5.18}$$

其中,$p_i(c)$ 表示在 $C = c$ 的条件下债务人 i 的违约概率。

现在,可以把条件 MGF 与相对应系统因子 C 的分布结合在一起而得到一个无条件的 MGF：

$$M_X(s) = \int_{-\infty}^{+\infty} M_{X(c)}(s) g(c) dc$$

$$= \int_{-\infty}^{+\infty} [\prod_{i=1}^{n} [1 - p_i(c) + p_i(c) e^{sh_i}]] g(c) dc \quad (5.19)$$

同时还可以得到：

$$K_{\overline{X}}(s) = \log \left(\int_{-\infty}^{+\infty} [\prod_{i=1}^{n} [1 - p_i(c) + p_i(c) e^{sh_i}]] g(c) dc \right) \quad (5.20)$$

对常用的高斯因子模型，$g(c)$ 是正态密度函数。

2. 鞍点法

鞍点法是根据累积生成函数得到的。根据 CGF，公式（5.10）可写成：

$$f_X(t) = \frac{1}{2\pi i} \int_{-i\infty}^{+i\infty} \exp[K_X(s) - st] ds \quad (5.21)$$

对一个特定的损失水平 t，鞍点是在 $s = \hat{t}$ 的点：

$$\left. \frac{\partial K_X(s)}{\partial s} \right|_{s=\hat{t}} = t$$

使用公式（5.11）和 $K_X(s) = \log M_X(s)$，在鞍点处可写出泰勒级数：

$$K_X(\hat{t}) = Q_1[X]\hat{t} + \frac{1}{2}Q_2[X]\hat{t}^2 + \frac{1}{3!}Q_3[X]\hat{t}^3 + \cdots + \frac{1}{n!}Q_n[X]\hat{t}^n + \cdots$$

$$= Q_1[X]\hat{t} + \frac{1}{2}Q_2[X]\hat{t}^2$$

$$= E[X]\hat{t} = \frac{1}{2}\text{Var}[X]\hat{t}^2 \quad (5.22)$$

式（5.22）中，当 n > 2 时，忽略了高阶累积量 Q_n，只保留二阶以下的级数。主要结果如下，损失概率分布的右尾（高于均值）可近似为：

$$f_X(t) = \frac{\exp[K_X(\hat{t}) - t\hat{t}]}{\sqrt{2\pi \left. \frac{\partial^2 K_{\overline{X}}(s)}{\partial s^2} \right|_{s=\hat{t}}}} \quad (5.23)$$

和

$$P(\overline{X} > t) = \exp\left(K_{\overline{X}}(\hat{t}) - t\hat{t} + \frac{1}{2}\hat{t}^2 \left. \frac{\partial^2 K_{\overline{X}}(s)}{\partial s^2} \right|_{s=\hat{t}} \right) N\left(-\sqrt{\hat{t}^2 \left. \frac{\partial^2 K_{\overline{X}}(s)}{\partial s^2} \right|_{s=\hat{t}}} \right) \quad (5.24)$$

其中，$N(.)$ 表示累积标准正态分布函数。

因此，如果能计算出 CGF 和它的前两项，就很容易地近似计算出损失分布的尾部，从而计算出 VaR。使用这个方法可以计算出风险分布，例如组合的构成对 VaRs 的敏感性（Browne、Martin 和 Thomson，2001b）。

高迪（Gordy）（2002）使用这个方法代替上面提到的循环叠代方法计算出 Credit Risk + 中近似的组合损失分布。哈夫（Haff）和塔什（Tashe）（2002）在 Credi tRisk 框架下把这个方法进行扩展，运用到计算 VaR 的分布和预期短缺的分布。

5.5.2 快速傅立叶变换与蒙特卡罗仿真相结合的方法

最近，梅里罗（Merino）和尼夫罗尔（Nyfeler）（2002）提出一个新的计算组合损失分布的方法：快速傅立叶变换与蒙特卡罗仿真相结合的方法。这种方法能快速而又准确地计算出整个组合损失分布，该方法采用的算法是第 5 章介绍的条件独立模型方法和 Credit Risk + 中已经使用的几个结果。

5.6 风险调整后绩效的度量方法（RAPM）

到目前为止，只介绍了如何估计组合损失分布。现在考虑最常用的组合风险的一些指标，接下来解释两个在组合的各资产之间分配经济资本金的方法。最后回顾一下风险调整的资本收益模型（RAROC）。

风险模型的结果通常是一个损失的分布，即可能的损失水平与相应的概率。这个分布表达了在特定时期的特定组合所发生损失的所有信息。做决策时，需要把这些分布转换成一些综合的风险度量指标，以便风险管理者和银行与外部相关人士（如客户或监管者）进行交流。当前最常用的风险度量指标是预期损失、非预期损失、风险价值、经济资本金和预期的短缺等。

5.6.1 组合损失常用的度量指标

1. 预期损失

银行先考虑的风险指标是预期损失。这是从平均水平上衡量银行损失的大小。

对证券 i 的预期损失可定义为：

$$EL_i = EAD_i \times PD_i \times LGD_i \tag{5.25}$$

其中，EL 是预期损失，EAD 是违约风险暴露（投资于证券 i 的资金）。

有 N 个资产组合的预期损失是等于组合预期损失的总和：

$$EL_p \equiv E(L_p)$$
$$= \sum_{i=1}^{N} EL_i \tag{5.26}$$

其中，L_p 表示组合的随机损失。

组合中特定资产 i 的预期损失分布很容易确定，它表达了一定时期组合的平均损失。这个损失通常假设包含了银行对客户利率的改变，但由于股票市场的暴跌和违约的波动，使得这个损失未包括银行所面临的潜在极值损失的一些信息。

2. 非预期损失

非预期损失可定义为组合损失的标准差，如式（5.27）所示：

$$UL_p = \sqrt{E\{[L_p - E(L_p)]^2\}} \tag{5.27}$$

如果组合损失服从正态分布，预期的和非预期的损失将和组合损失分布完全一致。因为知道一阶矩和二阶矩就可以确定正态分布。

但在实际中，组合损失并不服从正态分布，而 EL_p 和 UL_p 是一个有偏的分布。尤其是非预期损失忽略了收益不对称的性质（上部与下部的关系）。根据阿泽纳（Artzner）、德尔班安（Delbaen）、伊博尔（Eber）和希尔斯（Health）（1999）定义的，非预期损失也不能作为风险度量的一个关键性指标。实际上，可能会发现两个组合，虽然对所有的 $L_p \leq L_{p*}$，但 $UL_p > UL_{p*}$。在《巴塞尔资本协议Ⅱ》中指出，UL 对应于风险价值，而不是组合损失的标准差。

3. 风险价值

到目前为止，度量风险最广泛的指标就是风险价值，尤其是度量市场风险。虽然在下面的解释缺乏一些合理的原因，但风险价值也常常用于对信用风险的度量。

风险价值度量了尾部风险，即发生大损失的风险。在一定时期（市场风险通常是 10 天，信用风险通常是 1 年）置信水平为 α（如 95%）的风险价值等

于在 $(1-\alpha)\%$ 的概率下，这个时期只有超出投资组合的最大可能损失，正式风险价值公式可写成：

$$\text{VaR}(\alpha) = \min\{j \mid P(L_P > j) \leq 1 - \alpha\} \tag{5.28}$$

需要指出的是，只有在指定时间和置信水平的条件下给出 VaR 的值才有意义。

部分学者指出风险价值也存在一些缺陷。在置信水平 α 下的风险价值只能说明在那一点的风险大小。很容易举出两组合的风险价值相同，但尾部风险有很大不同的例子。两组合损失 95% 的风险价值都相同，但一个组合损失分布（实线）右边的尾部比虚线右边尾部要细，即这个分布发生大的损失比另一个（虚线）要小。

风险价值另一个缺陷是不能作为度量风险的关键性指标（Artzner et al., 1999）。尤其是风险价值不具有次加性。在金融产品中，它意味着组合的风险价值可以超过组合中各资产风险价值之和。

最后，在较高的置信水平下，风险价值似乎表现出十分不稳定。例如，在 99% 的置信水平时，稍微改变一点 α 可能导致风险价值很大的波动。

4. 经济资本金

经济资本金对银行管理者来说，是一个十分重要的指标。大多数时候银行管理者都计算一年期的经济资本金，其公式如下：

$$\text{EC}_P(\alpha) = \text{VaR}(\alpha) - \text{EL}_P \tag{5.29}$$

其中，EL_P 是预期损失，$\text{VaR}(\alpha)$ 是在置信水平为 α（如 99.9%）的风险价值。

经济资本金可解释为银行在置信水平为 α 下为了防止破产而预先提留的资金。通常资本金与评级联系在一起，例如对 AA 级，对应资本金持有数量 $\text{EC}_P(\alpha)$，$1-\alpha$ 对应于 AA 级资产的违约概率。总体来说，这个方法主要的缺陷是评级机构的分析师们考虑的许多因素（如商业风险）并未包括在资本金中。

经济资本金的另一个问题是经济资本金直接继承了风险价值的特性，因此对置信水平的选择十分敏感，而且在高置信水平下也表现出十分的不稳定。图 5-3 画出了经济资本金对置信水平选择的敏感性：

$$\frac{\partial \text{EC}_P(\alpha)}{\partial \alpha} = \frac{\partial \text{VaR}(\alpha)}{\partial \alpha} \tag{5.30}$$

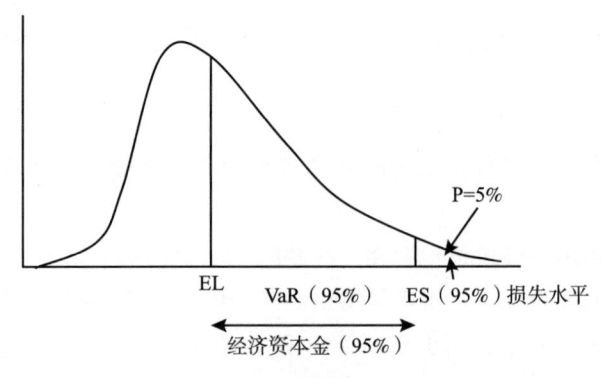

图 5-3　组合损失分布

图中的结果是利用蒙特卡罗实验所给出的结果，仿真采用的是具有相同违约概率和两两相关的 10000 个资产的组合。从图 5-3 可以清楚地看出，当置信水平达到 99% 以上时，其经济资本金和风险价值变得十分不稳定。这表明置信水平有一细微的变化导致银行资本金水平将显著地变化。如果对如何选择置信水平没有理论上的支持，这就成为经济资本金和风险价值度量的一个重要缺陷。观察结果表明风险管理者并未能精确地度量尾部风险（即一些极端不可能的事件）。在金融中应用极值理论（EVT）模型以弥补这种不确定性。虽然缺少数据，但这种方法还是可以拟合出分布的尾部。在 20 世纪 90 年代，EVT 模型仿真出许多有意义的结果，但这个理论在信用风险方面的应用还相对较少。

还有一些其他方法可以处理尾部的不稳定问题。尤其是利用连续型置信区间可在经济资本金和 VaR 之间建立一个函数。利用函数可以从平均意义上反映了银行厌恶风险的程度（效用函数）。这种方法也从平均意义上对风险和资本金提供了更为稳定的度量。

5. 预期下跌

预期下跌（ES）是另一个风险度量指标，它关注的是损失分布的尾部。预期下跌表示在损失高于 VaR(α) 条件下的平均损失，类似于保险贴水：

$$ES(\alpha) = E[L_p | L_p > VaR(\alpha)] \qquad (5.31)$$

预期下跌是一个内部风险度量指标，并且渐渐变成一个对 VaR 补充的指标。当风险发生时，VaR 和 ES 的结合不但为风险管理者提供了在给定置信水平下的风险数量度量的指标，也提供了风险损失的大小（均值）。

5.6.2 组合中各资产的经济资本金配置

在前面一节，介绍了风险管理者如何计算组合的总体风险，尤其是计算非预期损失和风险价值。在这一节，解释如何将这两个指标"分配"到各资产中，这在计算各个资产合适的资本金十分有用。

1. 增量和边际 VaR

通常使用增量或者边际 VaR 来确定哪一个资产对组合风险的贡献最大。关于这个问题的主要参考文献可见古尔鲁尼克斯（Gourieroux）、劳伦特（Laurent）和萨里尼特（Sanillet）（2000）。

一个资产 i 的增量 VaR（IVaR）定义为整个组合的风险价值（VaR）减去组合中不包含资产 i 的 VaR 值（VaR_{P-i}）：

$$IVaR_i(\alpha) = VaR_P(\alpha) - VaR_{P-i}(\alpha) \tag{5.32}$$

这个度量方法的主要缺陷是增量风险价值的总和并不等于组合的总风险价值。因此，这个指标并不适合于分配经济资本金，即：

$$EC_P(\alpha) \neq \sum_{i=1}^{N} IVaR_i(\alpha) - \sum_{i=1}^{N} EL_i \tag{5.33}$$

除非在特殊情况下 IVaRs 满足式（5.33）。

另一个在资产之间分配经济资本金的方法是考虑边际 VaRs（MVaRs，或者叫 δVaRs）。MVaRs 类似于 IVaRs，但它是通过偏导数来定义的：

$$MVaR_i(\alpha) = \frac{\partial VaR_P(\alpha)}{\partial A_i} A_i \tag{5.34}$$

其中，A_i 是组合中资产 i 的数量。MVaRs 满足可加性（边际风险价值的总和等于组合的风险价值），即满足式（5.35）：

$$VaR_P(\alpha) = \sum_{i=1}^{N} MVaR_i(\alpha) \tag{5.35}$$

因此，用这个方法可以分配各资产的经济资本金：

$$EC_{P,i}(\alpha) = MVaR_i(\alpha) - EL_i \tag{5.36}$$

注意写成 $EC_{P,i}(\alpha)$ 而不是 $EC_i(\alpha)$，这主要是强调资产 i 的经济资本金的配置也根据组合而不仅仅是组合中资产 i。

2. 非预期损失的单个贡献

前面对非预期损失仅简单定义为组合损失的标准差。组合损失的方差（标准差的平方）是单个资产损失协方差的总和。因此，组合的非预期损失为：

$$UL_P = \sqrt{\sum_{i=1}^{N}\sum_{j=1}^{N} UL_i \times UL_j \times \rho_{ij}} \tag{5.37}$$

其中，ρ_{ij} 表示资产 i 和 j 的相关性。

资产 i 对组合非预期损失中的单个风险贡献 RC 可定义为：

$$RC_i = \frac{\partial UL_P}{\partial UL_i} UL_i \tag{5.38}$$

因此，风险贡献等于组合中非预期损失变化的敏感程度乘以 RC_i 的大小。对式（5.37）求导代入式（5.38），可以计算出风险贡献：

$$RC_i = \frac{2UL_i + 2\sum_{j \neq i} UL_j \times \rho_{ij}}{2UL_P} UL_i$$

$$= \frac{\sum_{j=1}^{N} UL_i \times UL_j \times \rho_{ij}}{UL_P} \tag{5.39}$$

风险贡献的计算如上式（5.39）所示，等于资产 i 与其他资产的协方差之和除以组合损失的波动性（标准差）。他们满足：

$$\sum_{i=1}^{N} RC_i = UL_P \tag{5.40}$$

这是一个较好的度量风险的性质，表示组合的总体风险是单个风险的总和。根据它可以给出一个在组合水平上分配经济资本金的公式。

假设风险管理者计算银行经济资本金和非预期损失为：

$$EC_P(\alpha) = m_\alpha \times UL_P \tag{5.41}$$

其中，m_α 是乘数，在实践中取值范围为 5~15。利用式（5.41）计算出的乘数可用于计算各资产的经济资本金。

组合中对一个贷款 i 分配经济资本金 $EC_{P,i}$ 可用公式（5.42）计算：

$$EC_{P,i}(\alpha) = m_\alpha \times RC_i \tag{5.42}$$

这个原则在实践中容易实施而且已得到广泛地应用。应该记住在利用方差和协方差度量风险时，如果损失服从正态分布用这种方法比较合理，但不一定适合于计算其他的信用损失。

为了说明这个观点，使用公式（5.39）计算单个风险贡献 RC_i 和式（5.36）计算单个经济资本金。再利用公式（5.42）计算乘数 m_α。如果非预期损失分布能很好地度量边际风险，能发现一个对整个资产中都相近的乘数。在实践中，发现不同资产的乘数 m_α 有很大的差异，这表明协方差只是部分地描述了组合中资产之间的关联风险。

5.6.3 经风险调整后的绩效度量方法

现在已经知道如何计算单个资产的风险对总组合风险的贡献，下一步就是如何对这些单个资产的收益和风险之间建立一个平衡。

1. 传统的风险—收益度量方法

在相关研究文献中传统的风险收益度量方法可写成：

$$收益/风险 \tag{5.43}$$

例如，夏普比率可以计算为资产的收益超过预期的值（超过无风险的利率 r_f）除以资产 i 收益的波动性 σ：

$$SR_i = \frac{E[R_i] - r_f}{\sigma_i} \tag{5.44}$$

泰勒比率用资本资产定价模型中的不可分散的风险指标 β 代替总风险（波动性）（如 Alexander、Baily 和 Sharpe，1999）：

$$TR_i = \frac{E[R_i] - r_f}{\beta_i} \tag{5.45}$$

这两个度量方法和其他一些组合选择方法都把资产作为主要的工具，并未考虑到银行组合的分散化/集中化的效应。

2. RAPMs

与公式（5.44）和公式（5.45）不同，经风险调整后的绩效度量方法使银行管理者可以利用经济资本金（在公式（5.45）中反映出经济资本金）配置资产以使期望收益和成本达到平衡。已经看到经济资本金可以结合资产之间的相依性，因此，对银行已经存在的组合中选择资产也就很明确。

根据风险、收益 R_i 和成本 c_i 的定义，学者已经提出很多的 RAPMs 模型：如 RAROC、RORAC、RARORAC 等，根据这些缩写字母很容易让人迷惑。通常 RAROC 可定义为：

$$RAROC = \frac{R_i - c_i - EL_i}{资产 i 的风险贡献} \tag{5.46}$$

分母可以是公式（5.39）中的风险贡献或者是公式（5.34）中的边际风险价值，或者是边际经济资本金如公式（5.36）或公式（5.42）所示。

如上所述，与传统的风险收益平衡公式相比，RAROC 的主要贡献是根据已存在的资产和相依性使用风险度量指标来选择资产已经很明确。

公式（5.46）很直观和明确，但在实践中对一些资产不容易实施，尤其是对成本的配置不明确。成本包括资产的固定运营费用、利率费用和融资费用等。这些成本应该在资产间均摊吗？

用银行传统的组织机构来看，实践中还存在许多问题有待于解决。

（1）银行常计算他们自己资产而不是交易对象的 RAPM。但 RAPM 度量了包括交易对象在内的所有资产的总风险暴露吗？对一个银行家来说，应该对客户所有的资料都应有充分了解。从实际来看，这很难做到。这就解释了为什么许多银行只把 RAROC 作为一个基本的工具。

（2）根据过去的发展形势对已经存在的客户配置经济资本金是一件很困难的事。开始（事先）在没有利用组合模型进行预测时，很难确定一个新的资产对银行整个的组合产生什么样的影响。然而，没有银行能够运行每天包括有好几次多于 50000 个信用事件发生的仿真模型。除了假设出一些新的资产对经济资本金的边际贡献外，唯一的方法就是使用快速解析的方法，例如，利用鞍点法求出近似解。

3. 风险厌恶

一旦选择了 RAROC 方法或其他方法并予以实施，则该方法可以使银行可以对它资产的绩效（根据风险收益的比率）按从高到低的顺序排序。

然而，仅利用这个来决定投资是否具有价值还是不够的。对每个商业单元来说，银行需要决定经风险调整后的绩效的最小接受水平，即风险厌恶程度。

所考虑投资的高于经风险调整后的收益水平的最低比率叫作基准收益率。可以用式（5.47）表示：

$$RAPM^* = RAPM - 基准收益率 \tag{5.47}$$

$RAPM^*$ 不随项目的排序发生变化。这个公式使对应的银行风险厌恶程度的风险贴水更加明确。风险贴水对各银行都不相同，它对应于一个商业单位所能接受的最小收益，确定一个合适的基准收益率十分重要。

对更复杂资产的 RAROC。关于对这一点的基本假设是违约风险暴露，这事先已经知道。公式（5.25）中不很明确的假设在以下的公式中都间接地使用到。对一个标准的贷款，确定违约风险暴露比较容易，但确定衍生品如互换或者期权的违约风险暴露不是很容易。假设从银行有一个买入期权，在期权到期前银行发生违约。在到期日买入期权则无价值的违约风险暴露等于 0，违约不产生影响。然而，如果买入期权在到期前发生违约，违约风险暴露则产生影响。对互换契约也是一样的，将根据交易对手是收到还是支付合约而产生正的或者是负的违约风险暴露（例如，如果利率发生变化他们是否会受益）。

处理这个复杂事件的"正确"办法是采用一个根据股票价格或者利率来决定违约风险暴露分布的完整模型。以上所描述的风险可用蒙特卡罗仿真方法来度量，但这个过程比较费时间，而且不容易决定违约事件的关联分布和期权资产的价格。

为了把这个过程简单化，银行采用了一个相当原始的方法——"贷款均等"法。复杂资产的贷款均等法为合约生命期内正的暴露的平均值。一旦计算出这个平均值，并假设衍生品的损失与贷款损失的违约风险暴露相似，把它代入公式（5.25）即可计算出结果。

对度量绩效来说，RAROC 是一个很有用的工具，而且被银行界广泛应用。布兰南（Brannan）、门格尔（Mengle）、斯密森（Smithson）和兹梅斯基（Zmiewski）（2002）的研究结果表明，有 78% 的银行使用 RAROC 来度量信用组合的绩效。各金融机构对 RAROC 的定义有所不同，但都有一个共同点，就是通过风险—收益平衡来考虑组合的分散化。所选择的 RAROC 度量方法表明了组合整体的好坏，即反映了净收益（分子）和风险（分母）之间的关系。已经看到由于信用组合服从有偏和肥尾分布而导致一些常用的风险度量方法（尤其是基于非预期损失的方法）产生更大的误差。

最后需要注意的是，通常事先计算出 RAROC 以在将来选择出最好的资产。其他资产（新的投资）效应对组合和银行经济资本金配置产生边际影响。如果新的投资较小，则这个假设很好，但对大的头寸事先计算出的 RAROC 与事后的 RAROC 有实质性的不同。在下一节将要介绍这个问题，这时 RAROC 在经济资本金动态配置中的作用就十分有限。

5.7 计算组合损失的压力测试法

在这一节，简要地强调一下经济周期对组合损失分布的影响。在介绍这个以前，先说明对模型的各种输入变量，尤其是违约概率和相关性实施压力测试的重要性。

对 100 个非投资级债券进行仿真试验，这些债券都具有单位风险暴露，相同的违约概率，两两之间的相关性也相同。考虑以下三种情况：

（1）增长情况。所有债券的违约概率等于增长年份非投资级债券的平均违约概率（4.32%），相关性等于扩张时期的平均值。

（2）衰退情况。所有债券的违约概率等于衰退年份非投资级债券的平均违约概率（8.88%），相关性等于衰退时期的平均值。

（3）混合情况。违约概率等于衰退时期的平均值，相关性等于扩张时期的平均值。

对所有情况，回收率都从 beta 分布中随机抽取的，beta 分布的均值等于 0.507，方差等于 0.358。

组合的总损失等于单个头寸损失的总和。从增长、混合和衰退的损失分布曲线可以看出，损失分布的均值发生了变化，这是由于衰退时期违约概率的增加导致的。比较混合情况下损失分布的尾部与衰退情况下损失分布的尾部（两者都具有相同的违约概率），可以看出衰退情况下损失分布具有更肥的尾部，这主要是由相关性的不同产生的。

这表明，银行不但需要对违约概率的假设进行细致的压力测试，对相关性的假设也应是如此。在很高置信水平很高的情况下给出 VaR 时，则压力测试的图形也传递出一些有关相关性的信息。知道对违约相关性的估计具有很多不确定的因素，并且不同的数据源（如权益与实际的违约）将导致不同的结果。因此，建议用三角化的方法处理相关性的问题，并且在信用组合模型中使用相关性作为输入变量尽量要保守一些。

5.8 总结

最近，组合模型引起人们很大关注，并且这些模型采用了一些规范化的方法，如基于评级的方法和保险精算法。在半解析的方法，如快速傅立叶变换、鞍点法和其他方法中，计算速度是最主要的优势。

随着更为广泛的金融产品的应用，如 ABSs、CDOs、信用违约互换等，对组合管理工具的使用带来了更大的挑战。在经济条件发生变化的情况下对模型的精度也产生了较大的影响。

  信用风险管理未来研究的主要方向是定价再结合和风险的精确度量。银行使用的组合工具实际上提供了一个盯住模型（Marked – to – model）的信息，下一步可能会向盯住市场（Marked – to – market）的方向发展。

第6章 信用风险定价模型

根据信用风险准确地定价资产，即信用风险定价一直是信用风险管理的重点，也是防范和控制信用风险的重要手段之一。由于受各种限制和不确定因素的干扰，给具有信用风险的资产定价十分困难：第一，违约定义受法律与经济状况的限制，无法确定产生违约的准确条件，因此，模型通常关注重点内容，忽略次要内容，以便简化过程；第二，准确估计违约损失十分困难，经验上违约损失还取决于资产的资质、类别、抵押品和担保品的价值等因素。因此，必须明确地对建立违约损失模型做出一些假设。

目前，信用风险定价模型主要有两类：结构模型（structure model）和简化模型（reduced-form model），这两类模型的建模原理、对数据的要求和运用的经济学方法都有所不同。结构模型假设客户持有贷款至到期日，不考虑贷款市场价值的变化，只关心贷款是否按时偿还。简化型模型又称强度模型（intensity models），不但可以用于贷款到期日的信用风险定价，还可以用于持有期小于到期日的情况，如债券组合和要求在流动市场上市交易的评级债券。这类模型当前主要集中用于对风险负债及其相关的信用衍生品的估值。比较而言，简化模型比结构模型考虑的因素更全面，它不仅考虑在到期日债务人是否能偿还本金，还考虑资产在持有期内价值的潜在损失。

两类信用风险定价模型发展进化如图 6-1 所示。左边结构模型通常表示解释公司违约的经济模型，违约发生的条件是公司资产价值低于公司的负债，使得公司不能支付负债。由于这种定价模型在建立违约过程时把公司资本结构的相关数据作为变量，所以称为"结构模型"。右边是简化模型，它不考虑产生违约的原因，而经过给定周期发生违约的风险中性概率根据信用差价来定价信用资产，所以称这类模型为"简化模型"。

第 6 章 信用风险定价模型 | 119

```
            信用风险定价模型
       ↙                    ↘
   结构模型                简化模型
      ↓                      ↓
  第一代模型              第二代模型
  Merton（1974）         Jarrow & Turnbull（1995）
  Black & Cox（1976）    Jarrow、Lando & Turnbull（1997）
      ↓                  Duffie & Singleton（1998）
  改进 →
  Longstaff & Schwartz（1995）
```

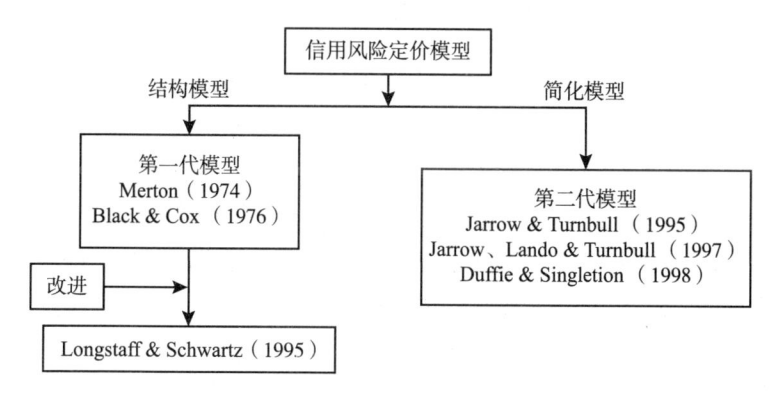

图 6-1　信用风险定价模型演化示意图

6.1 结构模型

结构模型主要分析单个公司，通常假设当公司的资产价值低于负债的面值时，公司便发生违约。这个假设很简单明了，当债务到期时如果公司资不抵债，则公司发生违约。很明显，结构模型的核心是 BSM（Black – Schelos – Merton，BSM）模型。但 BSM 模型除了其他模型都有的完全资本市场的假设外，还存在一些实际问题，第一，模型需要资产的市场价值及其波动性。尽管在技术上可以从现有的产权价格推导出这些结果，但实际上资产的市场价值及其变动性都是难以观测。第二，在 BSM 模型中，假设无风险利率是确定的，但实际上一个比较完善的模型通常假设无风险利率是随机的，而且和信用差价相关。

Longstaff 和 Schwartz（1995）试图解决这两类问题，为获得更多的信用差价期限结构，他们去掉了无风险利率是确定的这一假设，改用无风险利率与信用差价相关的假设建立由两个因子组成的模型，提出了由外生设置违约阈值细化的资本结构，并提出违约损失为常数的假设。下面具体分析结构模型。

6.1.1 莫顿模型

为信用风险债券或类似金融工具定价的一个重要模型是莫顿（Merton）模型，这也是较早为信用风险定价的模型，由莫顿在 1974 年提出。模型假设公司偿还债务的能力取决于公司资产的全部价值 V。考虑一个公司的情况，它唯一的负债 K 承诺在未来某个时期支付，可以将这个要求权理解为一零息债券。根据 Black 和 Scholes（1973）的说法，通过发行债务，股票持有人将公司资产出售给债券持有人，同时保留赎回资产的看涨期权。这个说法等价于：股票所有人拥有公司资产，并从债券持有人那里购买了一份看跌期权。如果公司资产价值低于公司欠债务持有人的债务量，则股票所有人可以用来自看跌期权的偿付金额来结清应付债务。于是，公司债券可以看作是无违约风险债券减去执行价格为 K 的看跌期权，执行价格是根据公司资产确定的。这种情况下，执行价格为 K 的债券的支付额 ϕ 是：

$$\phi = K - \max(K - V, 0) = \min(V, K) \quad (6.1)$$

风险中性的条件下公司价值的动态变化可以假设为一个标准几何布朗运动，则：

$$\frac{dV}{V} = rdt + \sigma_V dW(t) \quad (6.2)$$

其中，r 是瞬间无风险利率，σ_V 是公司价值的标准差。这里 V 不是交易资产，但是资产的衍生产品——公司的股票。Merton（1974）研究表明，在这种情况下，V 的衍生产品价值与投资者风险偏好无关。因此，在不失一般性的情况下，可以假设风险中性。

给定这些动态变化过程，通过从无风险债券价值的 Black–Scholes 期权公式，可以推导出可违约的债券价格。风险债券的 t 时价格可以表述为：

$$P^d(t, T) = P(t, T) - P(t) \quad (6.3)$$

由 Black–Scholes 的看跌期权公式 $Y_t = -S_t N(-d) + Ke^{T-t} N(-d + \sigma\sqrt{T-t})$

可知：

$$P^d(t, T) = P(t, T) - P(T, T)e^{-r(T-t)}N(-d + \sigma_V\sqrt{T-t}) + VN(-d) \quad (6.4)$$

其中：

$$d = \frac{\ln\frac{V}{P(T, T)} + r + \frac{1}{2}\sigma_V(T-t)}{\sigma_V\sqrt{T-t}} \quad (6.5)$$

由于：

$$P(t, T) = P(T, T)e^{-r(T-t)} \quad (6.6)$$

和

$$1 - N(d) = N(-d) \quad (6.7)$$

因此，可以将式（6.4）写成：
$$P^d(t, T) = P(t, T)N(d - \sigma_V\sqrt{T-t}) + VN(-d) \qquad (6.8)$$
（6.5）式写成：
$$d = \frac{\ln\frac{V}{P(t, T)} + \frac{1}{2}\sigma_V^2(T-t)}{\sigma_V\sqrt{T-t}} \qquad (6.9)$$
设 $\Gamma = P(t, T)^{-1}V$，有：
$$P^d(t, T) = P(t, T)(N(d - \sigma_V\sqrt{T-t}) + \Gamma N(-d)) \qquad (6.10)$$
和
$$d = \frac{\ln\Gamma + \frac{1}{2}\sigma_V^2(T-t)}{\sigma_V\sqrt{T-t}} \qquad (6.11)$$

Γ 是一个假想的资产负债率，而不是真实的资产负债率，因为债务的价值是以无风险债务为假设计算出来的。尽管这样，从公式中显然可以知道，利用资产负债率就可以推导信用风险的大小，有些文献使用违约距离（Distance to Default，DD）来表示。违约距离大表明资产负债率高，一个濒临破产的公司的违约距离很短。

利用式（6.10）还可以计算信用利差。
$$\frac{P^d(t, T)}{P(t, T)} = N(d - \sigma_V\sqrt{T-t}) + \Gamma N(-d) \qquad (6.12)$$
而 $P(t, T) = e^{-r(T-t)}$ 和 $P^d(t, T) = e^{-r^d(T-t)}$，所以：
$$r^d - r = -\frac{\ln(N(d - \sigma_V\sqrt{T-t}) + \Gamma N(-d))}{T-t} \qquad (6.13)$$
即为风险债券的信用利差。

上面各公式中的 N(d) 是标准正态分布。

上面公式通常在满足很多假设条件下才能成立，如市场是无摩擦的，无交易成本和税金；资产是完全可分的并可连续交易；有很多的具有相当财富的投资者，以致他们能以给定的市场价格买进或卖出他们想要的证券等，这些假设都成为后来建立各种信用风险模型的基础。

运用 Merton 模型理论建立模型并运用到银行信用风险管的实践之中的典型模型有 Credit Metrics 模型和 KMV 模型等，下面简要介绍这两种模型。

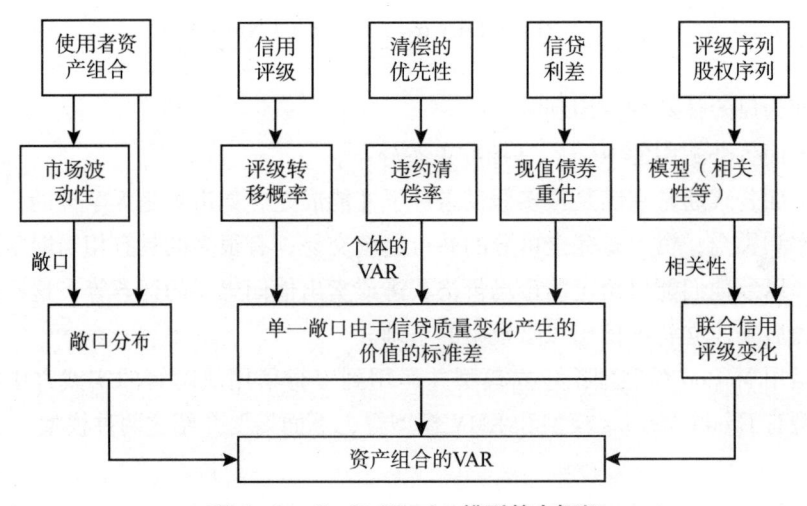

6.1.2 Credit Metrics 模型

Credit Metrics 模型是当前影响最大的信用风险定价模型之一，该模型的基础是在给定的时间段内估计贷款及债券产品资产组合将来价值变化的分布状况。价值变化与债务人信用质量的转移（信用评级是上升，是下降，还是违约）相关。与测算市场风险的 VAR 值相比，信用风险的 VAR 值计量更加困难。原因有两个：其一，一般情况下资产组合并不服从正态分布；其二，资产组合分散化效应比市场风险更难度量。由于市场风险造成资产组合变化服从正态分布，但信贷收益本质上具有偏峰和厚尾特征，也即信用质量的改善只对收益产生有限的正面影响，但信用恶化或违约却对收益有更大的负面影响。价值分布的百分位水平很难只通过均值和方差这些常用的统计量来估计。因此，计算信用风险的 VAR 要求模拟出资产组合价值变化整体的分布状况。而资产组合分散化的效应需要度量不同债务人信用质量变化的相关性，但这种相关性无法直接观测出来，所以要在假设债务人的资本结构、股权收益产生过程等前提下，估计资产收益的联合概率分布。

1. Credit Metrics 模型框架

Credit Metrics 模型框架主要由两大模块组成，一是单个 VaR 值，二是资产组合层面上考虑分散化效应的 VaR 值，如图 6-2 所示。

图 6-2 Credit Metrics 模型基本框架

Credit Metrics 是 Risk Metrics 的信用风险组合管理工具。它是一个单期的基于评级的模型，通过仿真多变量正态分布的风险因子，使用者可以计算出信用风险价值，模型计算组合损失的基本原理如下，对模型更为详细的论述可参考技术文本（JP Morgan，1997）。在这些文献中也讨论了一些重要的非标准工具（如衍生品）暴露的度量。

第一步：收集输入变量。

信用风险组合模型中的绝大多数输入变量，如 PDs、LGDs 和相关性等。Credit Metrics 模型计算信用风险时需要一些输入变量：

（1）PDs 和转移概率；

（2）每个行业和优先级回收率的均值和标准差；

（3）因子的相关性以及每个债务人和这些因子之间的联系（因子加载项）；

（4）无风险收益率曲线；

（5）每个评级的风险率收益曲线；

（6）单个的信用暴露曲线。

PDs 和转移概率 Credit Metrics 是一个基于评级的模型。每个暴露都对应于一个评级（如 BBB 级）。特定历史的转移概率是与每个评级类别相关的，可以从转移矩阵中得到。

每个债务人都对应于一个资产收益分布。这个资产收益分布被分成一条，使每部分对应于相应评级（本例中是 BBB 级）转移到另一个评级的概率。显然图形中最大的区域就是 BBB 级，因为债务人保持这个评级不变的可能性最大。各种评级的阈值可以通过累积正态分布函数的反函数得到。

例如，违约阈值可以利用公式 $T_D = N^{-1}(p)$ 计算出，其中，p 是在给定时期的 BBB 级债券的违约概率，$N^{-1}(.)$ 是累积标准正态分布函数的反函数。则 BBB 级债券的转移到 CCC 级的违约阈值为：

$$T_{CCC} = N^{-1}(p + p_{CCC})$$

其中，p_{CCC} 是债券转移到 CCC 级的概率。

违约损失率（LGD）数据。Credit Metrics 从 beta 分布中随机地抽取回收率，并把这些随机值指定给违约资产。在模型中各个违约债务人的回收率假定与其他债务人、违约概率和其他风险因子都不相关。对一给定行业、国家和优先级，beta 分布是固定的。

因子和资产的相关性。仿真相关资产收益的方法有多种。最为直观的方法是通过假设关联分布函数和计算所有资产的相关性矩阵直接仿真出资产收益。

当资产数目 N 较小的时候这个方法可以实现，但当 N 很大时采用这个方法仿真将很困难，因为其相关性矩阵中项数达到 N×N，十分巨大。

如 Credit Metrics 所采用的传统方法，通过假设一个有限的数 n≤N（资产收益相关的因子 F_i 个数）以达到减少问题的维数。设 A_j 表示一给定时期公司 j 的资产收益，则：

$$A_j = \alpha_{1,j}F_1 + \alpha_{2,j}F_2 + \cdots + \alpha_{n,j}F_n + \varepsilon_j \qquad (6.14)$$

式（6.14）中系统因子 F_i、特定因子 ε_j 和资产收益 A_j 都服从正态分布。

Credit Metrics 模型要求因子 F_i 的相关性矩阵和特定因子的方差作为输入变量，同时，模型中还需要的输入变量包括反映一个给定债务人 j 对其他各种因子敏感程度的因子敏感指标 α_{ij} 等。

收益率曲线。Credit Metrics 考虑损失由违约和评级转移两方面因素引起。在模型中转移损失比违约损失的计算更难。它要求计算出在发生所有可能评级转移的情况下组合中资产的最终价值。

各种债务资产预期的最终价值可以通过远期利率曲线计算。因此，模型还需要收集并计算所有评级类别的远期利率曲线。

从收益率曲线中可以得到模型中每个风险等级的远期利率，如 1 年。设 $Y_i(0, T)$ 表示评级为 i，到期日为 T 的零息债券在 0 时刻的收益率。1 年期的远期利率 $f_i(0, 1, T)$ 可以利用下面的关系得到：

$$[1 + Y_i(0, T)]^T = [1 + Y_i(0, 1)][1 + f_i(0, 1, T)]^{T-1} \qquad (6.15)$$

公式（6.15）表示投资的收益率等于给定的利率在 0 时刻的 T−1 年投资与再投资 1 年收益率的乘积。其中，$f_i(0, 1, T)$ 表示评级 i 的 1 年远期利率。

风险暴露。到目前为止，所讨论的大多数输入变量都属于投资组合的共同特征，并非特定地属于某个投资组合。很明显模型中最重要的输入变量即为反映组合资产特征的变量。这些变量包括每个风险暴露的大小，对应的评级，对各因子的敏感性（上面所讨论的）等。

对一些平常的贷款，风险暴露的定义比较简单，但对期权或互换等资产，其风险暴露并不等于一常数，并且相互之间还有一定的相关性，例如，利率的变化。Credit Metrics 要求由模型使用者自己计算资产的平均风险暴露。"贷款均等"方法近似代替资产的平均风险暴露所得到的结果并非十分满意。

第二步：产生相关转移事件。

一旦使用者收集模型所有必须的输入变量后（第一步），Credit Metrics 就可以计算组合损失。作为一个基于评级的模型，仿真的基本目的是利用适当的相关性结构产生评级的转移事件。

表6-1给出了在假设两个非违约状态（投资级或者IG和非投资级NIG）和可吸收的违约状态D时，资产相关性对关联债务人转移的影响。

表6-1　　　　　　　　各个资产相关性ρ的关联转移概率

ρ=0%　　　　　　　　　　　　　　　　　　　　　　　　　单位：%

	IG/IG	IG/NIG	IG/D	NIG/NIG	NIG/D	D/D
IG/IG	95.9	3.9	0.2	0.0	0.0	0.0
IG/NIG	3.6	89.2	5.2	1.8	0.2	0.0
IG/D	0.0	0.0	97.9	0.0	2.0	0.1
NIG/NIG	0.1	6.7	0.4	82.8	9.7	0.3
NIG/D	0.0	0.0	3.7	0.0	91.0	5.3
D/D	0.0	0.0	0.0	0.0	0.0	100

ρ=20%　　　　　　　　　　　　　　　　　　　　　　　　单位：%

	IG/IG	IG/NIG	IG/D	NIG/NIG	NIG/D	D/D
IG/IG	96.0	3.7	0.2	0.1	0.0	0.0
IG/NIG	3.7	89.2	5.1	1.7	0.3	0.0
IG/D	0.0	0.0	97.9	0.0	2.0	0.1
NIG/NIG	0.3	6.7	0.1	83.0	9.3	0.6
NIG/D	0.0	0.0	3.7	0.0	91.0	5.3
D/D	0.0	0.0	0.0	0.0	0.0	100

ρ=50%　　　　　　　　　　　　　　　　　　　　　　　　单位：%

	IG/IG	IG/NIG	IG/D	NIG/NIG	NIG/D	D/D
IG/IG	96.2	3.3	0.1	0.3	0.1	0.0
IG/NIG	3.7	89.6	4.7	1.4	0.7	0.1
IG/D	0.0	0.0	97.9	0.0	2.0	0.1
NIG/NIG	0.8	5.8	0.0	84.1	8.0	1.3
NIG/D	0.0	0.0	3.7	0.0	91.0	5.3
D/D	0.0	0.0	0.0	0.0	0.0	100

以上结果是利用单因子模型计算得出的。使用公式（6.14），采用多变量因子模型的步骤也可得到相似的结果。表中给出的是各种相关性水平下的

双变量转移矩阵，其中假设资产收益服从关联正态分布，并使用从 Credit Pro 得到的加总转移概率。为了不至于使表格太大，从组合的角度来看，假设 IG/NIG 与 NIG/IG 相同，这样表格中双变量矩阵由以前 9×9 项变成了 6×6 项。

例如，考虑两个非投资级债务人（对应于表 NIG/NIG 行）的例子，从表 6-1 可以看到随着相关性的增加，关联违约概率（或评级关联上升的概率）也显著地增加。

多变量转移概率很难通过合理的组合数计算得到。在一个具有 8 个评级类别的标准评级体系中，当债务人的数量为 N 时，转移矩阵则达到 $8^N \times 8^N$ 项之多，这使计算十分复杂且难以处理。

Credit Metrics 通过仿真得到因子 F_i 和特定因子 ε_j，如公式（6.14）所示。假定所有公司都具有相同的因子，则他们的资产收益是相关的，而且他们的转移事件也表现出同方向的变化。

当两债务人的资产收益 A_1 和 A_2 的实际值较小时，两债务人信用评级将发生关联降级。与资产收益是相互独立的情况下相比，资产收益相关性很高时更容易发生这种情况。

第三步：度量盯住模型（Marked-to-Model）的损失。

在第二步中，Credit Metrics 仿真了组合中所有债务人的最终评级。第三步计算由这些转移（包括违约）所引起的赢利或者损失。对所有违约资产来说，回收率的随机值从 beta 分布中抽取，分布的均值和方差由债务人的行业和优先级决定。对"存活"的债务人，其资产的最终价值可通过远期曲线计算得到。

度量盯住模型（Marked-to-Model）的损失：一个无担保债券的例子。考虑一个 5 年期的无担保债券，当前评级是 BBB 级，年息为 7%。假设年息已经支付，所以第一次现金流正好在第一年末支付。使用公式（6.15）得到从 AAA 级到 CCC 级的一年远期利率。表 6-2 给出一些评级对应的利率。

利用表 6-2 中远期利率曲线，在一定的信用水平下可以计算出债券的终值（假设时期为 1 年和债券在这一年内保持对应评级不变），在这一年结束后，债券 4 年后就到期。

如果债券没有违约，则债券可能的评级是 AAA，AA，⋯，CCC。

表 6-2　　　　　　　　　1 年的远期利率

到期时间	AAA	…	A	…	B	…	CCC
1 年	…		0.0476		0.0893		…
2 年	…		0.0510		0.0919		…
3 年	…		0.0564		0.1020		…
4 年	…		0.0618		0.1115		…

例如，如果债务人评级上升到 A 级，它的终值为：

$$V_A(t+1) = 7 + 7/(1.0476)^2 + 7/(1.0510)^2 + 7/(1.0564)^2 + 107/(1.0618)^4 = 110.15$$

当评级下降到 B 级时，它的终值为：

$$V_B(t+1) = 7 + 7/(1.0893)^2 + 7/(1.0919)^2 + 7/(1.1020)^2 + 107/(1.115)^4 = 94.63$$

需要计算出所有 7 个可能评级的最终价值。因此，对组合中每个资产，Credit Metrics 需要计算出所有可能的最终价值。

第四步：计算组合损失分布。

对每个实际的风险因子 F_i，在第二步已经计算了每个债券的最终评级。使用第三步的计算方法，知道在已知债券的最终评级时可以计算资产的最终价格。

第四步包含了对各种资产远期价值的概括和把组合的折现值（组合的最终价值）与当前价值的比较。在特定风险因子价值的条件下，每次运行仿真程序都能得到信用组合的赢利或者损失。

对上述程序重复多次，例如 100 万次，就可以获得整个组合损失的分布。这个分布可以用于计算风险价值、预期损失或者其他的风险统计量等。

2. 度量一种债券的 VAR

Credit Metrics 把度量一种债券的 VaR 值分为四个步骤：

首先，确立评级体系及一个信用级别转移到另一个信用级别的概率。信用转移矩阵是模型的关键。评级体系确立后也就意味着在同一信用级别内债务人的贷款是同质的（homogeneous），具有相同的转移概率和相同的违约概率（这一点上，KMV 的模型不同，它强调每个债务人都有自己的特征，都有自己的资产收益分布、资本结构及违约概率）。

其次，时间段定为一年。

再次，确立将来违约时，每个信用级别面值的清偿率。

最后，得出将来信用转移后资产组合价值变化分布。

下面以 5 年后到期的、高级未担保的 BBB 级债券（年息 6%）为例，计算 VAR。

第一步，确立转移矩阵，转移矩阵意味着一年内从一个信用级别转变为另一个信用级别的概率，穆迪和标准普尔等评级公司均有这样的数据积累。表 6-3 给出了标准普尔公司的一年期信用评级的转移矩阵。

表 6-3　　　　　　　　　不同信用评级的一年期转移矩阵

初始评级	年末评级							
	AAA	AA	A	BBB	BB	B	CCC	D
AAA	90.81	8.33	0.68	0.06	0.12	0	0	0
AA	0.70	90.65	7.79	0.64	0.06	0.14	0.02	0
A	0.09	2.27	91.05	5.52	0.74	0.26	0.01	0.06
BBB	0.02	0.33	5.95	86.93	5.30	1.17	1.12	0.18
BB	0.03	0.14	0.67	7.73	80.53	8.84	1.00	1.06
B	0	0.11	0.24	0.43	6.48	83.46	4.07	5.20
C	0.22	0	0.22	1.30	2.38	11.24	64.86	19.79

资料来源：Standard & Pool's Credit Week（1996 年 4 月 15 日）。

与一年期转移矩阵相对应，还有多年期累计平均违约率统计数据，如表 6-4 所示。

表 6-4　　　　　　　　　　累积平均违约率

期限	1	2	3	4	5…	7…	10…	15
AAA	0.00	0.00	0.07	0.15	0.24	0.66	1.40	1.40
AA	0.00	0.02	0.12	0.25	0.46	0.89	1.29	1.48
A	0.06	0.16	0.27	0.44	0.67	1.12	2.17	3.00
BBB	0.18	0.44	0.72	1.27	1.78	2.99	4.34	4.70
BB	1.06	3.48	6.12	8.68	10.97	14.46	17.73	19.91
B	5.20	11.00	15.95	19.40	21.88	25.14	29.02	30.65
CCC	19.79	26.92	31.63	35.97	40.15	42.64	45.10	45.10

资料来源：Standard & Poor's CreditWeek（1996 年 4 月 15 日）。

实际上，信用级别的转移状况和违约概率取决于经济是处于扩张期还是萧条期，不同时期变化非常大。模型依赖于转移概率，因此，在运用模型时要对平均的历史价值进行调整，以符合对当时经济环境的判断。

第二步，确立时间段（horizon）。Credit Metrics 模型中时间选取通常定为一年，这是出于会计数据和财务报告得到的频率而确定的（KMV 的模型依赖于市场数据和财会数据，几天到几年的时间段都可以）。

第三步，确立远期定价模型。债券的估值可以从与债券发行方评级对应的零曲线（zero-curve）得出。由于存在七种可能的情况（AAA、AA、A、BBB、BB、B、CCC），在所有可能的情况下要求有七条差价（spread）曲线为债券定价（所有同一级别内的债务人盯住同一曲线的市值）。即期零曲线用来确定债券即期价值。一年后债券远期价格由一年后远期的零曲线得出，远期零曲线要考虑从一年到债券到期日的剩余现金流，如表6-5所示。

表 6-5　　　　　每个信用级别一年远期零曲线　　　　　单位：%

信用评级	一年	二年	三年	四年
AAA	3.60	4.17	4.73	5.12
AA	3.65	4.22	4.78	5.17
A	3.72	4.32	4.93	5.32
BBB	4.10	4.67	5.25	5.63
BB	5.55	6.02	6.78	7.27
B	6.05	7.02	8.03	8.52
CCC	15.05	15.02	14.03	13.52

资料来源：Standard & Poor's CreditWeek（1996 年 4 月 15 日）。

如果一年后债务人仍然是 BBB 级，一年的远期债券价格为：

$$V_{BBB} = 6 + \frac{6}{1.0410} + \frac{6}{(1.0467)^2} + \frac{6}{(1.0525)^3} + \frac{6}{(1.0563)^4} = 107.55$$

如果对每一级别重复同样计算，可以得到一年后不同级别债券的价值，如表6-6所示。

表 6-6　　　　　BBB 级债券一年远期价值

年末评级	AAA	AA	A	BBB	BB	B	CCC	D
价值	109.37	109.19	108.66	107.55	102.02	98.10	83.64	51.13

资料来源：Standard & Poor's CreditWeek（1996 年 4 月 15 日）。

如果债券的发行方年末违约，根据债券的优先偿还程度，投资者可以得到部分清偿。回收率根据评级机构的历史数据估计得出,如表6-7所示。在此例中,高级未担保债券的清偿率约为51.13%。

表6-7　　　　　根据优先清偿级别的清偿率(面值的%)

优先清偿类别	均值(%)	标准差(%)
高级担保	53.80	26.86
高级未担保	51.13	25.45
高级附属	38.52	23.81
附属	32.74	20.18
次级附属	17.09	10.90

资料来源:Carty and Lieberman (1996)。

第四步,得出将来资产组合价值变化的分布。ΔV 分布的第一个分位数与 99% 置信度下的 VAR 一致,为 -23.91。如果假设 ΔV 服从正态分布,99% 置信度下的 VAR 为 -7.43。

即 ΔV 的均值 μ,均方差为 σ。

$$\mu = \sum p_i \Delta V_i = 0.02\% \times 1.82 + 0.33\% \times 1.64 + \cdots + 0.18\% \times (-56.42) = -0.46$$

$$\sigma^2 = \sum p_i (\Delta V_i - m)^2 = 0.02\% (1.82 + 0.46)^2 + 0.33\% (1.64 + 0.46)^2$$
$$+ \cdots + 0.18\% (-56.42 + 0.46)^2$$
$$= 8.95$$

$$\sigma = 2.99$$

正态分布 $M(\mu, \sigma^2)$ 的第一个分位数是 $(\mu - 2.33\sigma) = -7.43$

表6-8给出了BBB级债券的一年后价值变化及债券价值分布。

表6-8　　　　　BBB级债券一年后价值变化及债券价值分布

年末评级	变化的概率 p(%)	远期价格	价值变化
AAA	0.02	109.37	1.82
AA	0.33	109.19	1.64
A	5.95	108.66	1.11
BBB	86.93	107.55	0
BB	5.30	102.02	-5.53
B	1.17	98.10	-9.45
CCC	0.12	83.64	-23.91
D	0.18	51.13	-56.42

资料来源:Credit Metrics, JP Morgan。

3. 一笔贷款或债券资产组合的 VaR 值

以上是对单一债券 VaR 值的计算,下面将对由两个债券组成的资产组合的 VaR 值进行计算。考虑初始评级分别为 BB 级和 A 级两个债券组成的资产组合。假设两者之间相互独立,可以得出联合转移概率,如表 6-9 所示。

表 6-9　　　　BB 级和 A 级债券零相关性下的联合转移概率

债务人 1(BB 级)		债务人 2(A 级)						
		AAA	AA	A	BBB	BB	B	CCC	D
		0.09	2.27	91.05	5.52	0.74	0.26	0.01	006
AAA	0.03	0.00	0.00	0.03	0.00	0.00	0.00	0.00	0.00
AA	0.14	0.00	0.00	0.13	0.01	0.00	0.00	0.00	0.00
A	0.67	0.00	0.02	0.61	0.40	0.00	0.00	0.00	0.00
BBB	7.73	0.01	0.18	7.04	0.43	0.06	0.02	0.00	0.00
BB	80.53	0.07	1.83	73.32	4.45	0.60	0.20	0.01	0.05
B	8.84	0.01	0.20	8.05	0.49	0.07	0.02	0.00	0.00
CCC	1.00	0.00	0.02	0.91	0.06	0.01	0.00	0.00	0.00
D	1.06	0.00	0.02	0.97	0.06	0.01	0.00	0.00	0.00

例如,债务人 1 和债务人 2 仍保留同样级别的联合概率(1 还是 BB 级,2 还是 A 级)为 80.53%×91.05%=73.32%。但考虑到贷款或债券资产组合的分散化效应,实际情况并非如表 6-9 所示。在一个资产组合中,两个债券的相关性对最终 VaR 具有决定性影响,因此,如何准确估计资产之间的相关性就成为资产组合分析中的难点。一般而言,同一地区、同一行业内的企业相关性比不同地区和不同行业内的企业高,相关性也随经济周期中经济状况变化而变化。如果经济陷入衰退,多重违约的可能性就大大增加。如果经济形势一片大好,违约的相关性就有所下降。而 Credit Metrics 和 KMV 的模型都是从企业资产收益的相关性模型得出违约和转移概率,这一点将在下文详细论述。

为了简化计算,Credit Metrics 用股票价格作为企业资产价值的替代(对模型准确性会有重要影响的假设)。Credit Metrics 估计了各个债务人股票收益的相关性,模型由股票收益联合分布推导出信用质量变化之间的相关性。对企业证券的评估办法采用莫顿 1974 年提出的期权定价方法。企业资产价值 V_t 服从标准的几何布朗运动:

$$V_t = V_0 \exp\left\{\left(\mu - \frac{\sigma^2}{2}\right)t + \sigma\sqrt{t}Z_t\right\} \tag{6.16}$$

其中，$Z_t \sim N(0, 1)$，μ 和 σ^2 分别为企业资产瞬间收益率（dV_t/V_t）的均值和方差。t 时间预期值服从下面分布，

$$E(V_t) = V_0 \exp\{\mu t\} \tag{6.17}$$

进一步假设企业有非常简单的资本结构，只通过证券 S_t 和 T 时间到期的、面值为 F 的零息债务工具融资，当前市值为 B_t，那么企业的资产负债表就简单地表示为表 6-10。

表 6-10　　　　　　　　　　简化的企业资产负债表

资产	负债/股权
风险资产：V_t	债务：$B_t + F$
	股权：S_t
总计：V_t	总计：V_t

在这个框架下，如果债务到期时，资产价值小于（给债券持有者允诺的支付）F 就算违约。图 6-3 显示 T 时间里资产价值的分布，债务到期时违约概率是 F 以下部分的面积。

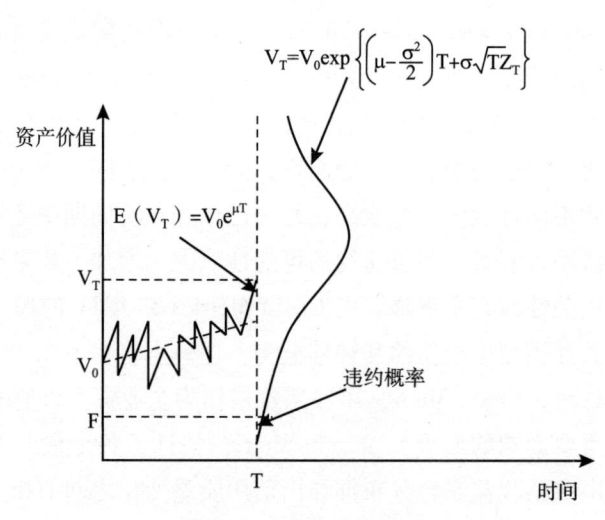

图 6-3　资产价值分布

Credit Metrics 将莫顿的模型引申,将信用质量变化反映在图 6-4 当中。该图将资产收益分布划分为若干段,反映了一年期正态资产收益率分布,均值为零,单位方差。信用评级的阈值与 BB 级债务人转移概率一致。图中 Z_{AAA} 的右边表示 BB 级上升为 AAA 级的概率 0.03%,Z_{AAA} 和 Z_{AA} 之间的面积表示从 BB 级上升到 AA 级的概率。Z_{CCC} 的左边表示违约概率是 1.06%。

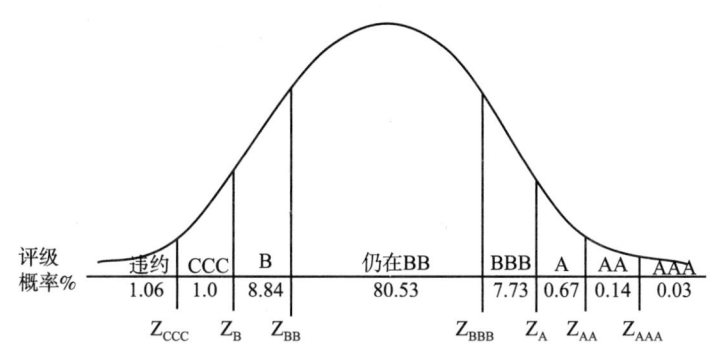

评级概率%	违约	CCC	B	仍在BB	BBB	A	AA	AAA
	1.06	1.0	8.84	80.53	7.73	0.67	0.14	0.03
	Z_{CCC}	Z_B	Z_{BB}		Z_{BBB}	Z_A	Z_{AA}	Z_{AAA}

图 6-4　BB 级公司标准正态分布曲线

由于假设资产收益服从正态分布,利用信用评级的转移概率通过标准正态累积分布函数的反函数即可计算出其违约阈值 $Z(\sigma)$。表 6-11 给出信用评级为 BBB 级的债务人一年后评级的违约阈值。

表 6-11　　　　　　　BBB 级的债务人一年后评级的违约阈值

一年后评级	AAA	AA	A	BBB	BB	B	CCC	D
概率(%)	0.02	0.33	5.95	86.93	5.30	1.17	1.12	0.18
阈值 $Z(\sigma)$	3.54	2.72	1.62	-1.42	-1.97	-2.23	-2.91	

根据莫顿模型,假设任何一段时间后正态的 log 收益仍服从均值为零,方差为 1 的标准正态分布,同一级别的债务人都相同。如果 p_{Def} 表示 BBB 级债务人违约概率,违约时资产价值 V_{Def},就有 $p_{Def} = \Pr[V_t \leq V_{Def}]$ 这可以转换成正态的阈值 Z_{CCC},图中左边尾部 Z_{CCC} 以下部分就是 p_{Def}。当 Z_t 满足以下条件时,违约就会发生。

$$p_{Def} = \Pr\left[\frac{\ln(V_{Def}/V_0) - (\mu - (\sigma^2/2))t}{\sigma\sqrt{t}} \geq Z_t\right]$$

$$= \Pr\left[Z_t \leq -\frac{\ln[V_0/V_{Def}] + [\mu - (\sigma^2/2)]t}{\sigma\sqrt{t}}\right]$$

$$= N(-d_2) \tag{6.18}$$

这里收益 r 服从正态分布 N(0, 1)。

$$r = \frac{\ln(V_t/V_0) - (\mu - (\sigma^2/2))t}{\sigma\sqrt{t}} \quad (6.19)$$

Z_{CCC} 是和 p_{Def} 累积概率一致的标准正态分布的阈值。引发违约的资产价值 V_{Def} 使 $Z_{CCC} = -d_2$,这里有

$$d_2 = \frac{\ln(V_0/V_{Def}) + (\mu - (\sigma^2/2))t}{\sigma\sqrt{t}} \quad (6.20)$$

这也被称为是"违约距离"(Distance-to-Default,DD)。为得到联合概率分布阈值是必需的,计算联合概率分布不需要观察资产价值,估计它们的均值和方差。只要能得到关键资产价值 V_{Def},就可以估计预期资产收益 μ 和资产波动性 σ。

结果,Z_{BBB} 是与或者违约,或者 CCC 级累积概率($p_{Def} + p_{CCC}$)一致的分界点。由于资产收益不可以直接观察,Credit Metrics 选择股权收益作为替代,这等于承认了公司全部靠股票融资。

假设资产收益率相关性已知,表示为 ρ,这个例子中假设为 0.20,两种资产标准化的 log 收益服从联合正态分布,

$$f(r_{BB}, r_A; \rho) = \frac{1}{2\pi\sqrt{1-\rho^2}} \exp\left\{\frac{-1}{2(1-\rho^2)}\left[r_{BB}^2 - 2\rho r_{BB} r_A + r_A^2\right]\right\} \quad (6.21)$$

这样就可以较为容易地计算出两个债务人资产收益的联合分布概率,两个债务人分别为 BB 级和 A 级资产收益的概率分布是:

$$\Pr(-1.23 < r_{BB} < 1.37, -1.51 < r_A < 1.98) = \int_{-1.23}^{1.37}\int_{-1.51}^{1.98} f(r_{BB}, r_A; \rho) dr_{BB} dr_A = 0.7356$$

图 6-5 表示了 BBB 级和 A 级债务人联合违约概率的资产收益相关性。

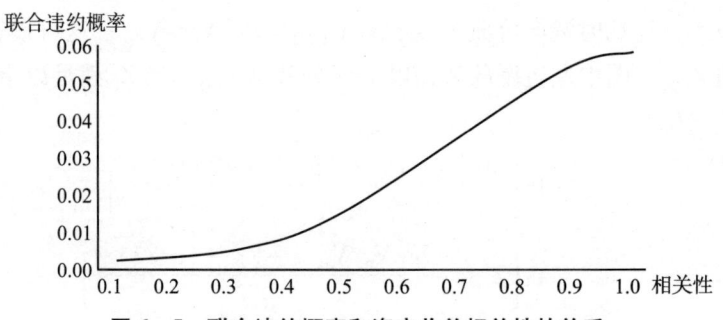

图 6-5 联合违约概率和资产收益相关性的关系

考虑两个债务人违约概率分别为 $P_1(P_{DEF_1})$ 和 $P_2(P_{DEF_2})$。资产收益相关性是 ρ，债务人 1 和债务人 2 的违约事件分别为 DEF_1 和 DEF_2。$P(DEF_1, DEF_2)$ 是违约的联合概率。违约的相关性表示为：

$$\text{corr}(DEF_1, DEF_2) = \frac{P(DEF_1, DEF_2) - P_1 \times P_2}{\sqrt{P_1(1-P_1) \times P_2(1-P_2)}} \quad (6.22)$$

两个债务人违约的联合概率是：

$$P(DEF_1, DEF_2) = \Pr[V_1 \leq V_{DEF_1}, V_2 \leq V_{DEF_2}] \quad (6.23)$$

V_1、V_2 代表两个债务人在 t 时间的资产价值，V_{DEF_1} 和 V_{DEF_2} 是引发违约的关键值。表达式（6.23）等于

$$P(DEF_1, DEF_2) = \Pr[r_1 \leq -d_2^1, r_2 \leq -d_2^2] = N_2(-d_2^1, -d_2^1, \rho) \quad (6.24)$$

r_1 和 r_2 表示债务人 1、债务人 2 标准的资产收益。d_2^1 和 d_2^2 分别是对应的违约距离。$N_2(x, y, \rho)$ 表示两变量的标准正态累积分布函数，ρ 是 x 和 y 之间的相关系数。

计算一个资产收益相关性 $\rho = 20\%$ 时的违约相关性。

$$P(DEF_1, DEF_2) = N_2(-d_2^1, -d_2^2, \rho) = N_2(-3.24, -2.30, 0.20) = 0.000054$$

$$P_1(A) = 0.06\%, \quad P_2(BB) = 1.06\%$$

则 $\text{Corr}(DEF_1, DEF_2) = 0.019 = 1.9\%$

资产相关性在 20%~60%，资产收益相关性与违约相关性的比率是 10:1。这说明联合违约概率对资产收益的相关性十分敏感。这也说明使用这些数据估计资产组合内分散化效应的必要性。

6.1.3 KMV 模型

KMV 和 Credit Metrics 虽然同属于盯市模型，但 KMV 认为 Credit Metrics 模型的主要缺点不在于方法，而在于它依赖于历史上的平均违约频率和信用转移为基础的转移概率。Credit Metrics 模型计算准确建立在两个关键假设前提之上：首先，同一级别企业都有相同的违约率，其次，实际违约率等于历史平均违约率。同样的假设也运用到其他的转移概率上。即信用评级的变化和信用质量的变化相同，信用评级和违约率具有对应关系，违约概率调整评级就会变化，反之，评级变化，违约率也发生变化。

KMV 提出，因为违约率是连续的，而评级以离散的方式调整，违约风险变化后评级机构才进行调高或调低，KMV 通过模拟说明历史平均违约率和转

移概率与实际情况偏离甚远。KMV 用蒙特卡罗模拟方法证明了同一债券级别内违约率也相差很远。

分布有偏以至于违约率的均值通常都超过了每个信用级别典型的违约率（中位数）。这样对一个典型的债务人而言，历史平均的违约概率夸大了违约率。

与 Credit Metrics 模型不同，KMV 不用穆迪或标准普尔的统计数据得出概率，而是根据莫顿模型（1974）推导出每个债务人的实际违约概率——预期违约频率（Expected Default Frequency，EDF），违约概率是企业资本结构、资产收益波动性和当前资产价值的函数。各个企业的预期违约频率都不同，可以映射到任何评级体系，推导出债务人同样的级别。相对于违约风险，预期违约频率可以等同于债务人的"基数排队"，而不像评级机构那样的从 AAA 到 D 的"序数排队"。与 CreditMetrics 的做法相反，KMV 的模型没有明确参照转移概率，而是把信用级别转移这种变化体现在预期违约频率中。

KMV 模型建立在莫顿对信用风险的期权定价方法上，贷款的信用风险本质上是由债务人资产价值变化驱动的。给定企业当前的资本结构、负债构成，一旦规定了资产价值的随机过程，就可以得出任何时间段（一年或两年）的实际违约概率。KMV 的模型最适合于上市公司，因为股权价值由市场决定，包含在企业股票价格和资产负债表中的信息可以转换成隐含着的违约风险。

1. 实际违约概率：EDF（预期违约频率）

（1）资产价值 V_A 及资产收益波动性 σ_A 的估计。采用或有债权方法给公司债券定价时，假设企业资产收益服从正态分布。根据 KMV 自己的经验，这样的假设基本符合实际情况。此外，资产收益的分布在一段时间内相对稳定。如果企业所有负债都可交易及每天盯市，评估企业资产的市场价值和它们的波动性就很直接。企业资产价值就只是企业负债市值及资产收益波动性（可以从资产价值的历史时间序列得出）的之和。

实际上仅仅是大多数上市公司的股票价格可以直接观察，某些情况下，部分债务可以交易。资产评估另一个办法是对公司负债估价采用莫顿的期权定价模型。为了使模型容易处理，KMV 假设资本结构只由股权、短期债务、长期债务及可转换优先股组成。简化条件后，股票价值 V_E 和波动性 σ_E 可以得出分析方法：

$$V_E = f(V_A, \sigma_A, K, c, r) \tag{6.25}$$

$$\sigma_E = f(V_A, \sigma_A, K, c, r) \tag{6.26}$$

其中，K 表示资本结构的杠杆比率，c 表示长期债务的平均利息，r 是无风险利率。

如果 σ_E 像股票价格一样直接可观察的到，可以同时解出 V_A 和 σ_A，但是股票波动性 σ_E 相对不稳定，且对于资产价值的变化非常敏感，没有一个简单的方法从市场数据直接度量 σ_E。由于只有股票价值 V_E 可直接观察，可以从式 (6.25) 中挑出 V_A，这样它就成为可观察到的股权价值或股票价格及资产收益波动性的函数：

$$V_A = h(V_E, \sigma_A, K, c, r) \tag{6.27}$$

（2）违约距离（distance-to-default，DD）的计算。在期权定价模型中，企业资产价值低于负债价值时便发生违约。违约不同于破产，债务合约中的交叉违约条款规定一笔债项违约，所有债项都违约。KMV 从几百个样本公司观察到当企业资产价值达到总负债和短期债务价值之间的某一水平便发生违约。因此，资产价值分布的尾部低于总债务价值时或许不是对实际违约概率的准确度量。

KMV 在计算违约概率前实施了中间步骤。KMV 计算了"违约距离"（DD）这个指数。DD 是位于资产价值分布均值和"违约点"（以当前负债的票面值，包括规定时间内偿付的短期负债，加长期债务的一半）之间的标准差。DD 计算如下：

STD 表示短期债务；

LTD 表示长期债务；

DPT 表示违约点，DPT = STD + 1/2LTD；

DD 表示违约距离，

$$DD = \frac{E(V_1) - DPT}{\sigma_A} \tag{6.28}$$

它是一年后预期资产价值 $E(V_1)$ 和违约点之间距离，其中，DPT 表示将来资产收益的标准差，如图 6-6 所示。

假设资产收益服从正态分布，根据 T 时间以单位资产收益标准差表示的 DD 为

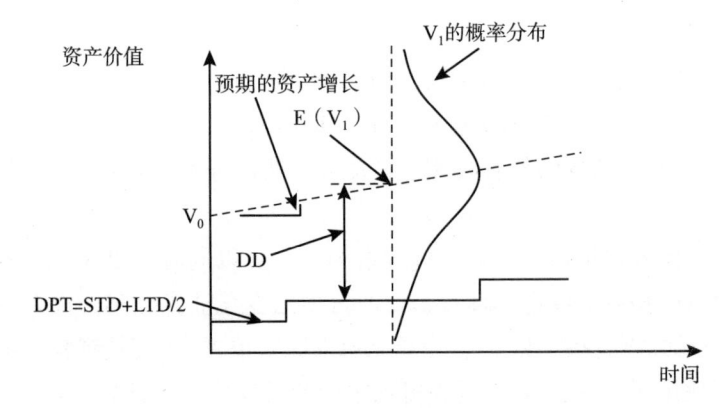

图 6-6 违约距离

$$DD = \frac{\ln(V_0/DPT_T) + (\mu - (1/2)\sigma^2)T}{\sigma\sqrt{T}} \quad (6.29)$$

其中，V_0 是当前资产的市值，DPT_T 是 T 时间的违约点，μ 是资产预期的净收益，σ 是每年资产的波动性。

(3) 从 DD 得出违约概率。在给定时间段内将 DD 与实际的违约概率映射起来。KMV 称违约概率为预期违约频率（EDF）。

例：当前资产市值 $V_0 = 1000$，每年资产净预期增长率 20%，一年后预期资产价值 $V_0(1.2) = 1200$，每年的资产波动性 $\sigma = 100$，违约点 800，则

$$DD = \frac{1200 - 800}{100} = 4$$

假设一个时点上 DD 为 4 的企业有 5000 家，一年后有 20 家违约，那么

$$EDF_1 = \frac{20}{5000} = 0.004 = 0.4\%$$

KMV 对这种违约概率的评级设定为 BB + 级。

EDF 变化的主要原因是股票价格的变化、债务水平变化（杠杆率）、资产波动性变化。

(4) EDF 和评级。标准普尔的风险评级只代表了违约概率，而穆迪还包括了对损失概率的度量，即 $EDF \times LGD$。

部分情况下，每个级别平均违约率远远高于典型企业的违约率，这是因为每一级别都包含着有较高违约概率的一组企业，随着违约风险增加，违约率近似指数也发生变化。有些企业本来应该降级，却没有降级，有些企业该升级，也没有升。

以上分析可以得出三个结论：其一，由于评级机构调整评级较慢，保留在一个级别的历史频率应该高于真正保留同样信用质量的概率；其二，由于违约率均值和中位数的差别，同一信用级别内的典型公司历史平均违约概率高于真正违约概率；其三，如果保留在既定级别内的概率和违约概率都太大的话，转移概率一定太小。

KMV 公司根据违约率而不是信用级别构建了转移矩阵。根据一个级别内典型的违约概率（范围不重叠）将企业分组，如所有 EDF 低于 0.02% 的是 AAA 级，EDF 在 0.03%~0.06% 的是 AA 级，EDF 在 0.07%~0.15% 的是 A 级等。这样用 EDF 变化的历史可以得出一个转移矩阵，如表 6-12 所示。

表 6-12　　　　KMV 根据 EDF 得出的一年期转移矩阵

初始评级	年末评级（%）							
	AAA	AA	A	BBB	BB	B	CCC	D
AAA	66.26	22.22	7.37	2.45	0.86	0.67	0.14	0.02
AA	21.66	43.04	25.83	6.56	1.99	0.68	0.20	0.04
A	2.76	20.34	44.19	22.94	7.42	1.97	0.28	0.10
BBB	0.30	2.80	22.63	42.54	23.52	6.95	1.00	0.26
BB	0.08	0.24	3.69	22.93	44.41	24.53	3.41	0.71
B	0.01	0.05	0.39	3.48	20.47	53.00	20.58	2.01
CCC	0.00	0.01	0.09	0.26	1.79	17.77	69.94	10.13

资料来源：KMV 公司。

可以看出，表 6-12 的 KMV 公司使用即期法评级的一年期转移矩阵与表 6-3 的标准普尔公司使用周期法评级的一年期转移矩阵有较大的不同。

2. 违约风险下的现金流估值模型

Credit Metrics 模型的估值模型非常简单，如果一年到期，债券的远期值是将来现金流的折扣值，而折扣是从远期收益曲线得出来的。对每个与特定收益曲线相联系的信用评级，从转移矩阵得出将来值的分布。

KMV 的定价模型基于"风险中性"的估值模型，称为 Martingale 方法，这种方法通过将来现金流预期价值的折扣得出价格。预测值使用所谓风险中性概率而不是由历史数据在市场上观测的实际概率或预期违约频率（EDF）。假设已知如何从 EDF 中求得风险中性概率，现金流的估值分两步，第一步不违约情况的估值,第二步是有信用风险情况下的估值。

(1) 简单的现金流例子。例:一年后允诺支付 100 美元的零息债券的估值,如果发债人违约,清偿率是 (1 - LGD),LGD 是特定违约损失,假设为 40%。无风险情况,100 (1 - LGD) 用无违约的折扣曲线估计。

$$PV_1 = PV(无风险现金流) = \frac{100(1-LGD)}{(1+r)} = 54.5$$

r 表示一年期无风险率,假设为 10%。有风险情况用 Martingale 方法估计现金流,PV_2(有风险的现金流) = E_Q(有风险现金流的折扣)。

这里期望值由风险中性概率来计算,发债人一年后违约的风险中性概率以 Q 表示,假设为 20%。

$$PV_2 = PV(有风险的现金流) = \frac{100LGD(1-Q) + 0 \times Q}{1+r} = \frac{100LGD(1-Q)}{1+r} = 29.1$$

违约风险下零息票的现值是无违约情况和有风险情况的总和:

$$PV = PV_1 + PV_2 = 54.5 + 29.1 = 83.6$$

如果零息票债券不违约,它的现值就是使用无违约利率的折扣值:

$$\frac{100}{(1+r)} = 90.9$$

这样可以计算隐含的折扣率 R,它表示违约风险:

$$R = r + CS$$

CS 表示信用利差,通过式 (6.30) 可以解出:

$$\frac{100(1-LGD)}{1+r} + \frac{100LGD(1-Q)}{1+r} = \frac{100}{1+r+CS} \quad (6.30)$$

则

$$CS = \frac{LGD \times Q \times (1+r)}{1 - LGD \times Q} \quad (6.31)$$

此例中 R = 19.6%,所以发债人一年期的信用利差是 9.6%。

(2) 违约风险下一个债券或一笔贷款一般定价模型。如果现金流是 [C_1…, C_i, …, C_n],上述方法拓展开来就成为:

$$PV = (1-LGD) \sum_{i=1}^{n} \frac{C_i}{(1+r_i)^{t_i}} + LGD \sum_{i=1}^{n} \frac{(1-Q_i)C_i}{(1+r_i)^{t_i}} \quad (6.32)$$

或以连续的时间表示为:

$$PV = (1-LGD) \sum_{i=1}^{n} C_i e^{-\tilde{r}_i t_i} + LGD \sum_{i=1}^{n} (1-Q_i) C_i e^{-\tilde{r}_i t_i} \quad (6.33)$$

其中,Q_i 表示 t_i 时间段内累积的风险中性预期违约频率,$\tilde{r}_i = \ln(1+r_i)$。

3. 资产收益相关性模型

Credit Metrics 和 KMV 都是从一个模型（模型把相关性和基本要素联系在一起）得出资产收益的相关性，通过对收益相关性的结构处理，达到较好的相关性效果。此外，还可以减少相关性的计算。假设银行有 1000 个交易对手，就可以得到 $N(N-1)/2$ 个不同的相关性（499500 个），资产收益的多因素模型减少了对相关性的计算。

假设企业资产收益由系统风险要素和非系统风险要素产生，非系统风险要素或者是企业自身的、或者是国家的、或者是行业的，都不对资产收益的相关性有影响，因为它们之间互不相关，和普通因素（系统风险）也不相关。只有和非系统风险相关的风险才能通过资产组合多样化被分散掉，而系统风险是无法被分散的。

为了说明这个问题，假设所有企业资产收益产生过程是：

$$r_k = \alpha_k + \beta_{1k} I_1 + \beta_{2k} I_2 + \varepsilon_k, \quad k=1,\cdots,N \tag{6.34}$$

这里 N 表示债务人或企业数目，r_k 是企业 k 的资产收益，α_k 是独立于系统风险的资产收益构成要素，I_1 和 I_2 是系统风险要素，β_{1k} 和 β_{2k} 是 r_k 预期的变化，ε_k 是零均值的非系统风险要素，假设和所有的系统风险要素不相关，和其他公司的非系统风险要素也不相关。

这样就可以得出著名的资产组合理论：

$$\mathrm{var}(r_k) = \sigma_k^2 = \beta_{1k}^2 \mathrm{var}(I_1) + \beta_{2k}^2 \mathrm{var}(I_2) + \mathrm{var}(\varepsilon_k^2) + 2\beta_{1k}\beta_{2k}\mathrm{cov}(I_1, I_2) \tag{6.35}$$

$$\mathrm{cov}(r_i, r_j) = \sigma_{ij} = \beta_{1i}\beta_{2j}\mathrm{var}(I_1) + \beta_{2i}\beta_{2j}\mathrm{var}(I_2) + (\beta_{1i}\beta_{2j} + \beta_{2i}\beta_{1j})\mathrm{cov}(I_1, I_2) \tag{6.36}$$

如果企业 i 和企业 j 之间的资产收益相关性为 ρ_{ij}

$$\rho_{ij} = \frac{\sigma_{ij}}{\sigma_i \sigma_j} \tag{6.37}$$

为了得出任意企业之间的资产收益相关性，需要估计 β_{ik} 和要素的协方差矩阵。对于 K 个要素，估计参数的数目将达到 $KN + K(K-1)/2$ 个。

上面简单介绍了莫顿类模型，包括莫顿模型、Credit Metrics 模型和 KMV 模型等，许多银行也据此开发了自己的系统，以便从市场变量中提取早期预警信息，许多学者也根据这些模型存在的缺陷提出一些改进措施并进一步完善。

与莫顿类模型已经广泛地被实践者所接受不同，简化模型只是在最近几年开始研究。下一节将介绍简化模型的主要内容。

6.2 简化模型

上面介绍的结构模型已比较成熟,并且一些模型,如 Credit Metrics 模型和 KMV 模型等已经在实际中得到应用。与结构模型不同的是,简化模型还处于研究阶段,而且简化模型不需公司的财务信息,直接利用市场价格或差价进行分析和计算企业违约风险。该方法通过外生定义的违约率和回收率,把有违约风险债券的定价或差价直接与无风险债券联系在一起。在这个方法中,信用期限结构不是根据公司财务基础或宏观经济因素进行推导,而是直接从市场数据中获得,因此,这种方法在数学上更容易实施,但从考察公司信用基础的观点看,该方法远不如利用企业结构的结构方法直观。

在简化定价模型中,以数学来定义违约的强度,认为违约时间是不可预测的。除了利用评级迁移模型之外,绝大多数模型将违约看作是突然到达的事件(jump),由违约概率强度的随机过程首次跳跃时间决定违约到达时间,因为该模型的违约强度是根据外生随机变量推导出来的,违约概率可能随时间的变化。

通常认为导致信用风险的原因有三种,即违约、评级转移和信用差价,根据产生信用风险的这三种不同方式,可以把简化模型分为三类:基于违约的简化模型、基于评级转移的简化模型和基于信用差价的定价模型。下面介绍这三种典型的模型。

6.2.1 基于违约的简化模型

基于违约的简化模型假设产生信用损失的主要原因是贷款或者债券的违约,认为债券到期日是时间 T,在 t 时可能发生违约的价格 v(t, T) 和违约概率 PD、回收率 δ 和无违约风险债券的价格 p(t, T) 有关。和任意一种简化模型一样,离散方法模型与无违约零息债券的期限结构一致。与已知信用分类的公司零息债券的期限结构一致,该模型主要论点认为是能够再产生多种不同类型支付及定价。

考虑两类零息债券交易:第一类是各种到期日的无违约的零息债券。令 $p_0(t, T)$ 表示在 T(T≥t) 肯定支付 1 美元的无违约零息债券 t 时美元的价值。

假设零息债券的价格严格为正,即 $p_0(t, T) > 0$ 且无违约,即 $p_0(t, t) = 1$。

假设利用无违约的零息债券价格 $p_0(t, T)$ 能够方便地识别利率的无风险结构。用下列期限结构能够构造货币市场估计:把1美元投资在最短期的无违约利息债券并持有到将来的每个到期日。令 $B(t)$ 记作零时刻的单位货币在 t 时刻的市场估值。

第二类是各种到期日公司的零息债券。这些零息债券有违约风险。令 $v_1(t, T)$ 表示按评级机构确定的已知信用等级的公司零息债券的交易价格。

假设无违约风险负债的定价过程只取决于即期利率,则需描述无违约风险的即期利率的变化过程。利用 Jarrow 和 Turnbull 的语言,对两阶段的系统,在区间 $T \in [1, 2]$,对所有期限的零息债券存在着能够用概率树表示网络,直接应用"风险中性"或鞅概率表示无违约零息债券价格可能有上升或下降两个变动的可能性,其发生的概率分别是 q^p 和 $1-q^p$。

假设即期利率的期限结构直接遵循不同时刻债券价格的倒数,例如,$r(0)$ 是到期限1的剩余价格 $P_0(1)$ 的倒数。

当前阶段($t=0$)时得即期利率定义为:

$$r(0) = \frac{1}{p_0(0, 1)} \tag{6.38}$$

在下一阶段利率"上升"状态(u)的即期利率为:

$$r(1)_u = \frac{1}{p_0(1, 2)_u} \tag{6.39}$$

在下一阶段利率"下降"状态(d)的即期利率为:

$$r(1)_d = \frac{1}{p_0(1, 2)_d} \tag{6.40}$$

下面利用图6-7的概率树来描述这个定价过程。

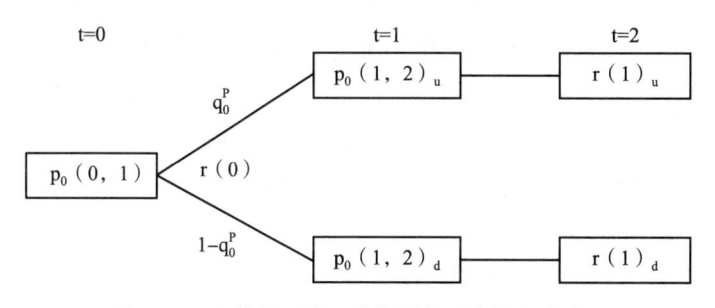

图6-7 两阶段系统无违约零息利率的定价过程

这个概率树描述了即期利率的演变过程，以及零息债券分别在时刻 t = 0、1、2 时的价格，其中，$p_0(t, T)$ 是已知状态变量 s = {u, d}，u 代表利率上升，d 代表利率下降，在 T 时刻支付 1 美元的零息债券在 t 时刻的价格 r(t)，已知状态变量 s = {u, d} 在 t 时刻的即期利率，q_0^p 是 $r(1)_u$ 发生的风险中性概率。

考虑无套利条件，即在任何节点的价值能够成为计算从节点引出的分枝价值的风险中性概率的贴现期望值，用 q_0^p 表示在第 1 阶段利率上升状态 u 发生的概率，设债券的初始价格是 V，知道：

$$0 < p_0(0, 1) < 1$$

$$0 < p_0(1, 2)_u < p_0(1, 2)_d < 1$$

由图 6-7 的定价过程概率树可以得到：

$$p_0(0, 2) = [q_0^p p_0(1, 2)_u + (1 - q_0^p) p_0(1, 2)_d]/r(0) \qquad (6.41)$$

这就是违约条件下简化模型的定价公式。

6.2.2 基于评级迁移的简化模型

通常客户的评级除了违约以外还有多个非违约的评级，该模型认为违约产生信用风险相对较小，而产生信用风险主要由信用评级的变化导致的，在此基础和基于 Jarrow 和 Turnbull 的早期论文，Jarrow、Lando 和 Turnbull 模型把违约过程与信用评级的离散状态空间看作是一个马尔柯夫过程，最终状态是一个吸收状态。这个模型的优点是对观察数据计算的灵活性并可用于多种目的：资产定价、信用衍生品定价与信用风险管理等。

该模型认为违约是不需要依赖公司资产结构的外生过程，因此，此结构模型的优越之处在于不存在特别的经济要求。模型主要假设是认为信用评级是信用价值的可接受指示器，虽然信用评级对信用质量的反映由于评级的及时性而产生滞后现象，但还是认为信用评级仍是一些信用衍生品定价的关键因素。

Jarrow 等（1997）提供了离散型和连续型两种假设，两种思想基本相似，在此本书以离散型为例，对连续型简化模型将在后面介绍。

模型有以下几个假设：

在有限时间长度 τ 内存在无摩擦经济；

无风险零息债券（其价格为 p(t, T)），风险零息债券以及无风险货币时常的估计是连续交易的；

存在等价鞅概率 q 使得所有无风险的和用货币市场估计正规化的风险债券价格是风险中性的（市场是完全无套利的）。

则离散时间定义的远期利率是：

$$f(t, T) \equiv -\ln\left(\frac{p(t, T+1)}{p(t, T)}\right) \quad (6.42)$$

这时瞬时利率 r(t) 为 f(t, t)。

货币市场估计价值为：

$$B(t) = \exp\left(\sum_{i=0}^{t-2} r(i)\right) \quad (6.43)$$

根据完全市场且无套利的假设，则有下列关系：

$$p(t, T) = E_t\left[\frac{B(t)}{B(T)}\right] \quad (6.44)$$

令 v(t, T) 代表风险零息债券的价格，τ^* 是违约发生的随机时间，δ 是对应信用级别的回收率，则：

$$v(t, T) = E_t\left[\frac{B(t)}{B(T)}(\delta 1_{\{\tau^* \leq T\}} + 1_{\{\tau^* > T\}})\right] \quad (6.45)$$

如果在 t 之前发生违约，在到期日债券持有者肯定收到 δ，即：

$$v(t, T) = \delta E_t\left[\frac{B(t)}{B(T)}\right] = \delta p(t, T) \quad (6.46)$$

根据上述违约到达时间 τ^* 与利率的无违约期限结构相互独立的假设，可以得到：

$$v(t, T) = E_t\left[\frac{B(t)}{B(T)}(\delta 1_{\{\tau^* \leq T\}} + 1_{\{\tau^* > T\}})\right] + \delta p(t, T)$$

$$= p(t, T)[\delta + (1-\delta)\tilde{q}_t(\tau^* > T)] \quad (6.47)$$

其中，$\tilde{q}_t(\tau^* > T)$ 是在 $\tilde{q}_t$ 量度下，在到期日之前不违约的概率。

Jarrow 等的贡献是将违约过程规定为时间同族的马尔柯夫链的第一次撞击时间。这个马尔柯夫链是以信用评级分类 $\{1, \cdots, K\}$ 构成的有限状态空间建模的，其中 K-1 是最低评级，而 K 代表违约的吸收状态。用 K×K 阶概率转移矩阵定义这个马尔柯夫链：

$$Q = \begin{bmatrix} q_{11} & q_{12} & \cdots & q_{1K} \\ \vdots & \vdots & \vdots & \vdots \\ q_{(K-1)1} & q_{(K-1)2} & \cdots & q_{(K-1)K} \\ 0 & 0 & \cdots & 1 \end{bmatrix} \quad (6.48)$$

其中，所有转移概率都为正，且对所有 i 的 $q_{ii} = 1 - \sum_{\substack{j=1\\i\neq j}}^{K} q_{ij}$，每一个概率 q_{ij} 代表在一个时间期间内从评级 i 到评级 j 的概率。最后一行代表到达吸收状态的概率，离开这个状态的概率永远为零，而保持这个状态的概率为 1。在实际情况下，由于一年内移动两个评级的可能性是微乎其微，一年期转移矩阵的非零元素集中在对角线附近。

在保持市场完全和无套利的假设条件下，可以计算出这些概率，将这个概率写成：

$$\tilde{Q}_{t,t+1} = \begin{bmatrix} \tilde{q}_{11}(t,\,t+1) & \tilde{q}_{12}(t,\,t+1) & \cdots & \tilde{q}_{1K}(t,\,t+1) \\ \vdots & \vdots & \vdots & \vdots \\ \tilde{q}_{(K-1)1}(t,\,t+1) & \tilde{q}_{(K-1)2}(t,\,t+1) & \cdots & \tilde{q}_{(K-1)K}(t,\,t+1) \\ 0 & 0 & \cdots & 1 \end{bmatrix}$$

(6.49)

其中，$\tilde{q}_{ij}(t,\,t+1) \geq 0$，$\forall i,\,j,\,i \neq j$ 且 $\tilde{q}_{ij}(t,\,t+1) \equiv 1 - \sum_{\substack{j=1\\i\neq j}}^{K} \tilde{q}_{ij}(t,\,t+1)$。

利用上述的信用评级转移矩阵，可以计算由信用评级的变化产生的信用风险，并定价资产。

6.2.3 基于信用差价的简化模型

除了违约和评级转移产生信用风险外，还有信用差价也会导致信用风险，下面介绍这种定价模型。

在 T 时到期（支付金额为 X 元），无违约零息债券（连续交易）在 t 时刻的价格为：

$$P_0(t,\,T) = E_t^q \left[\exp\left(-\int_t^T r_u du \right) X \right] \quad (6.50)$$

式 (6.50) 中，r_t 是下一时刻到期贷款的利率，$E_t^q [\,\cdot\,]$ 是在 r_t 的风险中性概率 q 条件下的期望值。

Duffie 和 Singleton（1997）假设违约服从泊松过程，其强度为 λ_t，即可认为经过一个小的时间间隔的违约概率与 λ_t 成正比。具体地讲，违约概率可能随时间变化，并取决于利率水平，记 λ_u^* 为对应风险中性概率的强度，根据假设在违约时人们能够回收债券违约前的部分价值，Duffie 和 Singleton 证明在 T 时到期并假设支付额为 X 元的有违约风险零息债券的价格为：

$$v(t, T) = E_t^q \left[\exp\left(-\int_t^T [r_u + \lambda_u^*(1-\delta)] du \right) X \right] \quad (6.51)$$

因此，除了用调节的短期利率 $r_u + \lambda_u^*(1-\delta)$ 贴现之外，对有违约风险债券的估价公式与无风险债券的估价公式完全相同，所以，有违约可能性时必须把违约风险溢价加到贴现率上，风险溢价随违约（风险中性）概率和违约损失率的增加而增加。

Lando（1998）模型与在 Duffie 和 Singleton（1997）模型假设相似的条件下，得到相似的估价公式。此外，Lando 模型结合信用评级的变化（即根据历史数据）计算企业转移到不同信用评级和违约的概率。但由于违约和信用评级的变化，风险中性概率都是根据历史数据计算的，所以认为二者应该相同，认为这是假设有待验证。

上面介绍的三种简化模型是比较典型简化模型，一些学者又在这些模型的基础上进行拓展，如假设违约的到达率服从指数分布。这种方法的不足之处是在给定强度下违约是条件独立的，只要强度平稳发生变化，违约的"传染"效应就难以产生。为产生更强烈的违约相关性和模型中违约的"传染"效应，通常假设违约强度经历一个突升（jump）或直接将强度设成违约，如 Davis 和 Lo（2001）等，来研究强度对公司违约产生的影响。

但是，简化模型也有它不足的一面，该模型没有比较坚实的金融理论作为指导，把违约"简化"成由外生因素导致的，而不注重企业的内部财务状况，使得这类约模型可能具有忽视市场信息以及得出错误结论的双重危险。

6.3 Credit Metrics 模型的改进

在一些信用风险管理模型中，如 Credit Metrics 和 Credit Risk 等都考虑了组合管理，这些模型一个简化的做法就是假设资产收益服从正态分布，从而在此基础上进行组合管理。但邓云胜、沈沛龙、任若恩（2003）证明资产收益服从非正态的厚尾分布，因此，使用正态分布来描述并不很合适，在前面知道 copula 函数为研究相关性提供了便利，包括使用解析法和仿真法选择最优 copula 函数。在此，使用仿真的方法来比较正态 copula 函数和 t-copula 函数，并改进 Credit Metrics 模型。

6.3.1 仿真法选择 copula 函数

在风险管理中如何选择适合观察样本的最优 copula 函数。Gatfaoui（2003）考虑 C = {Gumbel, FGM, Frank, Clayton} 的四种 copula 函数，这四种 copula 函数与相关系数 τ 有对应的解析表达式，可用"距离法"进行比较，即样本估计的 copula 函数和理论的 copula 函数之差平方和最小的 copula 函数即为最优 copula 函数。

采用"距离法"选择 copula 函数要求秩相关系数 τ 与对应 copula 函数有解析表达式，在信用风险模型中使用的较多的是正态 copula 函数，对高斯 copula 函数和 t - copula 函数不太适用，如何比较这两种 copula 函数？一种可行的并在信用风险管理中使用得较多的方法就是仿真法，下面就使用 Monte Carlo 仿真方法产生两种 copula 自变量的散点图，通过仿真的散点图比较两种 copula 在描述厚尾分布的异同。

设组合中资产的相关性矩阵是 $R_{n \times n}$，用以下方法产生相关性矩阵是 R 的高斯 copula：

(1) 用 Cholesky 分解法求解 A，使 $R = AA^T$；

(2) 产生 n 个相互独立的服从标准正态分布的随机变量 $Z = z_1, z_2, \cdots, z_n$；

(3) 设 $X = AZ^T$；

(4) 设 $U = \phi(X)$。

则产生的向量 U^T 服从相关性矩阵为 R 的 n 维高斯 copula 分布，即 $U^T \sim C_R^{Ga}$。

按以下步骤产生 t - copula：

(1) 计算 R 的 Cholesky 分解因子 A；

(2) 仿真 n 个相互独立的服从标准正态分布的随机变量 $Z = z_1, z_2, \cdots, z_n$；

(3) 仿真 n 个服从 χ_v^2 分布的随机变量 $S = s_1, s_2, \cdots, s_n$（自由度为 v）；

(4) 设 $Y = AZ^T$；

(5) 设 $X = \dfrac{\sqrt{v}}{\sqrt{S}} Y$；

(6) 设 $U = t_v(X)$。

则向量 $U \sim C_{v,R}^t$，即服从自由度是 v，相关性矩阵是 R 的 n 维 t - copula。

为了便于观察，仿真二维 copula，相关系数分别是 0.3、0.6、- 0.3 和 - 0.6，以比较不同相关性对不同 copula 的影响，用 Matlab 编写程序仿真，对高斯 copula 重复其步骤 1~3 10000 次，对 t-copula 重复步骤 1~5 10000 次，即仿真变量（X_1，X_2）10000 次，画出其散点图，结果如图 6-8~图 6-15 所示。

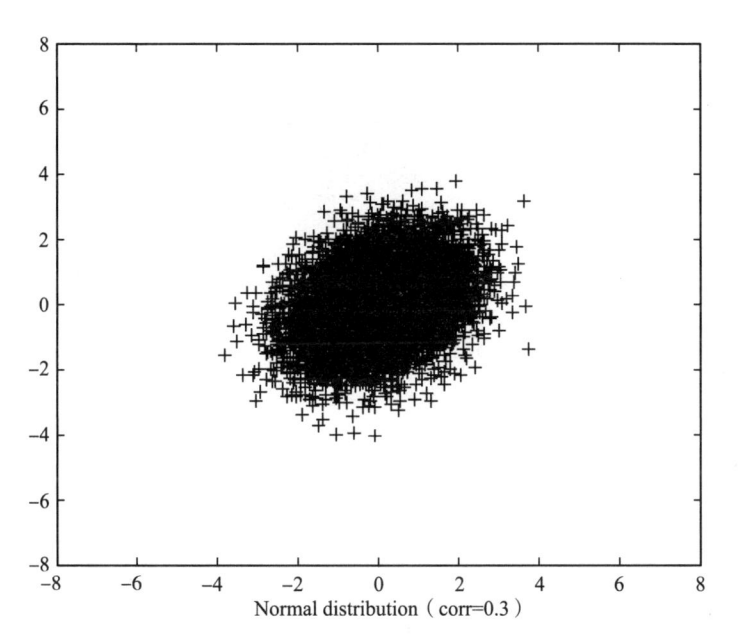

图 6-8　标准正态 copula 函数仿真结果（corr = 0.3）

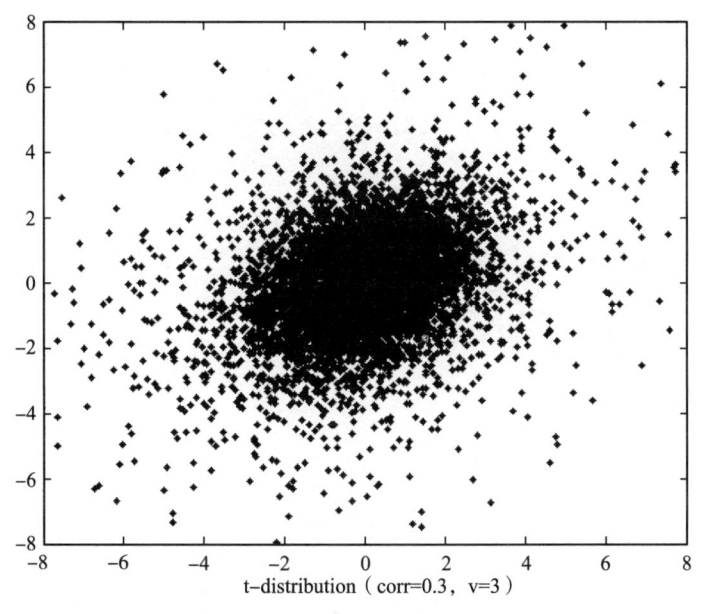

图 6-9　t-copula 函数（v = 3）仿真结果（corr = 0.3）

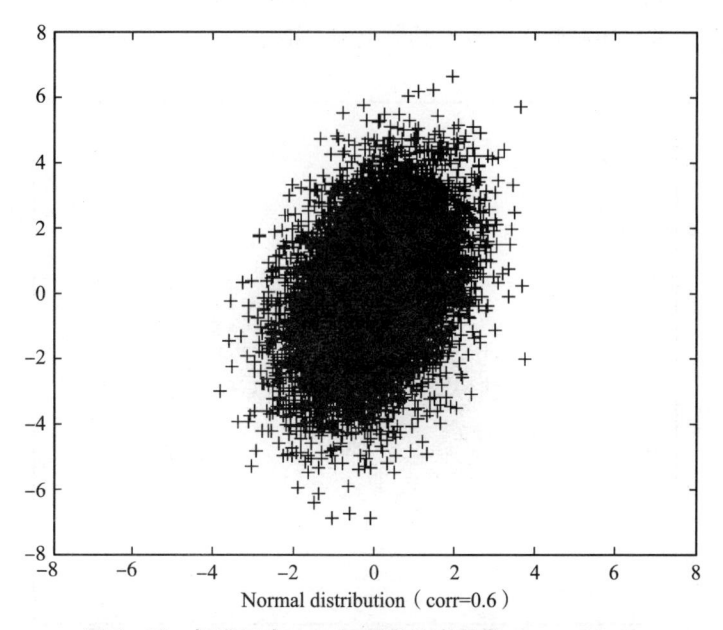

图 6-10 标准正态 copula 函数仿真结果 (corr = 0.6)

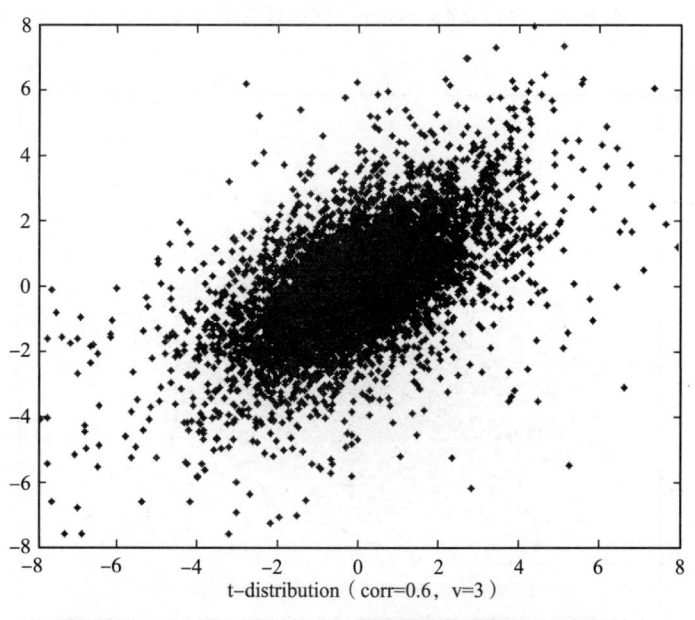

图 6-11 t-copula(v = 3) 函数仿真结果 (corr = 0.6)

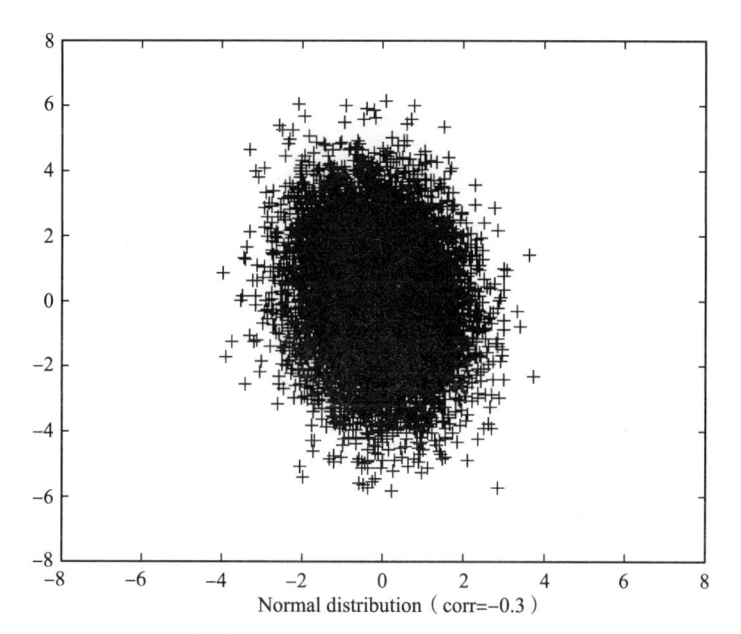

图 6-12　标准正态 copula 函数仿真结果（corr = -0.3）

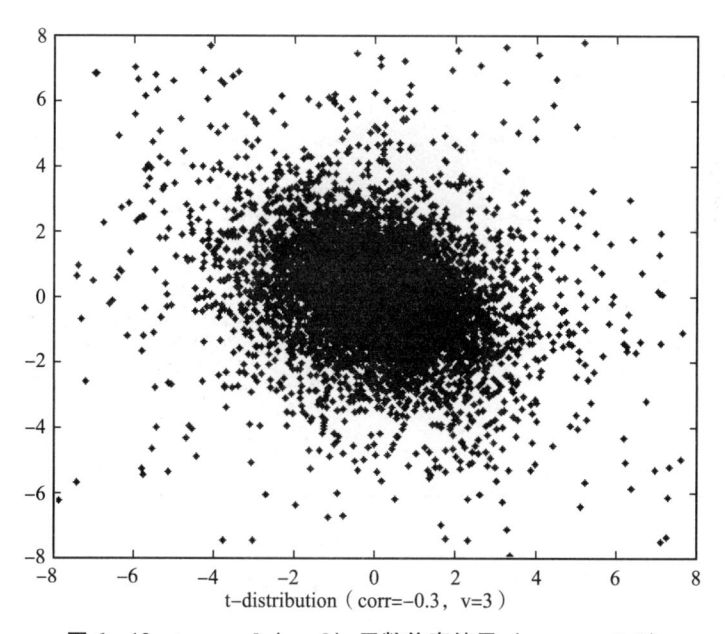

图 6-13　t-copula(v = 3) 函数仿真结果（corr = -0.3）

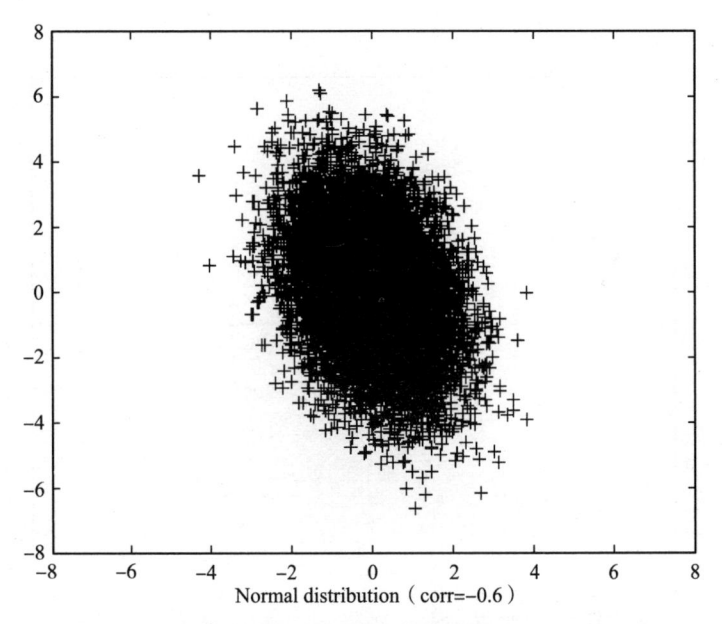

图 6-14 标准正态 copula 函数仿真结果（corr = -0.6）

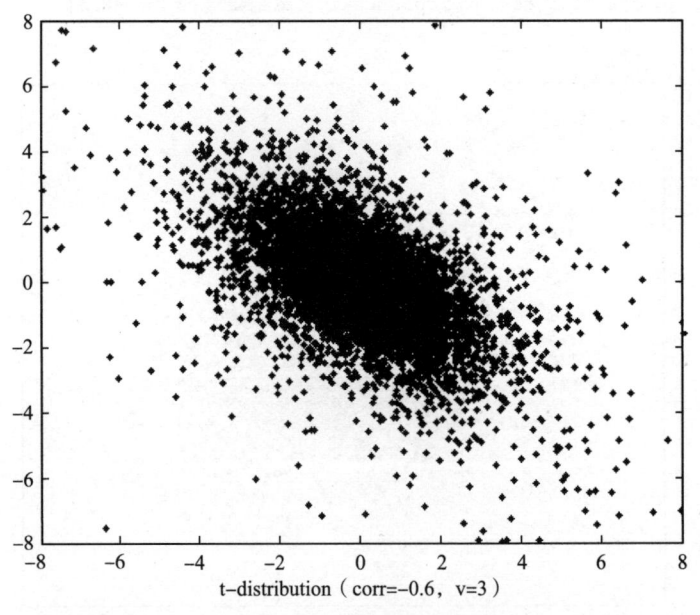

图 6-15 t-copula(v=3) 函数仿真结果（corr = -0.6）

从图中可以看出，相关性对 copula 产生影响，同时高斯 copula 给出关联分布尾部极值的观察点不明显，相较而言，t-copula 可更好地给出尾部的极值点，即 t-copula 产生的散点图能更好地给出真实数据厚尾分布的几何特征，因此，与正态 copula 函数相比，t-copula 更能准确地描述贷款组合价值的厚尾分布。

6.3.2　t-copula 对 Credit Metrics 模型的改进

金融资产收益一般服从厚尾分布，但为简单化起见，Credit Metrics 技术文档假设其服从正态分布，并给出服从正态分布的两信用评级联合转移矩阵，通过以上仿真分析可以看出，高斯 copula 函数和 t-copula 函数都是椭圆分布函数，而且 t-copula 比高斯 copula 更能准确描述贷款组合收益的厚尾分布，而信用评级转移概率是由贷款的历史资料统计分析得到，因此，假设其信用评级服从 t 分布比正态分布更符合实际。以标准普尔公司一年期信用评级转移矩阵为例，分别使用高斯 copula 和 t-copula 计算其联合转移矩阵，比较他们的差异。表 6-3 是 Credit Metrics 技术文档中计算出的信用等级之间的转移矩阵，表 6-13 和表 6-14 是分别利用高斯 copula 和 t-copula 计算得到的 A 级和 BB 级联合转移矩阵（相关性为 20%）。

表 6-13　　　A 级和 BB 级联合分布转移矩阵（相关性为 0.2）　　　单位：%

初始级别 A 级	初始级别 BB 级							
	AAA	AA	A	BBB	BB	B	CCC	违约
AAA	0	0	0	0.02	0.07	0	0	0
AA	0	0.01	0.04	0.37	1.79	0.08	0.01	0.01
A	0.03	0.13	0.63	7.20	73.65	7.82	0.85	0.90
BBB	0	0	0.01	0.20	4.24	0.79	0.11	0.13
BB	0	0	0	0.02	0.58	0.14	0.02	0.02
B	0	0	0	0.01	0.18	0.05	0	0.01
CCC	0	0	0	0	0.01	0	0	0
违约	0	0	0	0	0.04	0.01	0	0

表 6-14　　　A 级和 BB 级联合分布转移矩阵（相关性为 0.2）　　　单位：%

初始级别 A 级	初始级别 BB 级							
	AAA	AA	A	BBB	BB	B	CCC	违约
AAA	0	0.01	0.01	0.01	0.01	0.01	0.01	0.02
AA	0	0.05	0.17	0.61	1.04	0.24	0.07	0.11

续表

初始级别 A 级	初始级别 BB 级							
	AAA	AA	A	BBB	BB	B	CCC	违约
A	0.01	0.05	0.37	6.46	75.75	7.25	0.65	0.51
BBB	0.01	0.01	0.07	0.52	3.35	1.13	0.21	0.22
BB	0	0.01	0.03	0.10	0.29	0.16	0.05	0.10
B	0	0.01	0.02	0.03	0.07	0.04	0.02	0.07
CCC	0	0	0	0	0.01	0	0	0
违约	0	0	0	0	0	0	0	0.06

表 6-13、表 6-14 的概率总和分别是 99.99% 和 99.98%，四舍五入产生 0.01% 和 0.02% 的误差，验证了计算结果的正确性。比较表 6-13 和表 6-14，矩阵的 BB 列以右和 A 行以下的数据总和表 6-13 为 1.29，表 6-14 为 2.06，表 6-14 是表 6-13 的 1.60 倍。可以看出 t-copula 比高斯 copula 能更准确地度量厚尾分布，因此，本书利用 t-copula 计算的信用评级转移矩阵能更有效地防范贷款风险。

6.4 总结

本章研究了当今国际上比较流行的两种信用风险资产定价模型——结构模型和简化模型，分别介绍了这两种有代表性的模型，包括 Credit Metrics 模型、KMV 模型、Jarrow 模型和 Duffie 模型等。结构模型的理论基础是莫顿的期权定价理论，认为当资产低于负债时产生信用风险，通过公司的资产结构来进行信用风险定价。而简化模型不考虑产生信用风险的原因，而把信用风险的到达看作一个随机过程，而经过给定周期发生违约的风险中性概率根据产生信用风险的原因来定价信用资产，本章通过比较和分析两种信用风险定价模型异同，为建立信用风险定价模型奠定基础。最后，利用仿真的方法比较正态 copula 函数和 t-copula 函数，结果表明 copula 函数能简便利用仿真方法分析信用风险，正态 copula 函数和 t-copula 函数都是椭圆分布函数，而且 t-copula 函数比正态 copula 函数在度量资产收益分布的厚尾特性时更准确，因此，也就能更准确地定价资产，度量信用风险。

第7章 商业银行内部评级体系

对一些较大的商业银行来说，借款人可能数以万计，使用风险敏感性更高的内部评级体系，考虑债务人所有的风险因子是管理信用风险最有效的方法，如果不采用内部评级体系，很难有区别地考虑债务人所有的风险因子。作为统一国际监管的《巴塞尔新资本协议》也指出，各银行为更有效地管理所面临的金融风险，应积极采用内部评级体系。可以说，内部评级是商业银行进行信用风险度量和风险管理工作的前提和基础，也是信用风险管理、授信、资产定价和银行资本金配置的基础，涉及银行业务的各个方面。可以说，实施内部评级体系是各国银行发展的方向，是各银行根据自身特点最为有效地管理信用风险的方法。本章以《巴塞尔新资本协议》为基础，结合我国商业银行的实际情况，探讨建立一套适合中国商业银行评级的内部评级体系，为商业银行将来实施新协议提供指导意义。

7.1 信用评级在商业银行信用风险管理中的作用

7.1.1 监管资本与银行管理水平的关系

《巴塞尔资本协议》经过多次修改，第三稿已于 2010 年定稿，新协议最大的创新是内部评级法。内部评级法的最大优点是银行可以根据自己的管理水平自行确定资本水平，也就是说，实施内部评级法的银行用于防范风险的成本与其管理水平密切相关，两者之间的关系如图 7－1 所示。

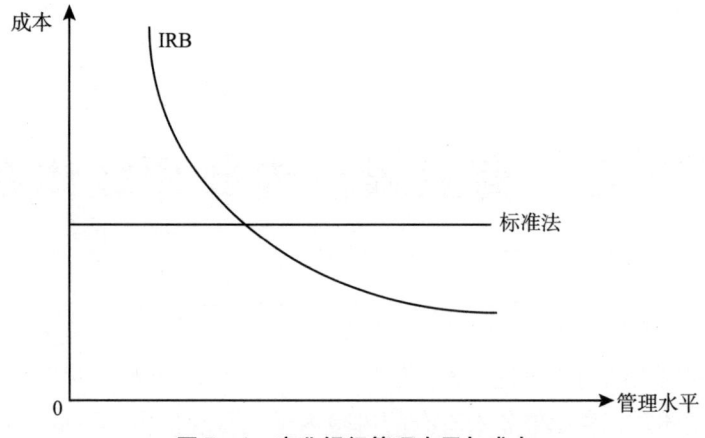

图 7-1 商业银行管理水平与成本

从图 7-1 可以看出，实施标准法的成本是一定的，而实施 IRB 法的成本与银行的管理水平成反比，当一个商业银行的管理水平越低，其实施 IRB 法的成本也就越高；管理水平越高，实施 IRB 法的成本越小，他们之间成反比的关系，这也是一些国际先进银行积极实施 IRB 法的原因。对管理水平落后的银行，实施 IRB 法的成本比实施标准法的成本相对要高，据我国国内一家国有商业银行测算，实施 IRB 法管理信用风险所需要的成本将达 10 亿元人民币之多。对管理水平落后的银行虽然刚开始实施 IRB 的成本较高，但由于风险管理水平乃至整体管理水平的提升，将会带来更多的收益。因此，实施 IRB 法是商业银行提高其盈利能力的手段，也是国际银行业监管的趋势。

7.1.2 信用评级在商业银行信用风险管理中作用

内部评级法的实质是银行根据自身的资产状况可以自行确定风险计量参数：违约概率 PD、违约损失率 LGD、违约风险暴露 EAD 和有效期限 M。其中，无论是对内部评级初级法还是对高级法，都必须计算各信用评级的违约概率。因此，信用评级是计量商业银行信用风险的基础，是计算风险资本、监管资本以至于整个银行绩效考核的前提，是联系银行客户层面业务和银行整个组合管理的纽带，如图 7-2 所示。

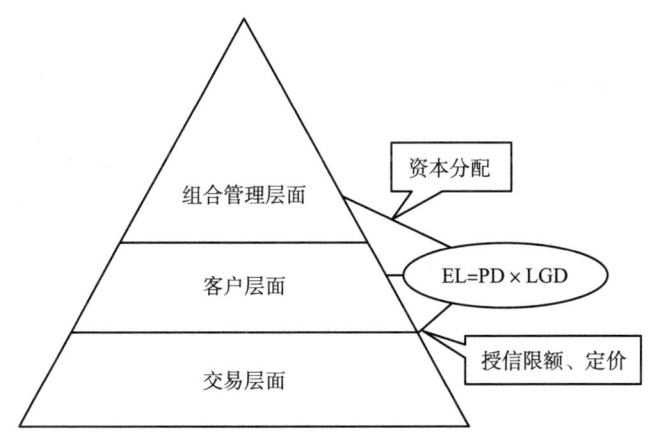

图 7-2 商业银行业务管理结构

图 7-2 是一个金字塔形，在整个银行体系中，交易层面是银行的基础，主要由各种存贷款业务组成。组合管理层面是塔尖，主要由资产组合管理组成，如行业组合管理、地区组合管理等，组合管理通过选择不同资产和调整各资产在组合中权重组成一个资产组合，实现整个商业银行资本的最优配置，从而达到商业银行的风险（或损失）最小和利润最大化的目的。连接交易层面和组合层面的纽带就是计算各资产的预期损失（EL），通过计算出各种资产的预期损失才能更好地防范和控制银行风险，从交易层面上看，计算预期损失可以为交易层面上的客户经理开展贷款业务提供参考，指导银行授信。从组合层面上看，通过计算各资产的 EL，再通过资产和行业之间相关性即可计算出各资产的最优配置，从而实现银行的经营目标。这个金字塔包含两层含义：从数量上看，交易层面数量最多，构成了金字塔的塔基，组合管理数量是银行资本管理的核心和关键所在，数量最少，构成了金字塔的塔尖，而银行计算各种资产的预期损失 EL 的数量介于两者之间，是金字塔的塔腰；从技术上来看，主要由银行前台开展的交易层面工作是银行的基础工作，而由银行高级管理层制定并实施的组合管理层面反映出银行管理水平高低，从而表现银行盈利水平大小的重要标志，其技术含量也最高，而介于两者之间的 EL 计算，包括对 PD、LGD 和 EAD 的测算，连接着两者的纽带，是把银行高层组合管理政策和技术实施到交易层面的工具，因此，计算 EL 对商业银行十分必要。

计算预期损失 EL 必须知道 PD、LGD 和 EAD 三个参数。如后面介绍的，《巴塞尔新资本协议》对实施高级法的银行须自己测算 LGD 和 EAD，对实施初级法的银行，协议给出了具体的值，但无论是采用初级法还是采用高级法，商业银行都必须测算客户的 PD。因为，测算出客户的 PD 不但可以映射出客户的信用评级，而且是资产定价和组合管理的一种重要参数，是银行进行贷前审查和贷后管理的重要依据。由于各银行资产池都不一样，银行通过采用内部评级法测算自己资产池的 PD，能更准确地度量银行资产池的信用质量，从而有利于度量银行风险。从这方面来看，显示出测算 PD 的重要性，这也是巴塞尔委员会提出并积极倡导各国商业银行实行内部评级法的原因。

7.2 建立银行内部评级体系的要求

7.2.1 内部评级体系研究现状

目前，对内部评级体系的研究，一些学者更多地集中于对评级方法的研究，如 Lucas、Klaassen（2001）介绍了一种解析方法对债券和贷款组合评级。Huang、Chen 和 Hsu 等讨论了支持向量机和神经网络方法进行信用评级的可能性。Chen 和 Chiou（1999）采用模糊数学方法对台湾地区的企业进行信用评级。朱顺泉、李一智（2002）利用层次分析模糊组合评判法对商业银行信用评级。晏永胜、周晓明和蔡凌卿（2003）运用决策树方法进行信用评级。梁琪（2003）使用主成分分析的方法分析企业信用风险。王琼、潘杰义和陈金贤（2001）使用风险度的方法对企业进行信用评级等。

这些研究从理论上探讨了开展信用评级的一些方法，但作为国际上银行管理金融风险的统一标准，新协议要求使用的方法必须具有科学性和稳健性。《巴塞尔新资本协议》内部评级法（Internal Rating–Based，IRB）的提出秉承了以往协议中以资本充足率为核心、以信贷风险控制为重点的风险监管思路。新协议提出了完善的资本充足率框架，旨在促进鼓励银行强化风险管理能力，不断提高风险评估水平，并认为实现这一目标的途径是将资本规定与当今的现代化风险管理的手段紧密地结合起来。

与巴塞尔协议（简称 88 协议）只对银行信用风险管理做出规定相比，新协议不但对信用风险，对市场风险和操作风险的管理做出了具体的规定，而且提出了三种方法管理信用风险，即标准法、内部评级初级法和内部评级高级法，更有利于各个国家的商业银行根据自己的实际情况管理银行风险。标准法主要是以88协议管理信用风险的方法为基础,而新协议的最大创新是内部评级法,内部评级法与标准法的根本不同表现在银行对重大风险要素的内部估计值将作为计算资本金的主要参数,主要是违约概率(PD)、违约损失率(LGD)、违约风险暴露(EAD)和期限(M)。《巴塞尔新资本协议》同时提出了内部评级初级法和高级法,规定了银行内部自行估算这四个风险因素的范围和详细的估算要求,下面分别介绍《巴塞尔新资本协议》中初级法和高级法对这些参数的规定。

7.2.2 初级法有关参数估计的规定

1. 违约概率(PD)

《巴塞尔新资本协议》对内部评级法估计违约概率的规定如下:银行必须提供每一级别一年期以上客户违约概率的内部估计值,严格的数据要求和披露要求。这个违约概率必须代表对长期违约概率的保守估计值。估计违约概率的数据源的历史观察期至少要有5年。估计违约概率须采用规定的违约概率估计技术,例如,违约率数量统计模型、映射外部评级结果和专家法等。违约概率不能少于3个基本点。

2. 违约损失率(LGD)

通常,估计违约损失率数据的可利用性比违约概率的数据要差,尤其在中国的数据积累时间很短,估计的难度也要大,因此,《巴塞尔新资本协议》中初级法规定非认定的抵押品担保公司、主权和银行高级债权的LGD为45%,对公司、主权和银行的全部次级债权规定LGD为75%。除了标准法认定的合格的金融抵押外,初级法其他一些形式的抵押品在IRB法中都视为合格的抵押品。

3. 违约风险暴露(EAD)

违约风险暴露是以法律意义上借款人欠银行的数量计算,对承诺、票据发行授信和循环授信设定一信用风险转换系数,这个系数等于75%。

4. 期限(M)

新协议对有效期限规定为:回购类型交易有效期限6个月,公司暴露的有效期限 2.5 年。

7.2.3 内部评级高级法的规定

1. 违约概率（PD）

高级法对违约概率的规定和初级法相同。

2. 违约损失率（LGD）

实施高级法的银行具有较高的管理水平和较完善的数据积累，因此可根据其内部数据建立违约损失率模型，要求公司、主权、银行暴露的数据源的历史观察期至少要有 7 年。而且还有重要的一点，这些估计结果必须得到商业银行内部和监管机构证实。

3. 违约风险暴露（EAD）

对实施高级法的银行测算违约风险暴露在满足自己估计 EAD 最低要求的情况下，银行可以对不同产品类别使用内部估计的信用风险转化系数，对公司、主权、银行暴露的数据源时间段应该涵盖一个完整的经济周期，至少要有 7 年，同样，违约风险暴露的估计结果必须得到内部和监管机构证实。

4. 期限（M）

高级法有效期限的估计也做出规定：期限为 1 年或剩余有效期限中较大的一个，但不得大于 5 年。各国监管当局可确定 1 年期底限是否适用于某些短期贷款。

从以上有关《巴塞尔新资本协议》对内部评级法的规定可以看出，无论初级法和高级法都对数据有很高的要求，所以，对于历史数据的收集和数据的动态收集都应该有详细的考虑。对风险因素估算的严格要求最终将落实在信用风险评级模型中，因此，必须按照《巴塞尔新资本协议》的要求检查现有内部评级工具和流程，改进或设计以得到新的评级工具和流程，使其满足《巴塞尔新资本协议》的要求。

7.2.4 银行构建内部评级体系的要求

《巴塞尔新资本协议》对在借款人信用评级结果和对应的违约概率的计算

以及违约损失率和违约敞口的计算都有严格的有关最低要求的规定，无论是实施初级法还是实施高级法的银行都必须遵守。这些最低要求如下。

1. 信用风险的有效细分

内部评级法对借款人违约风险与交易特点进行了区分，表现为两维评级，即对借款人评级和对债项评级，前者与借款人的违约概率相对应，而后者与贷款的违约损失率相对应。通常为更准确地区分正常类贷款，有必要对这类贷款进一步细分，一般至少划分至6~9个等级比较合适，对于不良贷款也可以划分到3个等级以上。对每个等级分布应合理，不允许出现超过30%的客户在一个等级中。

2. 评级的完整性

评级体系是一个客观、真实的综合系统，必须能准确反映出银行的各种内部评级参数，因此，必须确保风险评级流程具有真实性和独立性。同时，管理层必须重视和支持评级体系的实施，保证评级或评审部门能够得到所有需要的信息，银行必须有成文的风险评级分布计算流程和内控制度，以保证评级效果和提高验证的独立性，巴塞尔委员会对银行定期评级的更新时间还做出特别要求：对于正常的借款人，其规定为90天；对于财务状况不佳企业更新时间缩短为30天；对于高风险借款人和客户出现新的重要信息时，评级都必须及时更新。通常信用风险管理部门至少每年为借款人重新评级或评审一次。

3. 评级过程的监督

内部评级的监督是确保评级体系正确性的重要保障，因此，商业银行的董事会和高级管理层必须十分重视对评级过程的监督，积极监控风险评级体系的运作，包括评级的建立机制和PD测算的精准性等。同时，银行应该有独立运作的信贷风险控制部门，负责的工作包括设计、实施和维护信贷风险评级体系，分析评级工具输出的结果报告，划分和监控内部评级，以及政策的合规性检查等。内部审计部门负责进行内部控制测试，如风险评级数据库完备性，抵押和留置完善性的控制测试等。

4. 评级系统的标准和方向

为了更有效和准确地监督评级系统，也为确保以后评级体系的延续性，银行必须按要求将评估标准以文本形式确定下来，银行必须保证这个标准涵盖了所有与借款人风险分析相关的因素。

内部评级法是《巴塞尔新资本协议》的一个最大的创新，因此，银行须确保所采用的内部评级体系是构成现行业务和风险管理文化的一部分，能广泛应用于银行的各种业务和管理之中，包括信贷审批授权和限制，对信贷定价的评估，向银行管理层和董事会报告风险组合状况，对银行的资本充足率、准备金和盈利能力的分析，对资本充足率的压力测试等。

7.3 评级模型开发研究

下面根据《巴塞尔新资本协议》的有关规定，结合我国当前银行业的实际情况，研究我国当前商业银行评级模型开发的对策和建议。

7.3.1 内部评级体系开发

银行要建立符合监管要求的，同时能够有效测定风险度的评级模型体系，其前提是必须有一套完备的评级模型开发策略，一套有计划、有组织、有准备的程序才能令这一复杂、庞大的工作得以顺利实施。建立内部评级模型开展的工作包括：（1）建立客户违约率（PD）模型；（2）通过历史违约数据分析和专家经验，初步估算历史平均给定违约损失率（LGD），为未来 LGD 估算模型的数据收集和建设提供基础；（3）明确贷款违约敞口（EAD）和度量期限（M）的定义及所需因素；（4）根据《巴塞尔新资本协议》内部评级法初级法的要求估算贷款预期损失（EL）和预期损失率；（5）模型的开发、测试和使用符合《巴塞尔新资本协议》初级法的要求；（6）为内部评级模型的进一步优化、组合风险度量积累数据资源。

鉴于内部评级模型在信用风险管理中的基础性地位，因此，我国商业银行要与国际银行业接轨，先尽快实施内部评级项目，至少应尽快进行模型开发所需要的数据收集工作，否则后续风险度量和管理项目将缺乏开展的基础。从目前中国银行业的状况来看，银行的管理水平和数据等难以满足实施高级法的要求，即使实施初级法也有一定的差距，有很多工作要做，因此，本书结合中国银行业的实际，分析其实施内部评级初级法的问题，并提出一些建议。

7.3.2 风险因素的制定

在确立了银行内部评级系统建设方案后,对于建模而言,先要确定所需的风险因素。通常进行客户资信评级所需要采集的风险因素可归纳为三类,即客户的定量数据、客户的定性数据以及其他信用风险建模相关数据(包括为设计客户评级所需的客户信息,以及计算 LGD 和 EAD 所需数据)。下面分别陈述如何确定这三种风险因素。

1. 定性风险因素的确定

在评级时,不但考虑定量因素,而且还应该考虑定性因素。通常这些定性因素须考虑行业特征,主要包括管理水平、盈利能力、还款记录等,可采用如下方式确定定性因素:

(1)根据行业经验、外部知识等来源确定适合于商业银行自己的定性数据讨论清单;

(2)召开"头脑风暴"研讨会,征求并引导银行资深客户经理的意见,对上述讨论清单进行必要的增减和改善;

(3)组织客户经理采用部分贷款样本对修改后的清单进行试填写;

(4)根据清单试填写的统计结果,探索这些定性指标的预测性;

(5)经过分析后,就定性数据中部分比较客观和有预测性的部分,可能要求全行的客户经理就全行的贷款样本进行补充填写,从而进一步与财务数据结合。

常用的定性指标包括经营管理指标、履行合同指标、发展能力和潜力指标、领导者素质指标和市场竞争力指标等,这些指标度量了企业的管理水平,在行业中所处的位置,企业发展前景以及企业过去的信用状况等。

2. 定量风险因素的确定

定量风险因素主要来源于财务数据。确定定量风险因素的目的利用数理统计方法建立信用评级模型,通过采集到的财务数据构造出统计学上有意义的财务指标。定量风险因素的确定过程需要在历史数据的基础上对各类财务指标项目进行风险相关性度量,以最终确定将会被应用在风险评级模型中的财务数据参数。

对定量风险因素的确定可采用如下方式：

（1）根据行业经验、外部知识、著名评级机构使用的财务数据参数等来源确定适合于商业银行的财务指标讨论清单；

（2）与资深的客户经理、审查人员讨论该财务指标清单，了解指标的精确定义和例外的处理方法，筛选有意义的指标；

（3）设计适用于商业银行的各大行业客户的格式统一的财务数据收集的模板（模板最终将被植入信贷风险管理信息系统中）；

（4）请客户经理利用真实的贷款样本（三年财务报表）进行试填写，测试财务数据采集模板的有效性；

（5）通过财务数据采集模板输出相关财务指标，对输出的财务指标的预测性进行单因素统计分析，确定定量风险因素的范围，并且为下一步进行统计建模做好准备。

3. 其他风险因素的确定

除了上述客户的定量数据、定性数据之外，为了建立客户评级模型、交易评级模型还需要其他一些数据，包括客户的基本数据、贷款数据和回收数据等。

对其他风险因素确定方式建议如下：

（1）根据行业经验、外部知识来源确定用于客户资信评级和交易评级的其他信用风险因素清单，主要分为负债人数据、关联方数据、违约数据、交易评级、回收评级和评级数据等；

（2）对此数据清单中的数据项进行存在性分析，具体分析并掌握在系统中存在的、在文档中存在的和目前不存在的数据项；

（3）对于在系统中存在的数据，进行数据的抽取、转换和加载（ETL）；对于目前不存在的数据，将判别其重要程度，如确属重要数据，将要求前线业务人员进行数据补充；对于在文档中存在的数据，将视数量多少、存放的规范程度决定是否设计统一模板，要求客户经理予以填写或者统一将样本复印件集中录入。

7.3.3 数据的收集和管理

根据《巴塞尔新资本协议》的规定，进行违约概率的测算需要 3~5 年的有效数据，对于一个典型的行业模型建设而言，原则上需要1000条有效数据。其中有效的违约数据记录应占数据记录总量的15%～20%。因此，我国商业银行在开展此项工作之前，应首先做好相关数据的积累和保存工作，但我国商业银行的实际情况表明，在数据的积累和保存方面与《巴塞尔新资本协议》的规定有较大的差距，基本上都是最近一两年的数据，如何处理好数据的缺陷是我国当前商业银行开展信用评级所要解决的最为迫切的一个课题。同时，建议我国商业银行应及早开展数据清理工作，为以后的信用评级奠定良好的基础。在未来的过程中，还应对相关数据不断补充和发展，使其达到完善。

数据的收集和管理一般可以分为以下四个阶段。

1. 数据分析

要进行风险度量模型的建设，面对的首要问题是数据的存在性分析和数据的质量分析。我国商业银行目前的现有状况都很不理想，在缺乏系统支持，并且所有的数据均保存于纸面文档，分散在支行、分行、总行中的情况下，在进行数据收集之前，银行应事先进行一次全面彻底的全行内数据分析行动，这样可以较为全面地掌握全行数据结构、数据分布、数据保有状况、数据质量等。根据掌握的情况，制定详细的数据收集方案。

2. 数据收集

数据收集方案要明确以下四方面的问题。

（1）明确数据收集的组织方式。数据收集的工作涉及各级分支行，需要前线业务人员的大力配合。同时会有诸多细致的工作，包括大量的协调和数据质量的控制工作。银行应设置专门的数据收集小组，从总行—分行—支行，实行"垂直化"管理。数据收集小组在数据采集期内以"项目制"的工作方式运作，负责从数据文档的收集电子化采集整个过程的工作。数据采集的质量和效率将作为关键的绩效考核指标纳入数据采集小组成员的年度考核中。

（2）确定数据收集的周期。数据收集要在规定的期限内完成，这牵涉到部分数据的有效期限和模型建设的进度。国外同行业的经验表明：一次全行范围内的大型数据采集工作一般要耗时3～6个月。这取决于现有的数据基础、采集管理效率、前线人员动员情况等多方面的因素。

（3）确定数据收集范围。数据收集的范围要根据数据存在性分析和质量分析的结果来确定。根据《巴塞尔新资本协议》的要求：客户数据和贷款数据收集的范畴要包含连续3~5年的数据（指最近的3~5年）。数据收集的范围要包括：正常客户、违约客户、已核销客户和未授信客户的资料。这些客户的类型应该涵盖：企业客户（包括新建企业）、特殊单位（机关、医疗、教育等）。数据收集的范围越广越全，对以后开展信用评级和对相关客户授信的工作就越有利。

（4）明确数据收集的方式。在开展数据采集工作之前，先应对相关操作规程进行详细的规定，制定《数据采集操作手册》或者类似的规章制度来规范数据收集工作，数据采集小组的工作流程要根据既定的《数据采集操作手册》来实施。

3. 数据清理

数据清理是降低数据收集、录入错误的必要步骤。建议可以通过数据清理规则、数据清理技术来完成数据清理工作。例如，通过质量抽查检验、OCR技术、由外购的流程系统对报表的基本逻辑进行校验、设定特定的标志以作识别、数据仓库对进入系统的电子化数据进行逻辑校验等手段来进行数据清理的工作。数据清理工作一般需要1~2个月。清理工作可以采用叠加式工作模式，与数据采集工作同步展开，争取在既定的时间采集周期内完成工作。

4. 数据录入和保存

数据的录入和保存是数据收集工作成果的最终体现阶段。数据录入的方案一般有两种选择：

第一种，采用总行集中培训，并提供电子化录入工具，由前线人员自行实施电子化录入方式；

第二种，由前线人员采集书面的数据，以复印件或者填写表单的形式汇总到总行，后由总行集中录入系统。

相对于前一种方案来说，第二种方案在实际操作过程中比较容易控制数据质量。同时较第一种方案来看，前线业务人员的工作量也相对较轻，便于总行和分支行数据采集人员更和谐的合作。

录入系统后的数据将采用ETL的技术被倒入数据库保存、维护和管理。银行应尽可能收集、存储借款人的各种数据，包括违约历史记录、评级决策、评级历史记录、评级转换、用以评级的信息、评级模型、违约概率值测算的历史记录、关键借款人的特点，同时对未能批准的借款申请资料也予以保留。

7.3.4 评级模型建设

针对我国商业银行的现状，目前虽然有一套客户信用评分表和担保评分表，但这些评分体系存在较多的局限性，评分体系的建立也缺乏一定的客观性，包括评分结果未和客户的违约率以及交易的预期损失建立映射关系、客户评估未区分大型客户和中小客户、评分表的开发和使用过程中缺乏必要的检验、依据评分的数据资源没有得到很好的验证和保存等。虽然在公司授信业务中可以较多地依赖于传统的专家判断。但是，银行内部风险评级由于其标准、统一和直观的特点而成为银行风险沟通的通用语言。而且，一个和客户违约率和交易预期损失相联系的评级模型可以广泛地应用于贷款审批、贷款定价、组合风险度量、限额设定、风险绩效评估和资本金分配等诸多领域。

内部评级模型（系统）框架建设从风险评估入手，将风险细分为客户风险和贷款风险。对其中经过确认和筛选的客户风险进行细分、评估和建立对应的模型。

评级模型的细分可按企业规模划分、按行业划分或按地区划分等。

1. 按照企业规模划分

将大型企业（或者和一部分比较大的中型企业）放入一类进行建模，而把中小型企业列为另一类进行建模。这里的规模定义可以参照国家统计局的标准，也可以根据商业银行现有公司客户规模总体上的特点而另行划分。

大型企业的内部评级是根据评估与负债人的财务稳定性有关的定量资料（如外间授信评级、负债人财务/交易资料）及定性资料（如公司营运能力、管理层素质），反映负债人的违约可能性。大企业一般都实行多样化经营（因而业务较复杂），管理也相对规范（数字可靠性相对高），因此对大型企业，应该在定性、定量两个方面加以综合分析从而确定信用等级。

对中小型客户的评级模型，可以先假设所有中小型客户具有高度的同类性，对这些客户直接建立一个评级模型。然后，再用模型的可靠性测试及分群技巧来核实不同行业客户的同类性，继而决定是否需要为不同的行业、地区的客户来建立不同的模型。

2. 按照行业划分

类似于按企业规模建立相应的评级模型，也可以针对客户的不同行业，构造出具有代表性的若干行业评级模型，例如，制造业、零售业、批发业、公共事业等典型行业模型。对于行业的划分标准也可以参照国家统计局的有关行业划分标准。除此之外，还要考虑到一些特殊企业，例如，事业单位、医疗机构、教育机构等，构造一批专项贷款的评级模型。

以上三个细分标准不是绝对的，可以对三个标准综合考虑，使模型达到最佳效果。

根据不同行业分类进行评级的评级流程如图7-3所示。

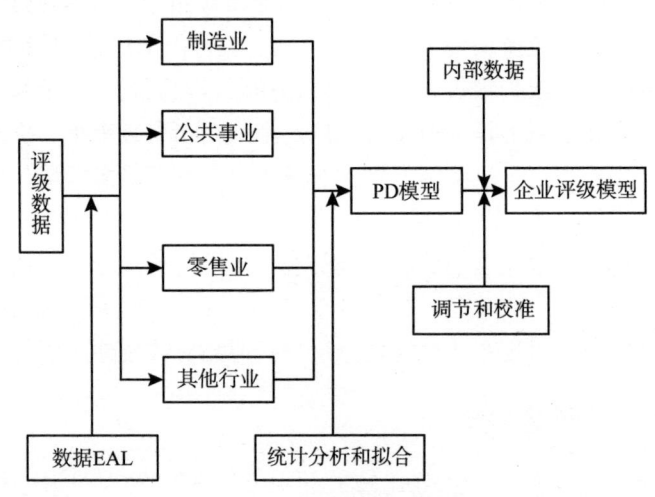

图7-3 大型企业评级流程

按规模划分，对于中小企业模型，银行直接用自己的数据进行统计分析得到评分值。根据评分值将客户分类，计算各类的违约率，并根据违约率指定客户的信用评级。但需要注意的是，其根据违约率确定信用评级的原则应与大型客户的原则相同，这样商业银行系统内所有客户的信用评级具有统一的标准，其评级流程如图7-4所示。

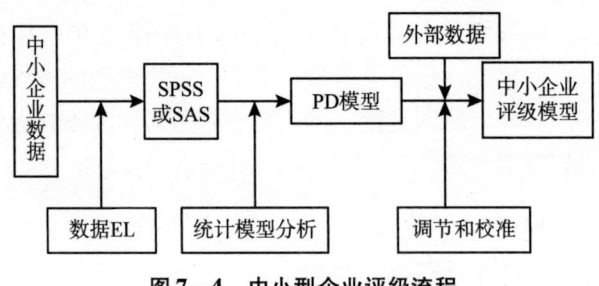

图7-4 中小型企业评级流程

此外，在建立模型时还必须考虑定性因素。具体的思路是将根据定性数据的评分，统一为定量评级结果做出调整。判断的标准是调整后的评级各级别间能够保持良好的关系，并在违约率平均值上与国际标准有一致的对应关系。

7.3.5 建立评级模型的方法

新协议规定有三种建立评级模型方法：内部违约经验模型、映射外部数据模型和统计违约模型。

银行可以使用内部违约经验模型估计违约概率，当银行数据有限或授信标准、评级体系出现变化的情况下，银行在估计违约概率时，必须留出保守的、较大的调整余地。采用多家银行的加总数据时必须证明暴露池中其他银行的内部评级体系和标准可和本行比较，并得到有关监管当局和银行内部的认可。

银行测算违约概率也可将外部信用评估机构的评级映射到自己的内部评级体系上，然后将外部机构评级的违约概率作为本银行的违约概率。映射评级必须建立在内部评级标准与外部机构评级标准可相互比较，并且对同样的借款人内部评级和外部评级可相互比较的基础上。银行必须避免映射方法或基础数据上的偏差和不一致，以量化风险的数据为基础的外部评级其标准必须是针对借款人的风险，而不是债项的风险。

作为更准确的违约概率估计方法，银行可使用统计模型，这必须建立在银行具有良好的数据基础上。统计模型的估计结果反映了借款人违约概率估计值的简单平均。统计模型可作为评级的主要基础或部分基础，在评估损失特征中发挥作用，然而必须要有足够的主观判断和人工监测，以保证所有相关的信息，包括模型以外的信息也得到考虑。

从《巴塞尔新资本协议》未明确规定使用哪种方法，但从它所积极倡导的内部评级法提倡使用准确性更高的统计违约模型，下面研究统计模型的技术。常用的统计违约模型一般是 Logit 模型或 Probit 模型，Logit 模型的具体形式为：

$$P(D) = \frac{1}{1 + e^{-\alpha X + \beta}} \tag{7.1}$$

Probit 模型的具体形式为：

$$P(D) = \int_{-\infty}^{\alpha X + \beta} \frac{1}{\sqrt{2\pi}\sigma} e^{-\frac{x^2}{2}} dx \tag{7.2}$$

图 7-5 给出了这两个函数的形状，实线是 logit 函数，虚线是 probit 函数。

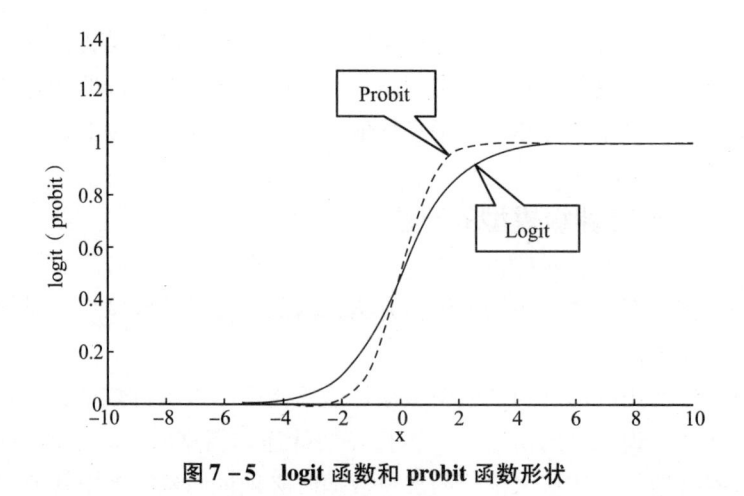

图 7-5　logit 函数和 probit 函数形状

从图 7-5 可以看到，在 (0, 0.5) 这一点相交，两个函数的形状基本相似，不同的是 logit 函数的尾部更平滑一些。在实际应用中由于 Logit 模型在计算中比较方便使得其应用较为广泛。

从图 7-5 还可以看到，这两个函数的取值范围是 (0, 1) 且是一个递增函数，这对建模选择回归因子 X 时提出新的要求：所有因子必须分别与违约概率是单调函数（单增函数或单减函数），违约的解释变量与违约之间满足单调性时才能用上述两个模型计算违约概率。这一点很重要，如果不满足这一性质，映射出来的违约概率并不能反映出真实的违约概率。通常解释变量不满足单调性的情况很少发生，但必须十分小心，对此逐一做验证，如图 7-6 所示，标准普尔的一部分资产池中权益收益率（ROE）和违约概率之间不满足单调性。

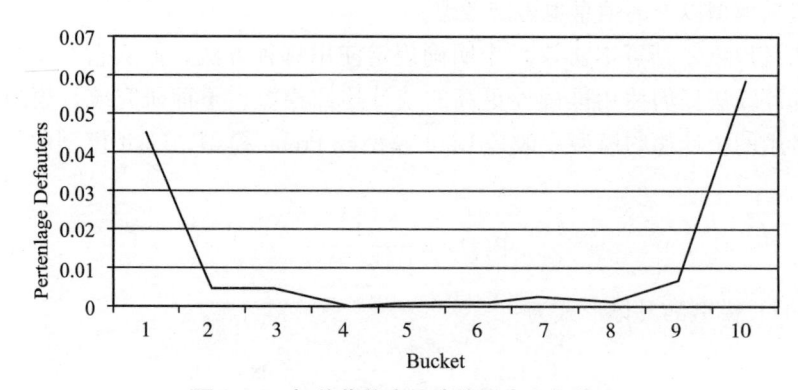

图 7-6　权益收益率和违约概率之间关系

发现不符合单调性时，应采用返回检验的校验方法，计算出违约概率结果应在一年内对违约公司和非违约公司进行"拟合"，如果不是很好，则应继续使用"极大似然估计法"对样本参数 β 进行估计，并再次"拟合"估计的数据。

同时，Probit 方法除所采用的基本形式是正态分布外，其他的方法和 Logistic 方法和局限性基本类似，这两个模型都不能处理非线性变量和非单调变量的问题。为克服这两个缺陷，也可以采用"mini – modeling"方法进行建模。

对于历史平均 LGD 的模型构建，应先计算出单笔违约贷款的历史 LGD，然后根据获得的数据利用方差分析或者决策树分析的手段进行风险因素（如抵押品、不同的担保方式、行业、地区等）的显著性分析，调整历史平均 LGD。

7.3.6 模型验证

内部评级模型的验证是模型实施和使用的关键环节。使用未经验证和确认的、准确性不能得到保证的模型可能会给银行带来很大的风险。从监管的要求来说，《巴塞尔新资本协议》也要求银行至少每年都要对模型进行验证，对零售评分卡模型的验证周期可能要更短一些。模型验证的方法可以分为两大类：定量验证和定性验证。

1. 定量验证方法

通常在模型建设之初就会考虑到返回测试时的数据和需要的方法。对于测试数据，一般比较通行的做法是：在数据量充足的情况下，将数据作 6∶4 分组。60% 的数据将作为运算集数据，40% 将作为验证集数据。这样就建立起了两个独立的数据池（data pool），保证了验证的质量。如果数据量不足以支持两个独立的数据池，要考虑采用外购数据来验证模型。同时，为了全面验证模型的效果，不但验证建模数据时间段内的模型预测效果，还需要验证建模数据以外时间的模型预测效果。

2. 定性验证方法

定性验证方法主要包括模型设计程序的规范化、数据质量的校准和内部使用情况反馈调整等。

（1）模型设计程序的规范化。模型设计过程的严格化、标准化也是银行内部和监管当局验证模型的重要途径之一。内部评级模型建设过程的所有技术文档和过程文件都要由专人保存下来，供模型技术人员、银行高层及监管当局查阅和验证。规范化的模型设计程序体现了模型建设的严谨性和完整性。在后续的模型使用和改进中也将起到关键的作用。

（2）数据质量的校准。数据质量的校准是模型定性验证的另一个重要部分。大部分模型需要利用外部数据来做校准，以确保模型的准确性和稳定性。

（3）内部使用情况反馈调整。与技术测试同等重要的是模型运作的一个内部环境的认可。信贷文化的传统特点、信贷操作人员的使用效率等会对模型提出持续的修正要求。

7.3.7 评级模型维护

1. 数据准确度验证

在评级模型建立后，一项重要的工作就是对模型所使用数据的正确性进行监测和维护。一个模型建立的再准确，如果所使用的数据不符合模型的要求，则评级结果的也不会很准确，甚至可能会产生很大错误，因此，评级模型建立后的任务重心就转移到对数据正确性的监测和维护上。未来的评级业务流程应该是能够持续而有效的监控数据输入的准确性、监控评分计算的结果，并在系统上线后监控评分的正规用途。

2. 模型参数的维护

利用正确的技术和合理的数据建立的模型能较准确地计算出 PD 等参数，但由于商业银行的客户池是一个动态池，这不仅包括旧客户的退出和新客户的进入，而且还包括原有客户池内客户的信用状况等发生变化。因此，在模型使用过程中，对模型参数的维护十分重要，《巴塞尔新资本协议》规定，对零售评分卡需要至少每半年维护模型参数一次，对企业客户一般需要一年维护一次。

模型参数的维护主要是校准模型的参数是否对现有客户池适用。如果发现模型参数有较大偏差时，必须对模型进行二次开发，以确保模型结果的准确性。因此，模型的维护是一件日常性的工作，但我国商业银行在这方面的工作仅仅是刚刚起步阶段，所以必须对数据收集、操作流程和后评价等各种内容予以规范化对模型的维护十分必要。

7.4 我国商业银行使用内部评级法的基本条件

与旧《巴塞尔协议》相比，《巴赛尔新资本协议》提出了更为全面、更具风险敏感性的方法，力求把资本充足率与银行面临的主要风险紧密结合在一起，突出内部评级法（IRB）在风险管理中的核心地位。内部评级法实质上是一套以银行内部风险评级为基础的资本充足率计算及资本监管的方法，也就是说，只有具备了内部评级的技术手段和制度体系，银行才有能力运用 IRB 法进行资本监管。

7.4.1 内部评级体系基本要素

所谓内部评级是银行专门的风险评估部门和人员，运用一定的评级方法，对借款人或交易对手按时、足额履行相关合同的能力和意愿进行综合评价，并用简单的评级符号表示信用风险的相对大小。根据巴塞尔银行监管委员会 2002 年对经合组织近 50 个国际性大银行的一份调查报告，一个有效的内部评级系统主要包括以下六项基本要素。

（1）内部评级对象。过去一个时期以来，银行主要采取一维评级系统，即仅对借款或交易对手进行评级。随着金融分析技术合业务需求的不断提升，而今越来越多的银行开始使用二维评级系统，既对债务人评级，又对金融工具评级。前者是对借款人偿还非特定债务的能力进行综合评估，后者则需要根据不同债务工具的具体特点，如抵押，优先结构等可，对特定债务的偿还能力进行评价。

（2）风险等级及评级符号。一个功能良好的评级系统还能将不同资产的风险进行充分区分。各银行确定的风险级别和相应的评级符号有所差别。按照国际标准，银行内部风险等级通常可分为十级：最佳级（AAA）、很好级（AA）、较好级（A）、一般级（BBB）、观察级（BB）、预警级（B）、不良级（CCC）、危险级（CC）、损失级（C）和严重损失级（D）。BBB 级以上（含）是贷款等级。银行不能批准信用等级在观察级（BB）以下（含观察级）客户的贷款申请。贷后检查发现借款企业信用状况发生变化，银行可以变动借款企业的信用等级。当借款客户的信用等级下降到观察级以下（含），银行应该采取措施，保证银行贷款安全。

（3）评级方法。国际性大银行的评级方法大体分为三类：以统计为基础的模型评级法、以专家判断为基础的定性评级法以及定量与定性相结合的评级方法。目前，世界上最先进的银行均使用以统计为基础的方法，如违约率模型（DM）或盯住市场模型（MTM）作为评级工具。而以定性评级法完全不使用统计模型，主要依靠专家的经验判断，这种方法仅适用于业务简单的小规模银行，适用范围趋于缩小。目前，大多数银行采用介于两者之间的评级方法，即定量分析和定性分析相结合。

（4）评级考虑因素。大多数国际性银行在评级时除了考虑借款人财务状况，包括资产负债情况、盈利能力和现金流量充足性等因素以外，还会考虑经济周期、行业特点、区域特征、市场竞争、管理水平以及产权结构等因素对借款人偿债能力的影响。行业分结构和主要风险析在风险评级过程中发挥着越来越重要的作用，因为不同行业的发展前景、市场结构和主要风险因素各不相同，只有通过行业比较，才能比较客观地估计不同行业借款人的信用风险水平，并使不同行业的信用评级具有可比性。为此，一些国际性银行非常重视对行业的研究和跟踪分析，并按不同的行业分别设立机构，每个行业机构下设置客户经理部、行业评估专家组、风险评估专家组和业务处理组。

（5）违约率的统计分析。在长期业务开展和内部评级过程中，国际性银行积累了有关借款人和交易对手比较丰富的数据资料，包括特定借款人或交易对手的历史违约情况，从而可以根据这些历史数据对每一信用级别的实际违约率和损失的严重程度进行估计，旨在检验内部评级的客观性和准确性，不断提高风险评级质量。

（6）内部评级法的基本结构。与旧协议相比，《巴塞尔新资本协议》所提出的内部评级法更加广泛地涵盖了信用风险、市场风险和操作风险。因此，新的资本充足率计算公式中的分母改由三部分组成：信用风险的加权资产与市场风险和操作风险所需要资本的12.5倍之和。

巴塞尔委员会进一步提出，银行必须将账面敞口归为六类：公司、主权、银行、零售、项目融资以及股权。六类敞口使用IRB法都必须满足三方面要求：风险要素、风险权重函数以及一套最低技术要求。银行对信用风险的内部测量是根据对借款人交易记录的分析，对其违约可能性进行违约概率（PD）、违约损失（LGD）和违约时的风险暴露（EAD）。内部评级法风险权重由这三个因素的函数确定，这个函数将三个因素转化成监管风险权重。此外，最低资本要求还应考虑信用风险类别、评级体系、违约估计模型、数据收集和 IT 系统等多方面因素。

7.4.2　采用信用风险测量标准法的可行性

要使用信用风险测量的标准法，需要有完善的信用评级体系相配合。首先，我国信用评级业才刚刚起步，还不具备国际上认可的技术和管理标准。其次，我国缺乏有实力的信用评级公司，而且大部分评级公司都是采用主动企业进行评级，被动评级能力较弱，通常难以获得企业翔实的资料，即使获得信息也是相对滞后的，价值不大。最后，外部评级所覆盖的企业范围较小，2003 年国内银行客户总数中仅有 6.5% 的企业获得法定机构的评级，与美国的 43.2%，欧洲的 44.1% 相差甚远。因此，一旦我国商业银行采用《巴塞尔新资本协议》信用风险测量标准法来计算资本充足率，就必须要求多数企业提供外部评级，目前我国评级公司无法做到。若引进国外评级公司，将增加银行经营成本，但如果不评级而是直接套用标准法系数，银行大多数信贷资产的风险权重只有定为 100% 或 150%，如此，银行风险敏感性和资本充足率将大大降低，得不偿失。

7.4.3　内部评级法实施要求

要实施《巴塞尔新资本协议》内部评级法就要满足实施该法的技术要求。内部评级系统的操作必须满足一定的条件，银行必须经过监管部门的审查和批准，才能实施内部评级法。监管部门还应对银行内部评级系统实行经常性检查，以保证内部评级系统符合巴塞尔协议的技术要求。根据委员会的要求，实施内部评级法至少应该满足以下要求。

（1）新协议要求银行要建立定量化风险评级系统。要建立有效的风险评级系统应该具备三个基本要点。一是要保证风险评级过程技术的系统性和完整性。评级系统应包括模型的建立、数据收集、风险分析、损失量测算、数据储存、返回检验等全部过程。同时，银行应具备一套客观和统一的评级标准，并证明其使用的标准涵盖了所有与借款人风险相关的因素。实施新协议内部评级法的核心价值在于风险量化模型的技术含量上。二是内部评级法应基于两维评级体系，一维是客户风险评级，以违约概率（PD）为核心变量；另外一维反映债项风险评级，通过债项自身特征反映预期损失程度，以违约损失率（LGD）为核心变量。三是实现信用风险的级别细分。银行对正常贷款的客户至少要划分为 6~9 个等级，不良贷款客户至少要划分为 2 个等级。

（2）数据要求。内部评级法是建立在精确计量模型的基础之上的，因此，对数据的质量和数量都提出很高的要求。对于使用内部评级法初级法的银行，《巴赛尔新资本协议》要求必须具备 5 年以上的历史数据来估计并验证违约概率；对于使用高级法的银行，必须由 7 年以上的历史数据来估计违约损失率，新协议同时要求银行评级的历史数据必须加以保留，作为系统完善和检验的基础和依据。

（3）系统的检验、升级与维护。《巴赛尔新资本协议》要求银行内部评级的方法经过严格的统计检验，不仅仅要求样本内一致，且任何一个等级中不能超过总的风险头寸的 30%。银行应对内部评级系统进行经常的检验和更新，并进行标准化程序的后评价，以保证系统的实时性和正确性。上述条件所包含的技术参数必须经过监管当局的技术确认，同时满足《巴赛尔新资本协议》关于信息披露的具体要求。

（4）独立的风险评级或评审机制。巴塞尔委员会求各项评级的确定都必须经过独立进行评审并负责确定。确切地说，风险评级需要银行建立完善的操作流程和组织体系，以保证内部评级的独立性和公证性。

（5）在银行承诺贷款前必须给每个借款人和贷项一个级别。

（6）银行必须对风险评级过程和组织控制形成书面文件，以担保定级和确认级的独立性。

（7）内部评级体系应是当前业务和风险管理文化的有机组成部分，评级结果应该用于信贷授权批准、贷款定价、报告资产组合风险、分析银行的资本充足率、留存和留利。

（8）实施内部评级法前，风险评级体系应使用至少 3 年。

（9）评级系统必须经过董事局的授权并有一套完整的授权体系，并经过每年度的内审及必要的外部审计，同时需要独立的信用风险控制单位对其进行不断的检验修正以保证整个体系的质量。

要建立内部评级系统，并不是满足上述要求就可以了，需要监管部门、银行和企业等多方面的协调、合作，在不断的磨合、探索中求成果。我国已经初步具备了建立内部评级系统的条件，而且各个商业银行也在积极准备组建内部评级体系。但实施内部评级法不可能一蹴而就，应该从现在开始不断摸索并在实践中应用该法，最终达到预期的目标。我不赞成有些学者的观点，他们认为"以我国商业银行现有的管理水平和所有权结构状况，尚不具备实施内部评级法的条件"，认为"在信用风险的测量上，我国应该考虑延续传统的做法，由监管部门对各类风险确定风险权重"。我国虽然不能要求所有商业银行立刻按照《巴塞尔新资本协议》要求，严格执行内部评级法，但是可以允许基础较好的国有大型银行先建立内部评级系统并使用内部评级法初级法，其他商业银行借鉴国有商业银行经验推后执行。

7.4.4 我国实施内部评级法的国内环境

近年来，我国商业银行提高了对风险计量分析的重视程度，引进、培养了一大批金融工程人才，有的银行已经初步形成了一支分工细密、组织严谨的专业化团队，这些都对我国银行业实施内部评级法形成了有力支持。但是要达到《巴塞尔新资本协议》关于实施内部评级法的要求还远远不够，与发达国家相比差距也比较大。

1. 在风险评级模型方面

目前，我国缺乏一个适合各个商业银行内部评级体系运用的评级模型，而实施内部评级法的技术核心是建立一个科学风险评级模型。而且该模型能够正确反映和评估银行业务中存在的各类风险。《巴塞尔新资本协议》及其 IRB 法给我国银行业所带来的挑战涉及管理理念、管理技术和管理体制等多层次、全方位。内部评级法所要求的技术和理念与我国银行业传统的技术方法和行为方式完全不同。脱胎于计划经济的中国银行业习惯于以单一规模控制进行信贷管理，缺乏风险意识和资产组合观念。

2. 在数据收集、储存方面

要实施内部评级法需要强大的管理信息系统（MIS）支持，但是，目前我国缺乏客户和债项的有效的连续性数据而且由于历史原因，数据的真实性和完整性不够。一方面，国内商业银行对客户的基本财务信息（如资产负债表、损益表和现金流量表等）占有不充分、不完整、不及时，甚至不真实，分析利用的深度不够，信息收集既定规程对客户多样化的适应性程度不高等；另一方面，对客户的非财务信息或定性信息的收集达不到标准化、规范化的程度。据有关银行检验,我国制造业财务报表可信度为70%~80%,商业和房地产约为60%,大型企业数据可信度约为80%,中小企业分别为70%和50%。

3. 在二维评级体系的建立方面

目前,我国商业银行都基本上建立了二维评级体系,但是都没有与违约概率及违约损失率挂钩。

4. 在风险等级的划分方面

长期以来,我国商业银行一直使用"一逾两呆"对贷款风险进行管理,直到2000年才采用国际上流行的"五级"分类法,而发达国家已经对"五级"分类法做了进一步细分。

5. 在资本监管要求方面

由于我国银行业资产质量较低,如真正按照内部评级法的技术要求计算资本充足率,国内多数银行的资本要求压力很大,根本无法达到8%的最低要求。

6. 在内部管理体制方面

国有银行习惯于以政府机关的行政命令方式动员和配置各种资源,在机构上偏重于按预设职能设置,缺乏创新性工作所需要的机动性和灵活性,从事管理技术开发的岗位设置和人力资源配置也明显不足。与此同时,现行管理体制及其绩效评价标准对技术开发工作的短期激励大大高于长期激励,这也不利于内部评级技术的深入研发。

7. 在人力资源的技术含量和组织效率方面

风险评级是一项系统工程,需要强大的人力资本后盾。我国商业银行在人力资源上的劣势是显而易见的。

8. 在社会信用环境方面

按国际信用评级标准,我国许多企业根本不应达到银行的投资级标准,一旦银行严格按照内部评级法要求进行规范化管理,将会导致大批企业因信用低劣而无法获得银行贷款，从而加剧已有的信贷萎缩，对国民经济增长造成严重的负面影响，这也是近几年在我国实行 IRB 法的一个主要制约因素。

9. 在信息披露制度方面

实施内部评级法以后，对商业银行信息披露的要求将大幅度提高。IRB 信息披露包括定性披露和定量披露，定性披露包括关于计量方法和关键数值的信息等，定量披露包括用内部评级法评估的名义风险资产等强制披露信息和非强制披露信息。

7.4.5 国内商业银行使用内部评级法的现状

要使用《巴赛尔新资本协议》内部评级法，先要求建立内部评级体系，近几年来，我国商业银行认真研究《巴赛尔新资本协议》关于使用内部评级法的要求，积极准备组建内部评级体系。

1. 在风险评估模型的研究、开发方面条件

虽然目前我国仍然缺乏一个有效的风险评估模型，但是，国外发达国家在信用风险分析模型方面的研究、开发给我国以宝贵经验，可以借鉴这些模型，加之我国的特殊环境，迅速建立自己的模型。这个模型不一定很复杂，但是必须适合我国商业银行的业务结构，应该注重加大对风险模型的技术研究而不仅仅是致力于清理数据和业务逻辑整合。目前可借鉴的国外优秀模型有：Altman1968 年建立的 5 变量 z-score 模型；在此模型基础上 Altman 等又于 1977 年开发出 7 变量的 Zeta 判别模型；ohlson1980 年引入 logit 模型；以及基于弃权定价理论的破产风险模型；基于保险精算方法的死亡率模型；还有神经系统网络分析模型等。

2. 基础数据的准备

要建立风险评级模型需要有信息管理系统及基础数据支持。尽管目前并不是所有的银行都具备了信息管理系统，但国内几家大型国有商业银行目前都具有较好的管理信息系（MIS），从 2000 年起对新发生的信贷业务都有系统的数据记录，至今基本上都有 4～5 年的数据积累，虽然实施内部评级法要求有 5 年的历史数据准备，但初步建立内部评级系统只需要 3 年的数据，而且近年来

我国数据质量有所提高，尤其在信用风险和市场风险方面的数据质量也有了长足进步。从这方面来讲，许多学者认为，我国可以开始建立内部评级系统了。而且即使数据的真实性、完整性不够，只要模型的技术含量高，那么其计算结果仍是有很大参考价值的。因此，中小银行也应该开始着手建立内部评级系统了。

3. 为计量违约损失而作的研究工作

目前，国内学者投入大量精力对违约概率及违约损失率的研究工作，因为违约概率和违约损失率都是反映债务人违约的信用风险的重要参数，且预期损失（EL）= LGD × PD × EAD。这些学者在研究工作中给出了许多非常好的建议，例如，陈忠阳提出我国应建立 LGD 数据库，加强不良贷款回收制度和法制建设，完善企业破产清算的法律程序和环境；积极发展公司债券市场，建立 LGD 分析的市场基础。这些都给我国迅速建立内部评级体系提供许多理论及技术方面的支持。

4. 积极培育好的信贷文化

好的信贷文化不但能体现银行特色，在竞争中获得优势。而且在建立内部评级体系过程中也能起到事半功倍的作用。近年来，我国商业银行形成了全新的信贷文化，例如，对风险意识的普遍加强，特别是《巴赛尔新资本协议》提出全面风险管理理念以来，许多商业银行都在积极响应，将在风险管理方面引入定量方法，运用先进的技术手段分析和管理风险损失，对风险五级分类作进一步细分的等方面的研究等。这些都给我国建立内部评级体系提供了文化支持。

5. IT 资源的投入

对内部评级系统的开发和运用需要大量的 IT 资源及信贷业务流程和数据仓库支持。

在信贷业务流程方面，我国几家大型国有商业银行均已经完成了初步的开发、建设，同时，在数据仓库建设方面，各大商业银行的数据收集、集中、储存工作也已经基本就绪，庞大的数据库将会很快建成。而且即使没有完善的数据仓库也可以管理信息系统或数据集市。在数据共享方面，人民银行的信贷登记系统的升级工作也取得了很大进展，给数据基础薄弱的银行提供了方便，使我国迅速建立内部评级体系成为可能。

6. 外部评级体系的建设

目前，我国的外部评级机构不少于 40 家，虽然他们中大多数都在发展壮大中，且实力有限，但也可以看到我国的信用评级业正在蓬勃发展。随着经济一体化的不断深入，国外评级机构的进入也将引入他们的先进技术和管理方式。这都给我国信用评级业带来了契机，同时也为实行内部评级初级法在做积极的准备。

7.5 我国实施内部评级法的分析

7.5.1 我国实施内部评级法的紧迫性

《巴赛尔新资本协议》规定在满足某些最低条件和披露要求的前提下，得到监管当局批准有资格采用 IRB 的银行可根据自己对风险要素的估计值决定对特定暴露的资本要求。这些风险要素包括对违约概率（PD）、违约损失率（LGD）、违约风险暴露（EAD）及期限（M）的量化指标。

内部评级法是《巴赛尔新资本协议》的核心内容和主要创新点，它将全面风险管理理念与资本要求结合起来，反映了现代银行业务的多样性、缜密性和系统性。而许多国际上的先进银行都已经开始应用内部评级法进行风险计量与管理。我国加入 WTO 以后，国外银行将在我国设立分支机构，面对他们先进的前台营销能力和后台的风险管理方法，相较之下，我国银行在内部评级体系建设方面已经处于落后状态，因此，面对巨大的竞争压力。如果不尽快建立适合我国银行业务的内部评级体系，那么必将影响我国商业银行的国际竞争力。

首先，在信用评级方面。众所周知，国外信用评级业已经相当发达。拥有一批非常优秀的信用评级机构，如标准普尔、穆迪、惠誉等。而我国虽然有大量的外部评级机构（不少于 40 家），但真正有实力、有威信的却很少，甚至说没有。如果使用信用风险标准法就必须引入国外信用评级机构增加银行经营成本。而不引入，直接使用标准法，由于我国企业外部评级覆盖率低，按新协议对未评级企业风险权重为 100% 或 150%，这样一来，则会大大降低银行的资本充足率，从而影响其长远发展，这就要求必须尽快研究，开发应用内部评级体系。

其次，监管部门的监管方面。银行监管其实是风险监管和资本监管。风险监管的实质是通过增强监管资本的敏感性，促进商业银行加强风险管理，合理配置经济资本。国外商业银行是在先进监管方式下开展业务的，一旦我国全面对外开放，国外先进银行进入后，它们面对的将是我国尚在发展中的监管体系，因此，他们将在更加宽松的环境中开展业务，相比之下，更具优势。这就客观上要求我国实施内部评级法以提高我国银行监管部门的监管效率。

最后，实施内部评级法具有很大的优势。实施内部评级法不仅有利于商业银行实行精细化管理，而且银行在获得更详细的客户资料之余，还具备外部评级机构无法获得的信贷记录，银行可监督客户的交易账目，了解贷款的保证和抵押情况，以及在其他银行履约情况等。因此，通过内部评级可以做出更准确、及时的风险识别。

7.5.2　实施内部评级法的意义

1. 内部评级法提出了更敏感的资本要求

第一，信用风险的计量是《巴赛尔新资本协议》的关键环节。《巴赛尔新资本协议》提出了两种办法处理信用风险，一是标准法；二是内部评级法。标准法以 1988 年资本协议为基础，采用外部评级机构确定风险权重，其使用对象是复杂程度不高的银行。内部评级法是新资本协议的核心内容。该办法允许银行通过对自身数据的统计分析，得到信用风险计量的相关参数。内部评级法能更加准确地反映资本与银行风险之间的内在关系，其在资本要求方面的激励机制将鼓励银行不断提高风险计量与管理能力。内部评级法分为初级法和高级法，初级法仅要求银行计算出借款人的违约概率（PD），其他风险要素值由监管部门确定，高级法则允许银行使用自己计算出的各项风险要素值。

第二，内部评级法的风险要素。《巴赛尔新资本协议》对于 1999 年征求意见稿最大的变动在于提出了一套完善的基于内部评级的资本充足性计算方法，并鼓励以此作为信用风险管理的核心手段。利用内部评级法计算信用风险和分配资本金需要四个风险因素，即违约概率、违约损失率、风险暴露和期限。

第三，内部评级法的基本架构。巴塞尔委员会提出银行必须将其银行账户中的风险暴露按照不同的信用风险特征划分为公司、主权、银行、零售、项目融资以及股权六个大的资产类别。对每类风险暴露的处理都应基于以下三方面的考虑：一是风险要素（银行可以使用自己或监管当局规定的标准估计数据）；二是风险权重函数（将风险要素转换成银行计算风险加权资产的权重）；三是使用 IRB 法必须满足的最低标准。

第四，信用风险的内部测量是根据与借贷者和交易对手过去交易记录的分析，对借贷者交易对手的违约情况进行评定，并给予相应的评级。银行对其内部评级的每一等级估计违约概率（PD）、违约损失（LGD）、期限（M）和违约时的风险暴露（EAD）。在内部评级法中，风险加权资产等于风险暴露（EAD）与风险权重的乘积，而风险权重由违约概率（PD）、违约损失（LGD）和期限（M）这三个因素确定。同时，通过风险要素可以计算出预期损失（EL）和非预期损失（UL）等相关指标，并作为信贷授权、额度授信、产品设计、贷款定价、经济资本分配等各项工作的基本依据。

第五，内部评级法与标准法的主要差异。在标准法中，根据监管标准或外部信贷评估机构的评估，借款人被分为五类风险权重（0、20%、50%、100%、150%）。在内部评级法中，银行对每一个借款人的资信情况进行评估，并将评估结果转换为对未来潜在损失量的估计值，以此构成确定最低资本要求的基础。因此，无论是初级法还是高级法，IRB 方法通过使用风险权重的连续函数代替标准法下五个离散的风险档，风险权重的范围比标准法更灵活多样，因此也更具有风险敏感性，使银行的风险状况与资本要求的内在联系更加紧密。

2. 内部评级法提出更高的风险管理要求

与标准法相比，尽管内部评级法在信用风险计量与资本配置等方面更具优越性，但实现内部评级法需要满足的最低标准对商业银行的风险管理体系提出了更高的要求。为此，商业银行必须尽快构建内部风险评级框架，力争在《巴塞尔新资本协议》正式实施时，达到使用 IRB 法的最低要求。

一是建立以计量模型为基础的风险评级系统。根据 IRB 基本要求，银行先要建立有效的风险评级系统，该系统应包括从评级方法、数据收集、风险评估、损失量测算、数据存储等全部过程。同时，银行应具备一套完整的评级标准，并证明其使用的标准涵盖了所有与借款人风险分析相关的因素。

二是实现信用风险的有效细分。对客户进行分类的目的是为了对信用风进行细分。银行对正常类贷款的客户至少要划分为 6~9 个等级，不良贷款客户至少要划分为 2 个等级。对于每一等级客户，都要单独测算其 PD 等基本的信用风险指标，这不仅可以使银行更加准确地测算所要承担的风险和所需要的经济资本配置，而且还可以使同一银行内部不同的客户评价人员对同一组客户做出一致的分析。

三是确定信用风险评级完整性。信用风险评级的完整性是指银行对其所有借款人都必须进行风险评级。同时，必须确保不同类别的借款人的评级结果的可比性。这也是银行必须摒弃传统的定性分析方法，建立信用风险计量模型的一个重要原因。

四是建立独立的风险评级或评审机制。巴塞尔委员会要求"每项评级的确定都必须经过独立评审，或得到不会从风险暴露具体等级中获益的个人或单位的批准。"也就是说，风险评级应由一个独立的信贷风险管理部门确定，或者经过其评审或批准。总之，需要完善的风险评级流程和组织结构来保证评级的独立性。

五是科学测算违约概率（PD）。违约概率的测算是内部评级法的关键技术是划分风险暴露信用等级的标准。按照巴塞尔委员会要求，银行应对每个内部评级的级别进行一年期违约概率的测算。违约概率的测算既可以使用内部的违约历史数据，又可以与外部评级机构的信息挂钩，还可以使用违约统计模型。无论银行采用何种方法，都必须保证至少 5 年的数据观察期。

7.5.3　我国银行业实施内部评级法的主要问题

1. 更高的资本监管要求

随着近几年银行资产迅速扩大，我国商业银行均不同程度地存在着资本充足率达不到国际最低标准 8% 的问题。新协议实行后，资本金不足的问题将会更为突出。根据新协议框架的测算，全球银行业在新协议下所需的资本金总体水平变化不会很大。但对于个别银行来讲，由于资产质量不同，所需资本金水平将会有明显差异。一般而言，同一家银行根据内部评级方法测算的风险资产规模较原先要减少 2%~3%，对于一些经营状况更好的银行，其下降程度会更为明显。而国内银行资产质量普遍较差，如果实施 IRB 法，其资产风险权重的总体水平反而会有大幅度提高，导致银行资本充足率水平下降。

2. 传统而落后的管理理念与信贷文化

如前所述，《巴赛尔新资本协议》和 IRB 法给我国银行业所带来的挑战涉及管理理念、管理技术和管理体制等诸多方面的深层次矛盾。脱胎于计划经济时代的中国银行业习惯于以规模控制进行信贷管理，习惯于依靠计划指令，使用层层分解指标的方式控制风险暴露，而对那些西方大银行常用的风险评级、风险预控、资产组合分析和各类风险缓解技术缺乏深入了解。事实上，如果推行这些管理方法和技术手段势必对旧文化观念和利益格局造成严重冲击，同时也不可避免地遭到来自传统势力的抵制。

3. 僵化的内部管理体制

长期以来，我国银行特别是占主体的国有银行，习惯于以政府机关的行政命令方式动员和配置各种资源，在机构上偏重于按行政职能设置岗位，缺乏创新性工作所需要的机动性和灵活性，这些都不利于内部评级体系的建设和发展。现行管理体制及其绩效评价标准对银行内部的高技术研发形成了明显的短期激励效应，不利于 IRB 的深入研究和扎实发展。事实证明，管理体制僵化是中国银行业接受《巴赛尔新资本协议》和 IRB 等先进管理方法的主要障碍。

4. 不良的社会信用环境

从宏观角度看，我国经济发展中的一个严重制约因素是恶劣的社会信用环境，这一问题同样影响到银行内部评级体系的建立和推行。风险评级必须建立在企业或个人所提供的真实数据基础上，然而在现有的社会信用环境下，这一点恰恰是难以保证的。据统计，2001 年，我国四大国有银行全部 117 万户贷款企业中，提供审计后财务报表的仅占总数的 7.9%，而同期花旗银行高达 33.4%。这使得企业提供的数据质量难以从制度上得到保证，财务欺诈现象比比皆是。不真实的数据信息必然造成风险评级结论的不准确，从而对风险决策和资本监管形成误导。毫无疑问，我国如不尽快建立完备的社会信用体系，银行内部评级系统就会成为无源之水、无本之木。

5. 人力资源较低的技术含量和组织效率

风险评级是一项庞大的系统工程，需要强大的人力资本作后盾。从国外经验看，实施 IRB 法的银行必须拥有一支实力雄厚的专家队伍，它由宏观经济专家、产业经济专家、金融工程师、财务分析师、计量经济学家等组成。此外，银行还应针对某些特殊领域，通过外聘方式与行外专家保持密切联系，形成一个高效率的智力资源网络。在这方面，我国银行人力资源上的劣势和差距是显而易见的。

6. 监管当局现有技术水平不能满足监管要求

《巴赛尔新资本协议》规定，监管当局应对银行所采用的风险内部评估体系的先进性与合理性做出明确的判断，防止因为拒绝先进的评估方法而阻碍管理水平的提高，或因为接受不完善的评估体系而导致风险失控。事实上，人民银行或银监会在 IRB 方面缺乏专业人才和管理经验，即便国内有些银行建立了自己的内部评级体系，央行在一段时期内也没有能力对其进行检验，从而无法确认这类系统是否可以用于资本监管。

7.6 我国银行业实施内部评级法建议

7.6.1 高度重视内部评级体系的研究、开发和使用

中国加入 WTO 以后，国内商业银行为应对全球化挑战，必须在 3~5 年内完成新旧管理体制转换，同时大幅度提高综合竞争实力。综合实力的核心要素是风险控制能力，国内银行必须打破传统的行政化的风险管理方式，实施全方位、全过程和全要素的风险管理模式。这就要求加快建立和完善内部风险评级体系，扩大风险评价和分析的范围，对个体风险和组合风险都要做到连续监控和准确度量，并使成为各项业务决策的有效指引。

我国商业银行要从战略高度出发，充分重视内部评级法的建立和实施，同时，必须认识到此项工作的艰巨性、复杂性和长期性。应在银行内部成立专业化机构，组织调配各类有效资源，持续和深入开展内部评级体系的研究、设计和开发工作，并对相关的业务流程和决策机制进行必要的改造和完善，使之更加适应现代化风险管理的需要。

7.6.2 加快建设内部评级（IRB）基础数据库

建立统一的数据仓库和管理信息系统是银行现代化的必由之路。从 IRB 角

度看，没有强大的管理信息系统（MIS）支持，再先进的风险评级系统也将成为无源之水、无本之木。由于模型建立过程中，涉及的数据量大、来源渠道不一、运算程序复杂，模型效力在很大程度上依赖信息系统的稳定性和运行高效。在《巴塞尔新资本协议》有关 PD、LGD 和 EAD 的文件中，都明确提出了对于数据库和信息技术系统的要求。国际同业的经验表明，大多数银行在内部评级体系建立过程中，70%～80% 的精力消耗在数据清洗和数据结构整合方面。国内银行的数据储备严重不足，且数据缺乏规范性、数据质量不高，这些问题严重困扰着，预计建设 IRB 体系的第一项任务就是解决数据问题。

当前，国内一些先进银行已经具备了较强的研究能力，经过长期研究，基本解决了 IRB 模型设计中的关键技术难题，但接下来遇到的最大障碍往往是数据来源难以保证。从长远看，我国商业银行必须尽快建立统一的数据仓库和管理信息系统，从而保证包括风险评级在内所有管理工具的数据需要。

7.6.3　建立适合中国银行业特点的风险评级模型

实施 IRB 法的技术核心是建立内部评级模型，该模型的效力在于它能否正确地反映和评价银行业务中存在的各类风险。目前，国外许多优秀的数学模型，如穆迪公司的 RISKCAL、KMV 模型、ALTMAN 模型、CREDITMETRICS 以及标准普尔的神经网络模型等，在全球银行业受到普遍认同和广泛应用。但必须看到，这些国外模型大多偏重于财务分析，有的还大量引入市场价格变量，如利率、汇率、股价等，这对西方银行业无疑是适用的，而我国银行要建立内部评级体系，就既要学习借鉴国外模型的理论基础、方法论和设计结构，又要紧密结合本国银行系统的业务特点和管理现状，研究设计自己的模型框架和参数体系。要充分考虑诸如利率市场化进程、企业财务欺诈现象、数据积累量不足、金融产品发展不充分、区域风险差别显著、道德风险异常严重等国内特有因素。只有深刻理解中国的金融风险，才能建立起有效的风险评级模型，这需要 IRB 系统设计师不仅掌握先进理论方法，又能够对中国银行业的现实问题提出技术对策。

7.6.4　建立一支专业化的风险评级团队

内部评级系统和方法属于银行商业机密，是具有高技术含量的方法论集成，在银行风险管理领域发挥着的核心作用。培养、建立和长期拥有一支适用于风险分析的专业化人才队伍，对于 IRB 系统的建立、实施、维护和升级等各个环节都具有重要意义。这支队伍不是一朝一夕可以产生的，商业银行需要长期进行储备、培养甚至挖掘，一旦形成并投入使用，就应设法保持其稳定性，对于风险评级的关键技术还要注意知识分散化，以防止个别人才流失对系统运行造成不利影响。此外，风险分析技术日新月异，还要对专业人员结构做优化调整，对现有人员作定期培训，促使其知识体系及时获得更新，从而确保 IRB 系统的先进性和实用性。总之，IRB 专家队伍与其硬件设施一样，需要投入足够的费用和精力进行建设和维护，这对商业银行的长期发展是至关重要的。

7.6.5 充分发挥中央监管当局的导向作用

实施 IRB 法是一项庞大的系统构成，涉及外部资本监管和银行发现内控的方方面面。我国商业银行在该领域的整体水平较低，缺乏相应的组织管理经验。为此，中央监管当局应充分发挥其在金融体系中的权威性和导向性作用，一方面，要建立一个专业化的工作机构，使之发挥带动、引导和示范作用，促进国内外银行在 IRB 领域的技术交流；另一方面，要积极发挥国内银行间的整体协作优势，组织并利用各商业银行的现有资源，加快推进内部评级体系的建设和实施。具体而言，监管当局应鼓励有条件的商业银行直接实施内部评级法，同时允许技术实力较弱的中小银行根据其实际情况，先从标准法做起，或有多家中小银行联合开发一套共同版的风险评级系统（即模型结构和数据库基础一致，但参数有所差别）。这样做不仅可以在总体上降低对商业银行的资本需求，而且还能够发挥中国银行业的后发优势，争取在短时期内缩短与国际先进银行的技术差距。

7.7 结论

《巴塞尔新资本协议》是国际银行业资本监管和计量的统一标准，本章分析了新协议对有关内部评级法有关参数（包括违约概率、违约损失率和违约风险暴露等）的规定，同时分析了新协议对银行构建内部评级体系的有关要求，最后根据中国银行业的实际情况提出开发评级模型的策略，指出建立内部评级模型主要分数据收集、收据清理、模型开发、模型校验和模型维护等步骤，总结目前我国实施巴塞尔协议所面对的国内外部环境、现状、意义、条件等，在此基础上分析了我国实施内部评级法的可行性及面对的主要障碍，并给出了我国实施《巴塞尔新资本协议》的内部评级法的策略选择，提出了建立商业银行内部评级体系的一套较完整的体系，对我国商业银行开发内部评级模型具有较强的指导意义。

第 8 章　商业银行资本金管理

商业银行金融风险管理的出发点和归宿都是实现股东利益最大化，实现股东利益最大化主要工具是银行资本，风险管理的目的并不是使商业银行的风险最小，而是通过寻找风险—收益之间的一个最佳平衡点，优化资本配置实现股东利益最大化。因此，商业银行风险管理和资本管理密切联系在一起，风险管理为资本管理服务，同时，风险管理又是通过资本动态管理来实现的。

8.1　商业银行的资本金管理及其发展

8.1.1　传统资本管理的特点

20 世纪 90 年代以前，银行资本管理基本上还属于一项相对简单的活动。这一时期资本管理的主要特点表现为：银行主要关心业务发展的规模和收益，强调以业务扩张带动资本扩张，业务推进成为资本管理的实践哲学；资本管理呈现为筹资和分配两个相对松散的环节，资本总量和内部结构的确定与特定回报期的利润留存及股利分配政策没有明确的关系；资本管理与风险管理之间的关系还是相互独立的，互相之间没有建立有效的联系，更谈不上他们之间的准确的计量方法和工具，也就难以科学地衡量银行最优资本规模和资本回报。

这一时期商业银行资本管理和风险管理之间相互脱节。风险管理工作的中心内容也就是如何采取措施防范和控制银行的风险（在更大程度上是防范和控制信用风险），减少这些不确定因素带来的损失。资本管理的工作中心是如何利用有限的资本创造出更多的利润，当一个新的金融产品出现的时候，银行通常都在不考虑风险的情况下来争取更多的客户，通过业务的增加来扩大银行开展业务的规模和给银行带来收益,而往往忽略新的金融产品由于银行的认识、实践经验都不十分充分,由此所带来的风险也相对较大。这一时期的银行资本管理和风险管理并未能有效地联系在一起。

8.1.2 以风险管理为导向的银行资本管理的发展

在 20 世纪 80 年代后期,国际银行业认识到资本对风险防范的重要意义,并通过制定《巴塞尔协议》(88 协议)确立了统一的监管原则,强调资本作为风险缓冲剂的作用,即资本被用于充分吸收银行非预期损失,发挥风险支撑的作用,这一定义从理论上使银行风险与资本建立了直接而明确的联系。20 世纪 90 年代以来,包括 Credit Metrics 模型、KMV 模型、Credit Risk + 模型、Credit Portfolio View 模型和 Risk Metrics 模型等一些基于信用风险和市场风险的内部模型极大地提高了银行计算风险损失的精确程度,并通过风险损失映射资本承担,实现了资本管理从监管资本到经济资本的飞跃。经济资本完全反映了银行自身的风险特点,在性质上与作为可用资本的账面资本和作为资本底线的监管资本相区别。目前,许多国际性大银行的资本充足水平都维持在 12% 左右,高于《巴塞尔新资本协议》规定的 8% 水平。经济资本的提出和应用不仅实现了建立在高度量化基础上的风险损失与资本承担的相互统一,而且不断推动着风险管理和资本管理的整体统一,确立了资本约束在银行风险管理中的核心地位。

8.2 资本管理在现代商业银行风险管理中的作用

8.2.1 资本约束与风险管理

资本约束从性质上可分为两个部分,一是数量约束,即监管部门、市场以及银行内部需要银行业务发展进程与资本总量和结构保持适度协调,其管理的核心是准确的风险量化;二是质量约束,即在一定资本投入的基础上股东和银行自身对资本汇报的合理要求,主要是通过风险最优化提高资本回报。总体上,数量约束关注银行经营的安全性,主要影响银行生存问题,质量约束关注银行经营的效率性，主要影响银行的发展问题。要保持合理的资本水平，银行应实现风险管理与资本管理的对接，重新设计业务流程，提高资产定价能力，改善组织运行体系。

8.2.2 资本的内部优化与银行风险管理

资本的内部优化或者风险最优化的最终目标是提高整体资本回报率，实现给定资本或风险时收益最大。过去衡量资本回报的核心标准是资本收益率（ROC）或者资产收益率（ROA），这两个指标在一定程度上反映了银行账面盈利能力，但都不能反映银行承担风险成本后的真实收益，实践中容易导致追求资产规模扩张或者高风险利润。经济资本的运用使银行意识到资本回报必须建立在风险承担基础上，并作为资本成本进行扣除，由此逐步确立了提高股东价值这一更为合理和科学的资本回报价值评价标准。

一般将股东价值理解为企业市场价值扣除负债的部分，当资本汇报超过资本成本时，股东价值得以增加。在实际管理中，银行一般用股东价值增加值（SVA）加以衡量，即资产收益扣除作为财务成本的融资成本、经营成本和预期损失以及作为风险成本或资本成本的分配于特定资产的经济资本所要求的最低收益。实现股东价值增加至少应解决好三个问题：一是定价能充分反映对应的风险和股东的风险溢价，使资产收益可以抵补所有分配的成本；二是能够对面临各种风险的各类资产或业务单位进行一致的业绩判断，获得不同资产或者业务单元对股东价值贡献的具体信息；三是在此基础上确定总体的以及不同资产或业务单元的风险承担水平，并分配经济资本，继而调整资产或者业务的发展结构。

相对于经济资本收益率的则是银行股东所追求的有效风险报酬，目前，国际银行业大多使用早先由信孚银行开发的风险调整后的资本收益率（RAROC）来处理上述问题。RAROC 表示特定资产或者业务单元在扣除预期损失后的净收益率与所占用经济资本的比值。RAROC 能较好地反映任何资产或资产组合的资本回报水平，利用 RAROC 指标，银行可以清晰地观察到不同产品和业务单元是否在增进股东价值，以便对收益过低的项目进行调整，将有限的资本投入到具有良好业绩和发展前景的项目之中，提高资本的整体利用效率并有效地防范风险。

在实际中，银行决策层依据监管资本要求和银行风险偏好等确定一阶段银行可承担的风险总额，即经济资本总额，结合已有的及预期的业绩评估分解到具体业务单元，通过实际的风险承担与限额比较，及时了解风险分布，并依据动态的风险回报比较和业务发展需要调整限额以优化风险。利用经济资本工具，银行对每项业务单位进行限额管理，也可将经济资本转化为风险敞口，运用敞口限额控制风险集中度。

8.2.3 资本内部优化管理

资本内部优化是整个资本管理链的核心环节，最优化风险的实质就是借助经济资本的确定和分配来管理银行风险，创造股东价值。风险承担与经济资本的映射关系为银行提供了统一资本管理和风险管理的基础，银行的整体风险和风险分布严格受到经济资本约束，并通过内部的风险调整和资本配置增进股东价值。

资本的内部优化成为银行风险管理的重要组成部分，同时也使银行资本管理形成了完整的管理链条。现在，银行可通过经济资本的测算确定一定时期风险承担基础上的总体资本规模，并与现有的资本充足状况和资本结构进行比较，作为制定资本筹集或资本结构调整计划的重要参考。资本的内部优化扩大了资本收益基础，风险限额的调整也直接影响到银行的股利分配政策。总体上，银行资本管理已演变为资本筹集、资本的内部优化和资本的外部分配三个环节，从而使整个资本管理流程都与风险管理保持密切的联系和对接。为增进股东价值而不断实施的风险调整和资本调整，使银行的资本管理和风险管理一样，实现了从过去的静态和被动管理向动态和主动管理的递进。

建立以资本约束为核心的现代商业银行风险管理体系是未来中国商业银行谋求生存和发展的关键战略。中国银行业应逐步确立增进股东价值的管理理念；积极做好数据、系统和技术等风险管理的基础工作，重点是 PD 和 LGD 的研发和维护工作；加快完善定价机制，提高定价的合理性；不断完善业绩评估和激励制度，在政策和制度上把握风险管理和资本管理的内在联系，最终实现风险管理和资本管理的有效融合。

8.3 现代商业银行资本管理

最近 10 多年来，银行的风险管理技术得到了很大的发展，呈现出从资产负债管理向对风险更为精确的分类和度量发展、从单一业务的交易层面向组合层面发展的总体趋势。沿着这一趋势的发展方向，国际上一些大银行提出全面风险管理方法。

全面风险管理是指对整个银行内各业务层次、各种类型风险所进行的全面管理，采用统一的指标，对风险进行量化，对收益进行风险调整，同时考虑到银行不同经营单位和产品的相关性，从银行的整体和全局上对风险进行量化和管理。全面风险管理表现在六个方面，即全球的风险管理体系、全面的风险管理范围、全员的风险管理文化、全程的风险管理过程、全新的风险管理方法、全额的风险计量，全面风险管理是建立在精确的风险管理技术和雄厚的风险管理文化基础之上，是促进银行业务发展和风险防范统一协调的有效工具。

8.3.1　RAROC 方法

RAROC（Risk – Adjusted Return On Capital），即基于风险调整后的资本收益率，是商业银行用于资本管理和经营管理的核心技术手段之一。该方法最先由美国信托银行于 20 世纪 70 年代提出的，并在 20 世纪 90 年代后期不断完善而得到国际先进银行的广泛采用，成为全面风险管理的核心方法。

RAROC 的基本表达式为：

$$RAROC = \frac{R - OE - EL}{CAR} \qquad (8.1)$$

其中，R 为收入，OE 为经营成本，EL 为预期损失，CAR 为风险资本。

式（8.1）中，R 包括银行的利差收入和中间业务等非利息收入；OE 是指银行的各种经营管理费用支出；EL 同第三章，即 $EL = PD \times LGD \times EAD$，在计算 EL 时还须考虑有效期限 M；CAR 是指根据银行所承担的风险计算出的最低资本需求，用以衡量和防御银行实际承担的、超过预计损失的那部分损失，CAR 是防止银行破产的关键性因素。

需要指出的是，风险资本与银行实际持有的权益资本以及监管机构对银行资本提出的监管资本是不同的概念。风险资本，又称经济资本，是基于银行全部风险之上的资本，是一种虚拟资本，它是为偏离平均水平的损失（意外损失）提供保护，并不为可预期的平均损失（预期损失）提供保护。预期损失应由提取的呆账准备金提供保护，或通过银行对客户和产品定价策略来弥补。从概率统计学角度上说，损失偏离均值的程度取决于容忍度的设定。因此，意外损失是针对某一容忍度而言，在一定的容忍程度下，损失偏离的程度就是

CAR。超过容忍度上限的损失就是异常损失，异常损失不能被风险资本吸收，而是由存款保险制度提供保护。如果异常损失发生，银行有可能破产，容忍度即为银行发生破产的概率。而潜在损失就是包括根据一定容忍度来估计的非预期损失，即 CAR，再加上引发违约的异常损失，他们之间的关系见图 8 – 1。

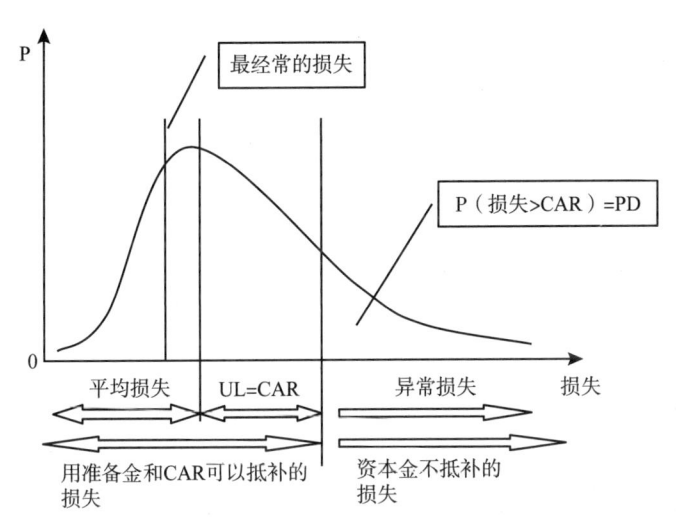

图 8 – 1 预期损失、非预期损失和异常损失之间的关系

从 RAROC 的表达式及对其分析可以看出，其核心思想是：将风险带来的未来可预计的损失量化为当期成本，与金融机构的运营成本一起，直接对当期盈利进行调整，衡量经风险调整后的收益大小，并考虑为可能的最大风险做出资本准备，进而衡量资本的实际使用效率，使银行的收益与所承担的风险直接挂钩，与银行的最终盈利目标统一，为银行各个层面的业务决策、绩效考核、目标设定等多方面的经营管理提供重要的、统一的标准依据。RAROC 方法改变了过去银行主要以权益收益率或股东回报为中心的考察经营业绩和进行管理的模式，更深入更明确低考察了风险对商业银行的影响。

8.3.2 预期损失和风险资本的计算方法

《巴塞尔新资本协议》提出，银行目前面临的主要风险有三类，即信用风险、市场风险和操作风险，在计算银行资本充足率时也充分考虑这三大风险对银行的影响。因此，计算 CAR 也不例外，主要考虑这三大风险的计算方法。

从公式 8.1 可以看出，确定银行所面临的各种风险的 RAROC 和对风险资本进行分配，则必须计算各种风险下的 EL 和 CAR，下面具体讨论如何计算这两个指标。

1. 信用风险的计算方法

在前面已经介绍了基于《巴塞尔新资本协议》的内部评级法开发内部评级模型，根据这些模型（PD 模型、LGD 模型和 EAD 模型）的结果即可计算出 EL，即：

$$EL = PD \times LGD \times EAD \tag{8.2}$$

信用风险 CAR 的计算公式为：

$$CAR = EAD \times 年损失波动性乘数 \times (违约率最大离差 - 平均年违约率) \tag{8.3}$$

2. 市场风险的计算方法

市场风险是指由经济政策改变等引发的所有市场工具的价格变动。银行持有固定或浮动利率的债券、远期利率合约、期货、期权、货币互换、远期外汇交易等债务衍生工具、股权、股权互换、股价指数的期货和期权、认股权证等股权衍生工具和现金交易工具等，都可能面临市场风险。对市场风险而言，非预期损失是该项资产了结或变卖时其市值减少的最大幅度。

一般认为，市场风险的预期损失的计算公式为：

$$EL = 某一交易产品的清算市值 \times 平均损失水平 \tag{8.4}$$

计算市场风险的 CAR 的基本原理是考虑交易工具的市场价值变动均方差与交易工具敏感性以及基础市场参数的波动性之间的关系，其计算公式为：

$$CAR = s \times m \times \sqrt{t} \times a \tag{8.5}$$

其中，s 为敏感性，m 为市场参数的波动率，t 是以年为单位的期限，a 是市场参数的正态分布所对应的波动性乘数。

3. 操作风险的计算方法

操作风险是指由于操作流程不完善、人为因素、系统故障以及外部事件带来的经济损失。对操作风险的度量方法有内部度量法和损失分布法等。

内部度量法是银行采用监管者的规定，自己收集损失数据来估算风险资本的一种方法。对银行业务划分不同领域后，再在每个业务领域中定义不同的风险类型，对不同领域与不同风险类型的组合规定相应的风险暴露指标，以及预期损失与非预期损失的转换系数,并利用银行的内部数据计算损失概率和损失程度。

损失分布法是根据损失数据池中每一种业务类别的损失特征选取拟合度最优的模型,对损失发生的概率和损失程度做出假设,得到操作风险损失在未来时期内的可能分布,比如假设损失发生的概率服从泊松分布,而损失的程度服从贝塔分布等,以此来补给该类业务操作风险所需的资本金。整个银行操作风险要求的资本金总额是各业务资本金的加总。

目前一些学者也在积极研究度量操作风险的模型,但由于操作风险本身的特性,这些模型并不能像市场风险和信用风险的度量模型那样能较准确地度量。尽管如此,商业银行还是应该加深对操作风险含义和对损失类型与操作风险损失之间内在关系的理解,对银行现阶段风险特征的细致分析,并在此基础上有针对性地采用量化模型,并配置监管资本。

由于判断何种损失数据应归于操作风险本身比较困难,因此,对操作风险的预期损失和 CAR 的计算还没有统一的标准。

8.3.3 计算银行经济资本的期限

银行计算信用组合的经济资本先要确定一个时期,那么计算银行信用组合经济资本的合适时期是多少?目前,实际应用的一些模型为了用自下而上的方法计算经济资本,通常把一年期作为最基本的时期。这个较短的时期表明大多数模型并没把流动性作为确定合适经济资本数量的决定性因素。从会计方面来考虑,一年期十分方便,但这个时期没考虑到商业银行组合投资的到期时间通常在 2~5 年,而且通常都是无流动资金而违约相关性与这个时期密切相关。因此,把一年期的结果外推到更远的时期十分危险。所以,确定一个计算银行组合投资的经济资本金的合适时期很重要。

在对应的组合平均持有期,考虑经济资本的期限或者在困境条件下考虑金融市场的融资时间十分必要。此外,观察组合的平均到期日和在各种时间水平上监测损失分布也很必要,在从事一些具有高风险暴露的业务时确定一个合适的期限将很重要。

8.4 权益资本的配置方法

上面已经讨论了如何计算贷款的预期损失和贷款池的风险资本,这对银行防范风险有着重要的作用,但商业银行的目的就是获得利润,使股东收益最大化,因此,银行从总资本中提取准备金用于抵补银行的预期损失和风险资本抵补非预期损失后,剩余的资本就是银行用于经营、产生收益的权益资本(在这里假设忽略银行保持流动性等因素所需要的资本),所以权益资本对银行尤其重要,下面讨论银行权益资本的配置方法。

用 $EC(t)$ 表示银行在时间 t 的权益资本,$EC_j^A(t)$ 表示分配到业务 j 的资本数量,$j=1, 2, \cdots, n$。则整个权益资本配置的一般公式为:

$$EC_j^A(t) = w_j(t) EC(t) \tag{8.6}$$

其中,$w_j(t)$ 是对应的权重,满足:

$$\sum_{j=1}^{n} w_j(t) = 1 \tag{8.7}$$

资本公式还满足式(8.8):

$$EC(t) = \sum_{j=1}^{n} EC_j^A(t) \tag{8.8}$$

根据不同的确定权重的方法有六种不同的资本配置方法。表 8-1 给出了各种方法的基本特征。绝大多数方法都采用自上而下,而不是自下而上的方法。选择自上而下方法的基本原理是自下而上的方法似乎并不能反映出单个业务的变化特性,而只是关注在给定时间内银行资产静态池的变化。

表 8-1　　　　　　　各种配置商业业务权益资本方法的总结

	方法 1 独立法	方法 2 缩放法	方法 3 内部 Beta 法	方法 4 边际资本金法	方法 5 APT 法	方法 6 公平价值法
自上而下法	基于价值		基于 BU 收益	基于 BU 收益	基于 BU 收益	基于 BU 收益
自下而上法		基于 RORAC				
使用内部风险数据(I)/使用外部市场数据(E)	E	/	I+E	/	E	I+E

例如,考虑一个刚从竞争对手处租用的交易柜台,虽然柜台在刚开始几个月业务开展组合投资的头寸很小,但由于在过去交易者获得了经验和声誉使得这个交易柜台具有潜在的价值,这个柜台的潜在价值是在未来具有实现利润的能力。这表明在一定时间内银行静态的组合投资也许只能提供很少有关银行各

种潜在活动真实的风险—收益的信息。

此外，自上而下的方法给出了商业风险或商业价值未来的信息。这种方法唯一的问题是对度量这种信息的客观方法没有很好的一致性。对公平价值的定价，它只能根据过去历史上记录下来的市场数据，或者根据对宏观经济因子相关性的假设来对有关公平价值进行定价。

8.4.1 基于市场的独立方法

这种方法把银行的资本金配置到各业务之中，并把这些业务和他们的资本金结构与理论上的结果进行比较。

对每个理论上基于规模的价值比率可用式（8.9）确定：

$$R_i = \frac{V_i}{\text{收益}_i} \tag{8.9}$$

其中，V_i 表示市场价值。则平均的比率用式 $R = \text{平均}(R_i)$ 可以计算出来。这个比率用于配置银行业务的资本金：$EC_j^M(t) = \text{收益}_j \times R$。

由于

$$EC^M(t) = \sum_{j=1}^{n} EC_j^M(t) \tag{8.10}$$

可能不等于 $EC(t)$，因此，使用一个不变的乘数对业务按比例地进行调整：

$$v(t) = \frac{EC(t)}{EC^M(t)} \tag{8.11}$$

所以有，

$$EC_j^A(t) = v(t) EC_j^M(t) \tag{8.12}$$

和

$$EC(t) = \sum_{j=1}^{n} EC_j^A(t) \tag{8.13}$$

市盈率（R_i）可利用各股权经纪人给出的一些变量估计出来，使用这种方法可能对权益资本金度量结果的精度产生一些怀疑。问题是这种方法没有考虑各个业务不同的信用价值，除非有另外的要求。这种方法也忽略了业务之间的分散化效应。

8.4.2 基于 RORAC 按比例调整的原则

这种方法通常与自下而上的程序相对应，根据与业务类似的组合投资计算其权益资本金。由于分散化效应，该方法通常使分配到不同业务的资本金总和超过银行总体上所需要的权益资本金总量。

先计算单个业务的权益资本金总和：

$$EC^{SA}(t) = \sum_{j=1}^{n} EC_j^{SA}(t) \tag{8.14}$$

乘数 $a(t)$ 可定义为 $\dfrac{EC(t)}{EC^{SA}(t)}$，通常，$a(t) \leqslant 1$。

配置的原则是应考虑乘数作为固定因子来配置各业务的权益资本金：

$$EC_j^A(t) = a(t) EC_j^{SA}(t) \tag{8.15}$$

和

$$EC(t) = \sum_{j=1}^{n} EC_j^A(t) \tag{8.16}$$

假设所有商业业务都有固定的乘数并不现实。这个方法假设在整个时期和在任何置信水平下计算权益资本金时不同业务的风险相关性是不变的。经验的观察发现有关相关性变化的假设存在一定的疑问。这类方法有可能使当主要风险是商业风险的业务只能配置到很少的权益资本金。

8.4.3 内部 Beta 原则

这种方法通常用于自上而下的方法，该方法也考虑了各业务的分散化效应。

用 $V_j(t)$ 表示第 j 个商业部门的现值，收益是 R_j。则 $V_j(t+1) = V_j(t) R_j$，银行在 $t+1$ 时的价值总和为：

$$V(t+1) = \sum_{j=1}^{n} V_j(t) R_j, \tag{8.17}$$

方差是：

$$\mathrm{Var}[V(t+1)] = \sum_{j=1}^{n} V_j(t) \sum_{k=1}^{n} \sigma_{j,k} V_k(t) \tag{8.18}$$

其中，$\sigma_{j,k} = \mathrm{cov}(R_j, R_k)$。

权重可定义为：

$$w_j(t) = V_j(t) \sum_{k=1}^{n} \frac{\sigma_{j,k} V_k(t)}{\mathrm{Var}[V(t+1)]} = \frac{\mathrm{cov}[V_j(t+1), V(t+1)]}{\mathrm{Var}[V(t+1)]} = \beta_j(t) \tag{8.19}$$

利用 beta 分布来确定业务的权重。Beta 分布的协方差对应于业务的收益与银行总体的收益之间的协方差除以银行收益的方差。

利用这个 beta 权重可以对业务 j 配置权益资本金：$EC_j^A(t) = \beta_j(t)EC(t)$。因此，相关性越大，其风险也越大，从而所需要的资本金也就越多。

这个方法假设认为商业链已经得到很好的建立而且很稳定，对新业务使用这个方法的效果很不好。同时，这个方法还假设业务的收益都服从正态分布，并且根据二阶矩的比例分配权益资本金。这里对有偏分布的借贷业务的假设很严格，这个缺陷也限制了该方法的应用范围。

8.4.4 增量资本金配置原则

这个原则也是使用自上而下的方法。增量资本金的计算并不等于银行按所有业务计算出的资本金减去对该银行减少一个业务后所需要的资本金。

考虑 $IC_j(t) = EC(t) - EC_{-j}(t)$，其中，$IC_j(t)$ 表示商业业务 j 的边际贡献，或者是增量资本金，$EC_{-j}(t)$ 表示除 j 外的其他业务所需的权益资本金。总边际资本金可定义如下：

$$IC(t) = \sum_{j=1}^{n} IC_j(t) \tag{8.20}$$

权重可定义为 $w_j(t) = \dfrac{IC_j(t)}{IC(t)}$。

Merton 和 Perold 指出边际资本金的总和有可能少于银行所需的总权益资本金，即 $IC(t) < EC(t)$。因此采用这个方法须重新确定比例。

8.4.5 基于套利定价理论的原则

该方法利用因子分析计算权益资本金。假设银行有标准的业务（因子），其收益为：

$$R^i(t) = \sum_{j=1}^{n} a_j^i(t) R_j(t) + u_t^i \tag{8.21}$$

其中，$\sum_{j=1}^{n} a_j^i(t) = 1$。

可根据假设出的银行间相关性估计出因子加载项 $a_j^i(t)$。

在知道相应银行 i 的权益资本金后，即 $EC^i(t)$，则在时间 t 银行 i 分配到商业业务 j 的权益资本金为 $EC_j^i(t) = a_j^i(t)EC^i(t)$。这个公式考虑了每个银行的分散化效应。

这种方法都假设金融机构中有关商业业务的外部数据具有很高的可利用性。实际上满足这个要求的数据很少。

8.4.6 公平价值配置原则

还可以采用公平价值的方法配置经济资本。须评估每个业务 j 净资产价值 $NACV_j(t)$，净资产价值可通过不同方法估计得到，例如，给定业务的效用函数后，可根据银行掌握的该单位的业务价值得到，也可通过现金流折现的方法得到。

银行的净资产价值等于其各部分的净资产价值之和：

$$NACV(t) = \sum_{j=1}^{n} NAV_j(t) \qquad (8.22)$$

每个业务的权益资本金可根据在给定时间 T 内资产的净终值（T 时间的最终价值）的波动性计算出，对应于在考虑 NAV 的变化 $\Delta NAV_j(T)$ 的风险超过困境阈值发生的概率小于 $(1-\alpha)\%$ 的资金数量。商业业务 j 的权益资本金对应于 $NAV_j(T)$ 分布的风险价值 $EC_j(\alpha, T) = VaR_\alpha[\Delta NAV_j(T)]$。

因此，银行的权益资本金等于每个商业业务的权益资本金总和：

$$EC(\alpha, T) = \sum_{j=1}^{n} EC_j(\alpha, T) \qquad (8.23)$$

以上六种配置资本金的方法中前两个方法（独立的资本金配置方法和按比例配置资本金方法）是在 20 世纪 90 年代就开始使用的原始方法。增量 VaR 方法计算速度很快，在实际运用中也有一定的意义，但受到风险价值（VaR）非次可加性问题的干扰。APT 方法第一眼看上去似乎不易处理，并且要求银行业务必须标准化。内部 beta 方法和公平价值方法也可以使用，但在实际实施过程中也存在如数据的可利用性和计算的简便性等困难。

8.4.7 资本金配置的顺序性

银行开展贷款业务时，由于每个客户并非在同一时间内申请贷款，这种贷款到达的先后顺序也对资本金配置产生重要的影响。

假设银行 B 获得两个新的业务 BU_1 和 BU_2。如果先得到业务 BU_1，则分配到这个新业务的资本金为 $EC_{BU_1} = EC_{B \cup BU_1} - EC_B$，其中，$EC_B$ 是银行初始权益资本金的数量。随后得到业务 BU_2，则分配到业务 BU_2 的权益资本金为 $EC_{BU_2} = $

$EC_{B\cup BU_1\cup BU_2} - EC_{B\cup BU_1}$。

再反过来考虑这个问题，假设先得到业务 BU_2，则配置到这个业务的权益资本金为 $\overline{EC}_{BU_2} = \overline{EC}_{B\cup BU_2} - EC_B$，随后得到业务 BU_1，则分配到业务 BU_1 的资本金为 $\overline{EC}_{BU_1} = \overline{EC}_{B\cup BU_1\cup BU_2} - \overline{EC}_{B\cup BU_2}$。

看到，在两种情况下，虽然 EC_B 和 $EC_{B\cup BU_1\cup BU_2}$ 相同，但有 $\overline{EC}_{BU_2} \neq EC_{BU_2}$ 和 $\overline{EC}_{BU_1} \neq EC_{BU_1}$。因此，银行是应该根据它得到业务的顺序，还是根据业务对银行重要性的顺序，还是其他的顺序来配置权益资本金？无论选择哪个顺序都会影响银行配置权益资本金的结果。因此，银行应该确定一个合理的贷款准入机制，如根据银行预先确定的 RAROC 来开展授信业务，否则有可能导致某一地区或行业的授信限额已满的情况下，可能会拒绝一些优质客户的现象发生。

8.5 总结

资本管理无论是对银行防范金融风险还是对盈利都有十分重要的作用，这一章讨论资本管理的发展历史和对商业银行的作用，分析了商业银行经营管理的主要方法——RAROC，并讨论了计算信用风险、市场风险和操作风险的预期损失和风险资本的方法，最后比较和分析了六种权益资本配置方法的优点和缺点。银行的资本主要用来防范风险和为银行带来收益，其中，准备金用来抵补预期损失，风险资本用来抵补非预期损失，银行在提取准备金和风险资本后，剩余的资本就是为银行带来收益的权益资本。这三者是密切联系的，通过计算预期损失和风险资本，进一步计算出 RAROC，据此可以制定银行的经营发展目标，确定合理的贷款准入机制，最优配置银行的权益资本，从而实现股东收益最大化的经营目标。

参 考 文 献

[1] International Convergence of Capital Measurement and Capital Standards: A Revised Framework [R]. Basel Committee on Banking Supervision (BCBS). 2010, 6.

[2] 中国银行业监督管理委员会. 统一资本计量和资本标准的国际协议: 修订框架 [M]. 北京: 中国金融出版社, 2004.11.

[3] AltmanEI., Financial Ratios, Discriminant Analysis and the Prediction of Corporate Bankruptcy [J]. Journal of Finance, 1968, 23: 589 – 609.

[4] AltmanE. I., Corporate Financial Distress: A Complete Guide to Predicting, Avoiding, and Dealing with Bankrupty [R]. Brain – Brum field Inc.. 1982.

[5] Altman E. I., Marco Getal., Corporate Distress Diagnosis: Comparisons Using Linear Discriminant Analysis and Neural Networks (the Italian Experience) [J]. Journal of Banking and Finance, 1994, 18: 505 – 529.

[6] 张维, 李玉霜. 商业银行信用风险分析综述 [J]. 管理科学学报, 1998, 1 (3): 20 – 27.

[7] Desai V., Crook J., Overstreet G., A Comparison of Neural Network and Liner Scoring Models in Credit Union Environment [J]. European Journal of Operations Management, 1996, 95 (1): 24 – 37.

[8] W. C. Chiang, T. L. Urban, G. W. Baldridge, A Neural Network Approach to Mutual Fund Net Asset Value Forecasting [J]. International Journal of Management Science, 1996, 24 (2): 205 – 215.

[9] 阎平凡, 张长水. 人工神经网络与模拟进化计算 [M]. 北京: 清华大学出版社, 2000, 11.

[10] Salchenberger L. M., Cinar E. M., Lash N. A., Neural Network: A New Tool for Predicting Thrift Failure [J]. Decision Science, 1992, 23: 899 – 916.

[11] Tam K. Y., Kiang M. Y., Mangerial Application of Neural Networks:

the Case of Bank Failure Prediction [J]. Management Science, 1992, 38 (7): 926 – 947.

[12] Rashmi Malhotra, D. K. Malhotra, Evaluating Consumer Loans Using Neural Networks [J]. The International Journal of Management Science, 2003, 31: 83 – 96.

[13] Coats P., Fant F., Recognizing Financial Distress Patterns Using A Neural Network Tool [J]. Financial Management, 1993, 22 (3): 142 – 155.

[14] R. R. Hashemi, L. A. Le Blanc, C. T. Rucks, et al., A Hybrid Intelligent System for Predicting Bank Holding Structures [J]. European Journal of Operational Research, 1998: 390 – 402.

[15] Amir F. Atiya, Bankruptcy Prediction for Credit Risk Using Neural Networks: A Survey and New Results [C]. IEEE Transaction on Neural Networks, 2001, 4 (12).

[16] Kun Chang Lee, Ingoo Han, Youngsig Kwon, Hybrid Neural Network Models for Bankruptcy Predictions [J]. Decision Support Systems, 1996, 18: 63 – 72.

[17] Andre Lucas, Pieter Klaassen, Peter Spreij, et al., An Analytic Approach to Credit Risk of Large Corporate Bond and Loan Portfolios [J]. Journal of Banking and Finance, 2001, 25: 1635 – 1664.

[18] Barbro Back, Teija Lartinen, Kaisa Sere et al., Choosing Bankruptcy Predictors Using Discriminant Analysis, Logit Analysis, and Genetic Algorithms [M]. Turku Centre for Computer Science (Technical Report No. 40), Finland, 1996. 9.

[19] 王春峰, 万海晖, 张维. 基于神经网络技术的商业银行信用风险评估 [J]. 系统工程理论与实践, 1999, 9: 24 – 32.

[20] 杨保安, 季海. 基于人工神经网络的商业银行贷款风险预警研究 [J]. 系统工程理论与实践, 2001, (5): 70 – 74.

[21] 杨保安, 朱明. 基于人工神经网络与专家系统结合的银行贷款风险管理 [J]. 系统工程理论方法应用. 1999, 8 (1): 7 – 10.

[22] 郝丽萍, 胡欣悦, 李丽. 商业银行信贷风险分析与人工神经网络模型研究 [J]. 系统工程理论与实践, 2001 (5): 62 – 69.

[23] 马兰芳, 刘金兰, 杨军等. 人工神经网络在商业银行监测预警中的应用研究 [J]. 管理工程学报, 2002, 16 (2): 5 – 9.

[24] 徐晓肆,任若恩,邓云胜.基于 BP 算法的商业银行贷款风险研究.系统工程? 2004：184 – 187.

[25] Xu Xiao-si, Chen Ying, Ren Ruo-en, Studying on Forecasting the Enterprise Bankruptcy Based on SVM [C]. Proceedings of 2006 International Conference of Management Science & Engineering, 2006: 1041 – 1045.

[26] Vapnik V. N., Statistical Learning Theory [M]. J. Wiley, New York, 1995.

[27] F. E. H., Tay, L. Cao, Application of Support Vector Machines in Financial Time Series Forecasting [J]. Omega, 2001, 29: 307 – 319.

[28] S. Mukherjee, E. Osuna, F. Girosi, Nonlinear Prediction of Chaotic Time Series Using Support Vector Machines, in Proceeding of the IEEE Workshop on Neural Networks for Signal Processing [C]. Amelia Island. FL, 1997, 511 – 520.

[29] Kyoung-jae Kim, Financial Time Series Forecasting Using Support Vector Machines [J]. Neurocomputing, 2003, 55: 307 – 319.

[30] 姚奕,叶中行.基于支持向量机的银行客户信用评估系统研究 [J].系统仿真学报,2004,16 (4)：783 – 786.

[31] 王春峰,李汶华.小样本数据信用风险评估研究 [J].管理科学学报.2001,4 (1)：28 – 32.

[32] 邓云胜,任若恩.会计操纵相关问题研究 [J].金融研究,2003 (4)：75 – 82.

[33] Xu Xiaosi, Chen Ying, Zheng Haitao, The Comparison of Enterprise Bankruptcy Forecasting Method [J]. Journal of Applied Statistics, 2011, 38 (2): 301 – 308.

[34] Cantor, Richard, and Frank Packer, Differences of Opinion in the Credit RatingIndustry [J]. Journal of Banking and Finance, 1997.

[35] Cantwell and Company, International Survey of Credit Ratings, Survey Results [R]. Working Paper 1998.

[36] Heckman, James, Sample Selection Bias as a Specification Error [J]. Econometrica, 1979, 1: 153 – 161.

[37] Hirai, Naoki, and Hiroshi Tomita, Credit Ratings in Japan: A Progress Report [R]. NRI, 1996 (5).

[38] Editorial, An Introduction to Recent Research on Credit Rating [J].

Journal of Banking & Finance, 2004, 28: 2565 -2573.

[39] Ahment Burak, Emel, Muhittin Oral, Arnold Reisman et al., A Credit Scoring Approach for the Commercial Banking Sector [J]. Socio - Economic Planning Science, 2003, 37: 103 -123.

[40] Andre Lucas, Pieter Klaassen, Peter Spreij, et al., An Analysis Approach to Credit Risk of Large Corporate Bond and Loan Portfolios [J]. Journal of Banking & Finance, 2001, 25: 1635 -1664.

[41] Zan huang, Hsinchun Chen, Xhia Jung Hsu, et al., Credit Rating Analysis with Support Vector Machine and Neural Networks: A Market Comparative Study [R]. Working Paper.

[42] Daniel Rosch, An Empirical Comparison of Default Risk Forecasts from Alternative Credit Risk Philosophies [J]. International Journal of forecasting, 2005, 21: 37 -51.

[43] Mark Carey, Mark Hrycay, Parameterizing Credit Risk Models with Rating Data [J]. Journal of Banking & Finance, 2001, 25: 197 -210.

[44] Jens Grunert, Lars Morden, Marin Weber, The Role of Non-financial Factors in Internal Credit Rating [J]. Journal of Banking & Finance, 2005, 29: 509 -531.

[45] Altman, Edward, The Importance and Subtlety of Credit Rating, Migration [J]. Journal ofBanking and Finance, 1998, 1231 -1247.

[46] Caouette, John, Edward Altman, Paul Narayanan, Managing Credit Risk: The NextGreat Financial Challenge [M]. John Wiley and Sons, 1998.

[47] Michel Crouhy, Dan Galai, Robert Mark, Prototype Risk Rating System [J]. Journal of Banking & Finance, 2001, 25: 47 -95.

[48] G. E. Pinches, K. A. Mingo, The Role of Subordination and Industrial Bond Rating [J]. Journal of Finance, 1975, 30 (1): 201 -206.

[49] W. F. Treacy, Mark S. Carey, Credit Risk Rating at Large U. S. Bank [R]. Working Paper. Federal Reserve Bulletin. 1998, 11.

[50] Liang-hsuan Chen, Tai-wei Chiou, A Fuzzy Credit Rating Approach for Commercial Loans: A Taiwan Case [J]. International Journal of Management Science, 1999, 27: 407 -419.

[51] E. I. Altman, Anthony Sanuders, An Analysis and Critique of the BIS

Proposal on Capital Adequacy and Rating [J]. Journal of Banking & Finance, 2001, 25: 25 - 46.

[52] Mark Carey, Mark Hrycay, Parameterizing Credit Risk Models with Rating Data [J]. Journal of Banking & Finance, 2001, 25: 197 - 210.

[53] 周玮, 杨兵兵, 陈宏, 徐晓肆. 商业银行违约概率测算相关问题研究 [J]. 国际金融研究, 2005 (7): 67 - 72.

[54] 章彰. 商业银行信用风险管理——兼论巴塞尔新资本协议 [M]. 中国人民大学出版社, 2001.

[55] 朱顺泉, 李一智. 基于层次分析模糊综合评判法的商业银行信用评级 [J]. 统计与信息论坛, 2002, 17 (1): 29 - 33.

[56] 王琼, 潘杰义, 陈金贤. 企业贷款信用评级模型的设计及应用 [J]. 西北工业大学学报 (社会科学版), 2001, 21 (4): 36 - 38.

[57] 陈元燮. 建立信用评级指标体系的几个理论问题 [J]. 财经问题研究, 2002, 201 (8): 3 - 8.

[58] 陶烁, 杨晓光. 商业银行内部信用评级的比较研究 [J]. 中外管理导报, 2002 (9): 33 - 37.

[59] 晏永胜. 周晓明. 蔡凌卿. 决策树法在商业银行信用评级中的应用 [J]. 中国金融电脑, 2003 (12): 67 - 70.

[60] 梁琪. 企业信用风险的主成份判别模型及其实证研究 [J]. 财经研究, 2003, 29 (5): 52 - 57.

[61] 刘瑞霞. 信用评级在信贷风险管理中的地位与作用 [J]. 中国城市金融, 2001 (1): 50 - 51.

[62] 邓云胜, 沈沛龙, 任若恩. 贷款组合信用风险 VaR 的蒙特卡罗仿真 [J]. 计算机仿真, 2003 (2): 92 - 95.

[63] R. B. Nelsen, An Introduction to Copulas [M]. New York, Springer Verlag, 1999.

[64] Eric Bouyé, Valdo Durreleman, Ashkan Nikeghbali et al., Copulas for Finance: A Reading Guide and Some Applications [R]. Working Paper. 2003 (7).

[65] David X. Li, On Default Correlation: A Copula Function Approach [R]. Working Paper: http: //www. riskmetrics. com. 2000, 4.

[66] Thierry Roncalli. Copulas, A Tool for Modelling Dependence in Finance [R]. Working Paper. 2001, 1.

[67] Dennis Wong, Copula From the Limit of a Multivariate Binary Model [R]. Working Paper: Bank of America Corporation. 2000, 12.

[68] Tomasz Kalpa, On Approximation of Copula [J]. Internat. J. Math. & Math. Sci, 1999, 2 (22): 259 – 269.

[69] Paul Embrechts, Filip Lindskog, Alexander McNeil, Modelling dependence with Copulas and Applications to Risk Management [R]. Working Paper. 2001, 9.

[70] Rüdiger Frey, Alexander J. McNeil, Mark A. Nyfeler, Modeling Dependent Defaults: Asset Correlations are not enough [R]. Working Paper. 2001, 3.

[71] Paul Embrechts, Alexander McNeil, Daniel Straumann, Correlation and Dependent in Risk Management: Properties and Pitfalls [R]. Working Paper. 1999, 8.

[72] Lindskog, Linear Correlation Estimation [R]. Working paper. 2000. 12.

[73] Darrell Duffie, Kenneth Singleton, Simulating Correlation Defaults [R]. Working Paper. 1999, 5.

[74] Sanjiv R. Das, Gary Geng, Simulating Correlated Default Processes Using Copula: A Criterion – Based Approach [R]. Working Paper. 2003, 2.

[75] Rudiger Frey, Alexander J. McNeil, Modelling Dependent Defaults [R]. Working Paper. 2001, 8.

[76] Joe, Beyond Correlation: Extreme Co-movements between Financial Assets [R]. Working paper. 1997.

[77] Genest C., Rivest L., Statistical Inference Procedures for Bivariate Archimedean Copulas [J]. Journal of the American Statistical Association, 1993, 88: 1034 – 1043.

[78] Mario R. Melchiori, Which Archimedean Copula is the Right One [R]? Working paper, 2003.

[79] Alessandro Juri, Mario V. Wüthrich, Copula Convergence Theorems for Tail Events [J]. Insurance: Mathematics and Economics, 2002, 30: 405 – 420.

[80] R. B. Nelsen, Dependence and Order in Families of Archimedean Copulas [J]. Journal of multivariate analysis, 1997, 60: 111 – 122.

[81] Gabriel Frahm, Markus Junker, Alexander Szimayer, Elliptical Copulas: Applicability and Limitations [J]. Statistics & Probability letters, 2003, 63: 275 – 286.

[82] Francois Vandenhende, Philippe Lambert, Improved Rank-based De-

pendence Measures for Categorical Data [J]. Statistics & Probability letters, 2003, 63: 157 - 163.

[83] Beatriz Vaz de Melo Mendes, Rafael Martins de Souza, Measuring Financial Risk with Copulas [J]. International Review of Financial Analysis, 2004, 13: 27 - 45.

[84] X. Li, P. Mikusinski, M. D. Taylor, Strong Approximation of Copulas [J]. Journal of Mathematical Analysis and Applications, 1998, 225: 608 - 623.

[85] Gang Wei, Taizhong Hu, Supermodular Dependence Ordering on A Class of Multivariate Copulas [J]. Statistics & Probability letters, 2002, 57: 375 - 385.

[86] Boualem Djehiche, Henrik Hult, An Introduction to Copulas with Applications [R]. Working paper, 2004, 3.

[87] Emil Valdez, Copula Models for Sum of Dependent Risk [R]. Working paper. 2001. 11.

[88] Jean, Gael, Thierry, Financial Application of Copula Functions [R]. Working Paper.

[89] Xu Xiaosi, Chen Ying, Zheng Jun, A Copula Method for Correlation of Credit Rating Migration [C]. 2009 International Conference on Business Intelligence and Financial Engineering. 2009: 762 - 764.

[90] Roger B. Nelsen, Jose Juan, Quesada Molina, Kendall Distribution Functions [J]. Statistics & Probability Letters, 2003, 65: 263 - 268.

[91] Arnaud Costinot, Thierry Roncalli, Jerome Teiletche, Revisiting the Dependence between Financial Markets with Copulas [R]. Working Paper.

[92] Louis - Paul Rivest, Martin T. Wells, A Martingale Approach to the Copula - graphic Estimator for the Survival Function under Dependent Censoring [J]. Journal of Multivariate analysis, 2001, 78: 138 - 155.

[93] Alessandro Juri, Mario V. Wuthrich, Copula Convergence Theorems for Tail Events [J]. Insurance: Mathematics and Economics, 2002, 30: 405 - 420.

[94] Gabriel Frahm, Markus Junker, Alexander Szimayer, Elliptical Copulas: Applicability and Limitations [J]. Statistics & Probability Letters. 2003, 63: 275 - 286.

[95] Werner Hurlimann, Fitting Bivariate Cumulative Returns with Copulas [R]. Computational Statistics & Data analysis, 2004, 45: 355 - 372.

[96] Fan Yu, Correlated Defaults in Reduced-form Models [R]. Working Paper, 2003. 6.

[97] Cheung K. C., Yang H., Asset Allocation with Dependent Default Risk [R]. Working Paper, 2004, 5.

[98] Martijin Van der Voort, Factor Copulas: Totally External Defaults [R]. Working Paper, 2005, 4.

[99] Krassimir Kostadinov, Non-parametric Estimation of Elliptical Copulae with Application to Credit Risk [R]. Working Paper.

[100] Adrian M. Cowan, Charles D. Cowan, Default Correlation: An Empirical Investigation of A Subprime Lender [J]. Journal of Banking & Finance. 2004, 28: 753 - 771.

[101] McNeil, A., Estimating the Tails of Loss Severity Distributions Using Extreme Value Theory [R]. ASTIN Bulletin, 1997 (27): 117 - 137.

[102] Hayette Gatfaoui, How does Systematic Risk Impact U. S. Credit Spreads? A Copula Study [R]. Working Paper, 2003.

[103] 张尧庭. 连接函数（copula）技术与金融风险分析 [J]. 统计研究, 2002 (4): 48 - 51.

[104] 张尧庭. 我们应该选用什么样的相关性指标 [J]. 统计研究, 2002 (9): 41 - 44.

[105] 史道济, 关静. 沪深股市风险的相关性分析 [J]. 统计研究, 2003 (10): 45 - 48.

[106] 韦艳华, 张世英, 孟利锋. Copula 理论在金融上的应用 [J]. 西北农林科技大学学报（社会科学版), 2003, 3 (5): 97 - 101.

[107] 姜长和. 中外股市相关性分析 [J]. 中国统计, 2003 (6): 36 - 38.

[108] 史代敏. 我国股票市场波动的相关性分析 [J]. 统计与决策, 2002, 153 (9): 31.

[109] 徐晓肆, 任若恩. Copula 及其在贷款风险管理中应用 [J]. 管理工程学报, 2006, 20 (1): 138 - 141.

[110] Duffie D., Lando D., Term Structure of Credit Spreads with Incomplete Accounting Information [J]. Econometrica, 2001, 69: 633 - 664.

[111] Elizalde A., Credit Risk Models Ⅰ: Default Correlation in Intensity Models [D]. MSc in Financial mathematics thesis, King's college, London.

2003a.

[112] Elizalde A., Credit Risk Models Ⅱ: Structural Models. MSc in Financial Mathematics Thesis [D]. King's College, London, 2003b.

[113] Giesecke, Correlated Default with Incomplete Information [R]. Working Paper, 2003.

[114] Crouhy M., Galai D., Mark R., A Comparative Analysis of Current Credit Risk Models [J]. Journal of Banking & Finance. 2000, 24: 59 – 117.

[115] Duffie D., Singleton, Rating-based Term Structure of Credit Spreads [R]. Working Paper, Stanford University, 1997.

[116] Jarrow R. A., Lando D., Turnbull S. M., A Markov Model for the Term Structure of Credit Risk Spreads [J]. Review of Financial Studies, 1997, 10: 481 – 523.

[117] Jarrow R. A., Turnbull S. M., Pricing Derivatives on Financial Securities Subject to Credit Risk [J]. Journal of Finance, 1995, 50: 53 – 85.

[118] Ericsson J., Reneby J., Estimating Structural Bond Pricing Models [R]. Working Paper, 2002.

[119] Davis, Mark, Lo, Infectious Defaults [J]. Quantitative Finance, 2001 (1): 382 – 387.

[120] J. P. Morgen, Credit Metrics ™ (Technical Document) [R]. www. jpmorgen. com, 1997. 4.

[121] 任若恩，徐晓肆，马向前，蒋云云. 信用风险度量与管理 [M]. 中国财政经济出版社，2005，7.

[122] 沈佩龙. 现代商业银行信用风险管理：理论、方法和模型研究 [D]. 北京航空航天大学博士论文. 2002. 7.

[123] 詹原瑞. 银行信用风险的现代度量与管理 [M]. 经济科学出版社，2004.

[124] David X. Li, Value at Risk Based on the Volatility, Skewness and Kurtosis [R]. RiskMetrics Group, Working Paper, 1999.

[125] Alexander J. McNeil, Rudiger Frey, Estimation of Tail-related Risk Measures for Hetero-scedastic Financial Time Series: An Extreme Value Approach [J]. Journal of Empirical Finance 2000 (7): 271 – 300.

[126] Matten C., Managing Bank Capital [M], New York, John Wiley &

Sons, 1996.

[127] James, Study of Bank Capital Allocation [R]. Wharton school, Working Paper, 1996.

[128] ZaikE., J. Walter, J. G. Kelling, RAROC at Bank of America: From Theory to Practice [J]. Journal of Applied Corporate Finance, Summer, 1996: 83 – 93.

[129] 沈沛龙,任若恩. 新的资本充足率框架与我国商业银行风险管理 [J]. 金融研究, 2001 (2): 80 – 87.

[130] 陶铄,刘榕俊,陈斌. 巴塞尔新协议资本金计算方法评述 [J]. 国际金融研究, 2001 (7): 32 – 38.

[131] 沈沛龙,任若恩. 新巴塞尔协议资本充足率计算方法剖析 [J]. 金融研究, 2002 (6): 22 – 31.

[132] Mark Carey, A Guide to Choosing Absolute Bank Capital Requirements [J]. Journal of Banking & Finance. 2002, 26: 929 – 951.

[133] Roger J. A., Laeven, Marc J., Goovaerts., An Optimization Approach to the Dynamic Allocation of Economic Capital [J]. Insurance: Mathematics and Economics, 2004, 35: 299 – 319.

[134] David Jones, John Mingo, Credit Risk Modeling and Internal Capital Allocation Processes: Implications for A Models-based Regulatory Bank Capital Standard [J]. Journal of Economics and Business, 1999, 51: 79 – 108.

[135] Jeffrey Wurgler, Financial Markets and the Allocation of Capital [J]. Journal of Financial Economics, 2000, 58: 187 – 214.

[136] Michel Dietsh, Joel Petey, The Credit Risk in SME Loans Portfolio: Modeling Issues, Pricing and Capital Requirements [R]. Working Paper.

[137] Emiliano A. Valdez, Andrew Chernih, Wang's Capital Allocation Formula for Elliptically Contoured Distributions [J]. Insurance: Mathematics and Economics, 2003, 33: 517 – 532.

[138] Rafael Repullo, Javier Suarez, Loan Pricing under Basel Capital Requirement [J]. Journal of Finance Intermediation, 2004, 13: 496 – 521.

[139] Michel Crouhy, Dan Galai, Rebert Mark, Prototype Risk Rating System [J]. Journal of Banking & Finance. 2001, 25: 47 – 95.

[140] 徐晓肆,任若恩. 信用等级转移分析 [J]. 生产力研究, 2004

(9): 42-44.

[141] 邓云胜. 我国商业银行信用风险管理问题专题研究 [D]. 北京航空航天大学博士论文. 2003.9.

[142] 毛晓威, 巴曙松. 巴塞尔委员会资本协议的演变与国际银行业风险管理的新进展 [J]. 国际金融研究, 2001 (4): 45-51.

[143] 孙波. 提高国有商业银行的资本充足率增强防范风险能力 [J]. 中央财经大学学报, 2000 (10): 46-48.

[144] 樊庆刚, 冯迪. 《新资本协议》与我国国有商业银行的资本金管理 [J]. 金融理论与实践, 2001 (7): 21-23.

[145] 曾健, 陈俊芳. 新巴塞尔协议的资本监管方法及适用性分析 [J]. 数量经济技术经济研究, 2004 (4): 5-11.

[146] 于立勇, 曹凤岐. 论新巴塞尔资本协议与我国银行资本充足率 [J]. 数量经济技术经济研究, 2004 (1): 30-37.

[147] Susanne Emmer, Dirk Tashe, Calculating Credit Risk Capital Charges with the One-factor Model [R]. Working Paper.

[148] Kenji Nishiguchi, Hiroshi Kawai, Takanori Sazaki, Capital Allocation and Bank Management Based on Quantification Credit Risk [J]. Frbny Economic Policy Review, 1998 (10): 83-94.

[149] Samu Peura, Jussi Keppo, Optimal Bank Capital with Costly Recapitalization [R]. Working paper, 2005, 2.

[150] Ludger Overbeck. Spectral Capital Allocation [R]. Working Paper.

[151] Stephen M. Schaefer, Ilya A. Streuluev, Structural Models of Credit Risk are Useful: Evidence from Hedge Ratios on Corporate Bonds [R]. Working paper, 2004, 5.

[152] 章频, 张勇, 金静. 国有商业银行资本充足率研究 [J]. 金融研究, 2001, 257 (11): 11-21.

[153] Arnaud de Servigny, Olivier Renault, Measuring and Management Credit Risk [M]. The McGrow-Hill Companies, 2004.

[154] 赵家敏, 陈庆辉, 彭刚. 全面风险管理模型设计与评价: 基于RAROC 的分析 [J]. 国际金融研究, 2005 (3): 59-64.

[155] Schmidt, Tail Dependence for Elliptically Contoured Distribution Math [J]. Methods of Operations Research 55, 2002, 2: 301-327.

［156］ Standard & Poor, Model Building in the Default Filter Platform, Technical Write-up ［R］. 2004. 1.

［157］ Umberto Cherubini, Elisa Luciano, Walter Vecchiato, Copula Methods in Finance ［M］. John Wiley & Sons, Ltd. 2004.

后　　记

　　信用风险作为我国商业银行管理所面临的最古老风险，同时也是最重要的风险，随着我国商业银行市场化改革不断深入，信用风险管理也得到国家金融监管机构、银行从业者和广大学者的高度关注。

　　2008年美国发生了波及美国、欧洲乃至全球的次贷危机，这次金融危机对金融体系和经济发展的影响至今仍然存在，让我们更加深刻认识到金融体制的改革、金融制度和金融工具的创新，必然要伴随着金融风险管理水平的不断提升，才能使这些体制、制度和工具为我所用。巴塞尔委员会一直致力于商业银行金融风险管理的研究和实践，于2006年颁布了《统一资本计量和资本标准的国际协议：修订框架》（巴塞尔Ⅱ），统一了国际银行金融风险的监管和协调，建议商业银行内部建立统一而全面的风险管理体系；2010年颁布了巴塞尔Ⅲ，从提高资本充足率要求、严格资本扣除限制、扩大风险资产覆盖范围、引入杠杆率和加强流动性管理等五个方面进一步强化了商业银行风险管理的内容。我国商业银行受益于国家政策支持和国家经济快速发展，经历前十余年的黄金发展时期，随着以效率、和谐和持续为目标的绿色发展时期的到来，给银行业的发展带来较大冲击，我国商业银行要从以前外延式发展积极转变到提高管理水平的内涵式发展模式，加强风险管控水平，提高竞争力。这也是作者研究信用风险管理的初衷，为提升我国商业银行信用风险管理抛砖引玉。

　　商业银行信用风险管理内容十分繁多，本书遵从风险管理的三个步骤，即风险识别、风险度量和风险控制来安排本书章节，主要介绍了企业破产预测的基本理论和方法、违约损失率的估计理论、信用风险相关性基本理论和计算方法、信用风险组合管理模型、信用风险定价模型、建立商业银行内部评级体系的原则和方法以及商业银行资本金管理的基本理论等内容，在介绍过程中坚持理论与实践相结合，定性与定量相结合，并列举了部分在商业银行信用风险管理的典型案例，力求内容准确、实用、可操作性强。

　　本书是作者在河北工业大学工商管理专业博士后流动站工作期间，承担

2015年度河北省社会科学基金项目（项目批准号：HB15YJ037）的研究成果，整个研究工作得到了导师陈立文教授的悉心指导和大力支持，并负责了本书的统稿工作。本书写作过程中，徐殊睿负责了资料的收集和第一章内容的整理，陈瑛负责了第三章和第四章部分的写作，许静在数据收集和统计分析中做出了大量工作，赵欣、王慧娟、和佳对本书校对亦做出较大贡献，在此一并表示感谢。

但由于研究者的能力和学识水平有限，书中存在一些不足之处，恳请专家、学者批评指正。

徐晓肆